只有 | 有 | 愛
永 遠 不 夠

亞倫・貝克 著
Aaron T. Beck

陳莉淋 譯

Love Is Never Enough:

How Couples Can Overcome Misunderstandings, Resolve Conflicts, and
Solve Relationship Problems Through Cognitive Therapy

好評推薦

————

貝克是認知治療之父。在《只有愛永遠不夠》一書中，他回溯了扭曲思考的來源，並指出它們也是大多數關係問題的根源。

—— 費城雜誌（*Philadelphia Magazine*）

這本書很實用、很睿智、很實際。它應該可以幫助許多人的婚姻。

—— 海倫・辛格・卡普蘭（Helen Singer Kaplan）博士

這本書洋溢著深刻的見解、建議和練習，這些都是可能拯救失敗的伴侶關係或使良好關係更勝以往的解決方案。

—— 丹尼斯・渥利（Dennis Wholey），*The Courage to Change* 作者

當現代精神病學的完整歷史被撰寫出來時，我相信貝克的名字將與偉大的先驅們並列：佛洛伊德、克雷佩林、布魯勒和榮格。他們都幫助人們將心理痛苦的黑暗，慢慢變得明亮。

—— 「正向心理學之父」馬汀・塞利格曼（Martin E. P. Seligman）博士

目次
CONTENTS

第一篇　伴侶關係的問題

第 1 章　負面思考的力量

第 5 章　溝通的停滯

第 6 章　關係的破裂

第 7 章　自動化思考

第 8 章　心理騙局

第 9 章　關係中的生死鬥

第二篇　認知治療的應用

第 10 章　關係真的可以改善嗎？

第 11 章　強化關係的基礎

第 12 章　關係的調節

第 13 章　改變扭曲的認知

第 14 章　說話的藝術

第 15 章　共同合作的藝術

謝辭
ACKNOWLEDGMENTS

———————

首先，我要感謝我的妻子菲莉絲（Phyllis），她的愛與奉獻證實了婚姻可以隨著時間變得更加充實及有意義。其次，我的朋友兼同事諾曼・艾波斯坦（Norman Epstein），是將認知治療應用於伴侶問題上的先驅者，他的經驗是我寫這本書時的主要資源；他的溫和批評與許多建議，有助於我保持寫作的方向，且他的洞察力闡明了伴侶間會經歷到的模糊問題。

我之前的學生：蘇珊・喬瑟夫（Susan Joseph）、克雷格・韋斯（Craig Wiese）、珍妮絲・阿布拉姆斯（Janis Abrahms）、克里斯・帕德斯基（Chris Padesky）、盧思・格林伯格（Ruth Greenberg）、大衛・克拉克（David Clark）、凱西・慕尼（Kathy Mooney）、法蘭克・達地利奧（Frank Dattilio）與茱蒂・貝克（Judy Beck）皆為本書提供了大量的題材。其他讀過原稿並提供我珍貴回饋的人包括康妮・賽卡洛斯（Connie Sekaros）、薇薇安・格林伯格（Vivian Greenberg）、凱若・奧爾巴赫（Carol Auerbach）與卡爾・拉登（Cal Laden）。

此外，我特別感謝卡蘿・史帝爾曼（Carol Stillman），她多次審閱原稿並給予我許多簡化複雜內文的建議。另外，我很幸運擁有理查・派恩（Richard Pine）作為我的作家經紀人，他對本書抱持的熱情與信心是獨一無二的；出版社的編輯休・范・杜森（Hugh Van Dusen）負責將原稿轉化為可印刷的版本，我非常感謝他們。

最後，認知治療中心的執行長芭芭拉・馬里內利（Barbara Marinelli）在原稿書寫的過程中提供幕後監督，而蒂娜・因弗札托

（Tina Inforzato）、蓋爾‧福曼（Gail Furman）與蘇珊‧迪彼得羅（Suzanne DePietro）則協助打字。

　　我由衷向上述所有人，以及在認知治療中心和其他地方對認知治療敞開心胸的眾多伴侶，表達感謝之意。

本書是根據真實案例所撰寫，包括我和我的同事在諮商時所取得的引述。然而，所有姓名及可供身分識別的細節，皆在不影響說明完整性的情形下做過變更；某些情況下，為了進一步保護個人身分，我會拼湊多個案例。

推薦序
FORWORD

愛、覺察與調整，讓親密關係更加完整

伴旅心理治療所所長、臨床心理師　曾心怡

　　有不少人會問我，「大部分的人都是什麼原因來諮商的啊？」這真的是很難一言以蔽之的問題，但也許可以發現，許多來諮商的原因，真的都是因為愛。想被愛而不可得、想好好愛卻不知道怎麼辦、愛得好用力但被回彈的力道所傷，或是以愛為名出發卻不知關係的損傷從何而起。除了情感，如果我們都能夠學會好好愛的方法，才能讓愛，用它剛剛好的姿態著地在對方的心中。

　　學習心理治療的路上，貝克（Aaron T. Beck）是我們心中永遠的大師，是認知治療之父。認知治療的基本架構是：人們的情緒與行為是受到個體的主觀想法影響，而非被外在客觀事件決定。因此，覺察情緒背後的想法，以及辨識出哪些想法讓我們有負面情緒，就是改善負面情緒的開始。

　　《只有愛永遠不夠》是貝克以認知治療為基本概念，寫給伴侶的一本書。在書裡我們會看到許多對於伴侶而言很熟悉的實例，例如「我覺得他不尊重我」、「我覺得她不愛我」等這些在伴侶相處的過程中，對於彼此的假設、認定與延伸出的感受。在我的諮商室中，有許多來諮商的個案是伴侶，進行所謂的「伴侶諮商」。什麼是伴侶諮商呢？在伴侶之間如果有溝通上的困難、對彼此言行舉止的不滿、價值觀的相左，或

是兩人之間發生了造成強烈衝突的事件，例如外遇，可以透過伴侶諮商發現兩人溝通過程中語言背後的需求與期待，也能夠透過諮商過程中找到雙方在面對彼此時抱持的信念與價值觀，協助雙方用新的表達方式增加相互理解。

在本書中，讀者將會看到許多實例，貝克會帶領著我們藉由實例中的伴侶對話，看到親密關係中失望背後的期待、憤怒背後的隱藏自我，以及沉默背後的擔憂，也就是每個語言背後沒有說出的內心狀態。往往影響伴侶關係的是彼此對於對方的解讀，如果再加上溝通失準，解讀就變成了認定。舉例來說：當兩人爭執之後的冷戰，不確定誰會先破冰開口打破僵局。其中一方想著：「他永遠在等我先去求和結束冷戰，但我這次不要了。」但對方真的是這麼想的嗎？當我們心中的觀點是「過去都是這樣，他現在一定也是」，或是「我太了解他了，他一定是如此」，我們就非常有可能無法正確辨識此時此刻的對方。在本書中提到一個很重要的概念，也就是「開放式觀點」，吸收他人現在的參考框架，透過他人的眼光看世界。擁有開放式觀點的伴侶會對對方有這樣的解讀：「雖然他過去都是這樣，但現在不一定是」，或是「雖然我很了解他，但不一定每次都如我所想。」

兩個人相識相知、相愛相守，並非易事，倘若再加上婚姻與子女，以及雙方的家庭，需要的是更多的停下、聽見，與訴說。不論你是即將踏入婚姻，或是已經在伴侶關係中感到疲憊，一定都可以從這本書的許多段落中，讀到貝克堅定又不失同理的提醒。

前言
PREFACE

————

　　我大部分的職業生涯，都致力於研究焦慮和憂鬱症患者在想法上的問題，而近期也對於恐慌症有所研究。過去數十年來，我治療過許多因婚姻所苦，或少數同居但沒有結婚的人之間的關係問題。而在這些有問題的關係中，經常出現伴侶一方罹患了憂鬱症或焦慮症。其他案例，則是兩人之中已有憂鬱和焦慮問題，進而加重了已經存在於關係中的困難。

　　當我將注意力轉向這些伴侶所遇到的問題時，我發現，他們與憂鬱和焦慮患者一樣展現出相同的思考偏差，也就是「認知扭曲」。儘管他們沒有「那麼」憂鬱或焦慮，不需要特別去治療這些情況，但是他們不快樂、緊張並憤怒。此外，正如我的患者們所做的那樣，他們傾向聚焦在婚姻中哪裡出了錯，卻忽略或忽視婚姻中美好的地方。

心理學的認知革命

　　很幸運地，過去二十年間，在心智的問題上我們見證了一場快速的知識累積，而這些知識可以直接應用於親密伴侶之間所經歷到的困難上。事實上，這種對心理障礙的新理解，也已經應用在廣泛的心理疾患上，包括憂鬱、焦慮、恐慌症、強迫症，甚至是飲食疾患，如神經性厭食症與暴食症。這個名為「**認知治療**」（cognitive therapy）的方法被嵌入到心理學和心理治療的新運動，稱為「認知革命」（the cognitive revolution）。[1]

「認知」（cognitive）一字源自拉丁文的「思考」（thinking），涉及人們下判斷和做決定以及他們解釋或誤解另一人行動的方式。這種革命，幫助人們在如何使用他們的心智去解決、創造或加重問題時，提供了一種全新的觀點。因為「如何思考」在很大的程度上取決於我們是否會成功和享受生命，甚至是生存。如果我們的思考是明確、清晰的，我們將更有能力去實現這些目標。反之，假如它因為扭曲的象徵意義、不合邏輯的推理，以及錯誤的解釋而陷入泥沼，就會使我們變得又聾又瞎。如此一來，在沒有清楚意識到自己要去哪裡或要做什麼的情況下蹣跚前行，註定會傷害自己與他人。此外，當我們判斷錯誤和溝通不良時，更會強加痛苦在自己和伴侶身上，反過來又要承受痛苦的報復，陷入惡性循環。

然而，這種扭曲的思考能透過應用高層次的推理來解開。我們使用這種高層次思考的時機大部分是在發現自己犯錯並修正錯誤的時候。但很不幸地，在親密關係中——清晰的思考和改正我們的錯誤尤其重要——我們似乎在認識和修正自己對伴侶的錯誤判斷方面特別有缺陷。此外，雖然伴侶雙方都深信彼此是說著相同的語言，但他們所說的，和對方所聽到的往往相當不一樣。由此可見，「溝通不良」往往加劇了原本關係就不甚和睦伴侶的問題，使關係變得更令人感到挫折與失望。這麼說好像會有點模糊，我用以下案例來說明。

肯和瑪喬麗都忙於自己的事業（男方是保險業務員，女方是公關公司的祕書），因此，他們決定要花更多時間相處。某個週六，瑪喬麗告訴肯她計畫下午去逛街採買。肯想要與瑪喬麗更親近，所以立刻決定要陪她一起去。瑪喬麗在經過特別心煩的一天後（審查一間大型公司的帳目），將肯的好意解釋為一種打擾（她心想：「他從來不讓我做自己的事」）。不過她沒有告訴肯她的想法，只是在整趟採買過程中都不說話。肯將她的沉默解釋為她不在乎他的陪伴，所以他開始對她生氣。面對他的怒氣，瑪喬麗則表現得更加退縮。

然而，這個情況的事實，其實為：(1)瑪喬麗的確希望與肯有更多時間相處，但是她想要獨自購物，放鬆心情；(2)她沒有和肯溝通這一點；(3)她將他的主動解釋錯誤，視為他對她自由的一種干涉；而(4)肯將她的退縮誤解為，她不喜歡自己陪伴的一種表示。

瑪喬麗和肯彼此之間眾多、反覆的誤解，不僅使兩人對彼此更加生氣，而這樣的情緒更是逐漸侵蝕了這段關係的基礎。

我曾多次觀察到類似的誤解逐步累積，並惡化到無法改善的地步。然而，在此我想表達的重點是，若伴侶雙方在誤解發展到一定程度前就發現並糾正它，便能阻止風暴的發生。**認知治療正是設計來幫助伴侶做到這一點：釐清他們的想法和溝通，避免產生誤解。**

解開婚姻難題

多數伴侶都明白婚姻中存在著隱藏的危機；根據統計，這些隱藏危機的婚姻當中，將近 40% 到 55% 的婚姻，最終是以離婚收場。[2] 而當伴侶雙方看到越來越多不快樂的婚姻和越來越多的婚姻破裂，他們可能會擔心這種事情也會發生在自己身上。

新婚夫婦滿腦子充滿著愛與浪漫，只希望有個成功的婚姻。他們通常相信——至少在一開始——他們的關係是「不同的」，他們對彼此深刻的愛和樂觀能維持這段婚姻。然而，許多伴侶遲早會發現自己對婚姻中逐漸累積的問題和衝突，是毫無準備的。他們會開始意識到越來越多的不安、挫折和傷害，而且往往不清楚問題出在哪裡。

當這段關係因為幻想破滅、溝通不良和誤解等因素崩潰後，伴侶雙方可能會開始認為他們的婚姻是個錯誤。在治療師聽到的「求救聲」中，沒有任何一種比那些「曾經以為自己的婚姻絕對是幸福」的個案更加淒涼的了。即使是結婚了三、四十年的伴侶，也可能渴望終結現在被他們視為一連串無止盡的錯誤與痛苦的關係。

從某種程度上來看，如此多的婚姻以失敗收場，確實令人訝異。因為所有你期望能維持兩人在一起的力量以及「愛」與「被愛」，絕對是人們最豐富和可貴的經驗之一。此外，加上一段關係中的其他副產品——親密、陪伴、接受、支持，這只是其中幾個例子。當你喪失親人時，有人安慰你；當你沮喪時，有人為你打氣；以及當好事發生時，有人與你分享喜悅。而且你還有獲得性滿足的額外獎勵，這是自然界提供的一種特殊的交配誘因。你也不能低估一同生養小孩和建立家庭所帶來的滿足感。

　　從父母與其他親戚的希望與鼓勵，甚至到你們住所的左鄰右舍，都對你們會廝守一輩子充滿期待，提供了外在的壓力。有了所有這些約束性的力量來鞏固一段關係，還有什麼會出錯呢？為什麼愛——更不用說其他的激勵因素——不足以強大到讓彼此相守一輩子呢？

　　很不幸地，總會有使關係破裂的因素發揮作用，這些因素包含令人洩氣的幻想破滅、如迷宮般的誤解和折磨雙方的溝通不良。只有「愛」通常不夠堅固到能抵抗這些分裂的力量，以及它們的衍生物——怨恨與憤怒。為了使愛能更加穩固而不會導致分裂，一段良好關係中的其他元素是必要的。

　　此外，媒體對婚姻的理想化描述，無法讓伴侶準備好應對失望、挫折和摩擦。隨著因為誤解和衝突的結合而引發的憤怒和怨恨，曾經是情人、盟友和夥伴的人，現在被視為一個敵對者。

維持一段關係需要什麼？

　　儘管「愛」對伴侶來說是一種幫助與支持彼此、使對方開心和創造一個家庭的強大推動力，但是它卻無法創造出這段關係的本質，亦即維持和使這段關係成長的重要「個人特質」與「技巧」。事實上，特定的個人特質對於一段快樂的關係至關重要：承諾、感性、慷慨、體貼、忠

誠、責任和可靠。伴侶需要合作、妥協並貫徹執行共同的決定。他們必須有彈性、能接受和寬恕對方。他們必須容忍對方的缺點、錯誤和怪癖。隨著這些「美德」經過一段時間的培養，這段婚姻才會隨之發展與成熟。

然而，伴侶往往擅於與親密關係之外的人相處，卻很少人在進入親密關係前就具備讓一段關係茂盛興旺的基本認識或技術能力。他們通常缺乏做出共同決定的訣竅和解讀伴侶心思的溝通技巧。當家中某個水龍頭開始漏水，他們會使用工具想辦法阻止滲漏；但是當愛開始流失，他們完全不知道該如何阻止。

婚姻或同居，與生命中的其他關係不一樣。當一對伴侶（無論性別相同或相反）住在一起，承諾要維持一段關係時，他們就會對彼此發展出某些期望。這段關係的強度助長了對無條件的愛、忠誠和支持的渴望。而伴侶雙方可能會明確地，如在婚禮誓言中宣示，或間接地透過他們的行為，來承諾自己會滿足這些根深蒂固的需求。無論伴侶做什麼，都被賦予了源自這些渴望與期待的意義。

由於感情和期望的強度、深刻的依賴性，以及它們附加在彼此行為上重要卻往往武斷又具象徵性的意義，會使伴侶傾向誤解對方的行為。**當衝突發生，通常是溝通不良的結果，但彼此很可能會選擇責怪對方，而不是把衝突想成一個「可以被解決的問題」。**隨著紛歧的出現，以及敵意和誤解的增加，他們漸漸忽視了對方所提供和代表的正面意義，亦即有人支持他們、增進他們的經驗、分享建立家庭的成果。最終，他們可能會懷疑這段關係本身，因而失去解開彼此心結的機會。

解開心結

我與賓州大學認知治療中心的學生（包括精神科醫生、心理師和社工師）一同合作，發現我們可以幫助這些痛苦的伴侶，藉由修正他們的

誤解、解開扭曲彼此溝通的心結，並且調整他們的能力，進而使他們能準確地看見和聽見伴侶發出的信號。此外，我們還發現他們從有關「婚姻動力學」（dynamics of marriage）的教育中獲益匪淺，包括如何了解伴侶的感受和需求、如何共同做計畫和決定，以及如何更喜愛對方。

相同的計畫，也可以運用在那些沒有問題的婚姻中，使他們的關係變得更好。此外，這個計畫也被證實對同居以及計畫要結婚的伴侶有效。事實上，一些最顯而易見戲劇性的成功，多半都發生在那些對彼此完全忠誠，但又希望雙方的關係可以好上加好的伴侶身上。

隨著認知治療在過去十年間變得流行，全世界越來越多專業人士開始使用它。根據這些專業人士在我們中心和其他中心的仔細記錄與研究，這種療法已經幫助了眾多痛苦的伴侶找回快樂。

自我們的訓練計畫結業的畢業生中，諾曼・艾波斯坦博士、吉姆・普雷策（Jim Pretzer）與芭芭拉・弗萊明（Barbara Fleming）在進行和發表有關婚姻困難認知方面的研究上最為活躍，同時也應用他們的見解去進行治療。珍妮絲・阿布拉姆斯、大衛・伯恩斯（David Burns）、法蘭克・達地利奧、史托・豪斯納（Stowe Hausner）、蘇珊・喬瑟夫、克里斯・帕德斯基和克雷格・韋斯博士等人是其他的認知治療師們，他們是應用臨床治療方法於婚姻治療上的先驅者。

有鑑於心理治療師和婚姻諮商師使用認知治療的成功，與大眾分享我們見解的時機已然成熟。這本書應該對各式各樣的伴侶關係都有幫助，無論是同性別或不同性別。在一段關係中出現問題的人，可以使用本書去更加理解自己並自行找出解決辦法。而那些需要專業協助的伴侶，應該也會發現本書有助於為之後的諮商預先做準備，而且我們希望它能鼓勵伴侶獲得進一步的幫助。本書中的內容也對已經在接受諮商的伴侶有所助益。

本書的目的並非描述一種「婚姻病理學」，而是以精確的方式去定義普通婚姻困難的本質，以釐清它們的主要成因。一旦這些問題的各個

組成部分都被揭露，便可以開始談論如何解決它們。我在本書的前半部會強調這些問題，因為這些問題難以被發現。之後，隨著你對問題有了深入的了解，你就可以開始解決它們。

本書的安排

藉由先指出問題，然後再解決它們，我對各章的安排會與我進行一系列臨床治療的方式相似。

前面九章分別針對不同的問題領域。幾乎每一位處在問題婚姻中的伴侶都會在這些章節中辨識出與他或她那段關係中，類似的困難。有時問題很明顯：在人們的想法和感受以及他們如何對待彼此方面，表面之下有更多東西是看不到的。因此，當我治療患者時，有時候我必須剝開好多層才能找到一個問題的核心。而且有時，一個問題會是造成其他問題的根源，它們有時是被隱藏起來的。

認知治療透過關注此時此刻隱蔽或明顯的問題，去找出婚姻困難的根源，而不是透過還原早期的童年創傷。

為了幫助讀者判斷自己婚姻問題的本質，我在好幾個章節內都附上了檢核表。你可以利用這些評量去確定自己與伴侶的具體問題，像是不切實際的期待、不適當的溝通，以及帶有偏見的闡釋。當我們進入改善辦法時，可以回顧這些評量的答案，以幫助確認自己的問題，這是邁向解決問題的必要步驟。

在我的臨床經驗中，首先，我會藉由分析一對伴侶的描述和他們提供的答案，試著了解他們遭遇的困難。接著我會為兩人各自準備一個「認知側寫」（cognitive profile），這會凸顯出他們特有的問題領域。如同醫生試圖透過身體檢查、實驗室檢驗和 X 光去診斷出病症一樣，我利用手邊的所有資訊去進行一場「關係診斷」。

本書的讀者可以跟隨相同的順序，首先了解和確認自己關係中問題

的具體本質，接著選擇適當的策略去處理它們。

　　清楚明白一對伴侶間具體的「自我挫敗態度」（self-defeating attitudes）和扭曲的思考與溝通後，我會向他們解釋他們問題的本質。我在本書中也是如此安排，前面九章是針對一段關係中常見的問題：(1)負面思考的力量：負面知覺會如何壓倒一段關係中的正面力量；(2)從理想化到幻想破滅的轉變：為什麼伴侶的形象，會從一切都是好的變成一切都是壞的；(3)不同觀點的衝突：伴侶會如何以完全不同的方式去看待相同的事件和彼此；(4)強加的僵化期待和規則：設定固定標準會如何導致挫折與憤怒；(5)溝通中的停滯：伴侶為何總是沒有聽到對方說的話，卻時常聽見對方「沒有說」的事情；(6)做重要決定時的衝突和關係的破裂：個人偏見和不同的期待會如何干擾其運作；(7)在憤怒與自我挫敗行為之前「自動化思考」（automatic thoughts）的角色：負面思考會如何導致挑釁與憤怒的發生；(8)思考異常和偏見是問題的核心：認知扭曲如何運作；最後(9)驅使伴侶分開的敵意。

　　第十到十八章我提供了各式各樣的認知治療方法，伴侶雙方可以依照他們的特殊需求進行修正，以達成他們設定的目標。在這些章節中，首先提出的問題是雙方如何克服使他們無法改善關係的阻力與沮喪情緒。無論情況看起來多麼沒有希望，人們明白自己有選擇，不單單只是一段不好關係中的受害者這一點非常重要。他們「可以」而且「應該」為他們的關係負責。這些章節會告訴讀者該怎麼做。

　　接著，我會繼續討論伴侶關係中的基本價值，諸如承諾、忠誠與信任，並提供如何中和破壞這些基礎的力量。重建或強化這些使關係牢固的基礎措施是必要的（第十一章）。我會繼續說明你該如何增加關係中甜蜜、有愛的部分，同時減少酸楚、惱人的部分。你可以做什麼事情向伴侶展現你真的在乎這段關係？我會附上一個檢核表作為指引，用來評估你和伴侶在表現體貼、同理心和理解對方上面做得如何（第十二章）。第十三章，我將呈現你可以如何修正扭曲思考，並根據現實調整

想法的具體範例。然後，我會把焦點轉換到伴侶對話的方式，並且說明對話如何成為愉悅而非痛苦的來源（第十四章）。第十五章說明你如何澄清你們之間的分歧，這將為你們之後一同合作改善問題做準備，這部分將於第十六章解釋。

當你消除了對話中容易出現的錯誤、解決了一起生活的實際問題後，你就已經準備好面對伴侶總是令你勃然大怒的那些特性與習慣了（第十七章）。最後，在第十八章你將能夠應用前面章節所學到的知識和方法，去解決特別的問題，如壓力、性問題、外遇，以及當伴侶雙方皆需工作時所產生的衝突。

我的設想為，至少在一開始，本書只會由伴侶的其中一方閱讀。我的重點是他或她可以做些什麼來獲得幫助，然後反過來幫助他們的伴侶關係。一般而言，通常一方的改變即可以造成另一方的顯著改變。而當你更加了解彼此問題的來源和解決辦法，你的改變就可以對伴侶的行為產生有利的影響。

總之，在本書中我會討論伴侶如何矯正他們思考上的自我挫敗模式、產生反效果的習慣、改善溝通，並協助澄清和調整伴侶雙方的問題。最終，我會說明他們可以怎麼合作去改善溝通不良，使關係變得愉快且充實。

評估你的關係時，你會發現牢記目標以及如何有效實現它們是很有用的。作為指引，我在下方列出了我所認為的理想伴侶關係應該包含的目標：

1. **努力為信任、忠誠、尊重和安全感打下基礎**。伴侶是你最親密的親人，而且有權依賴你做個堅定的盟友、支持者和擁護者。
2. **培養你們關係中溫柔與愛的部分**：敏感、體貼、理解，還有展現情感與關心。將對方視為知己、夥伴和朋友。
3. **增強夥伴關係**。培養合作、體貼和妥協的意識。精進你的溝通技

巧，如此一來，你們可以更輕易地對實際問題做決定，像是家事分工、家庭預算的準備與執行，以及休閒活動的規劃。

夥伴關係的必要條件之一還有訂定關於孩子照顧、教育和社會化的政策。培養合作的精神。婚姻既像是一間企業、一家兒童照顧和教育機構，同時也是一個社會單位。重要的是，婚姻中這些「機構」的功能要以互惠、公平和合理的方式實現。

如同大部分旨在幫助人們解決問題的書籍一般，本書也有自己的指導哲學：

1. 伴侶可以克服歧見，假如他們一開始就知道雙方主要的失望、挫折和憤怒都不是來自基本的不相容，而是因為錯誤溝通與帶著偏見去解釋對方的行為所導致的誤解。

2. 誤解往往是個持續的過程，是伴侶一方對另一方發展出扭曲形象的結果。這種扭曲反過來導致伴侶誤解對方的言行，而且將令人不快的動機歸咎於對方。伴侶雙方根本沒有「檢查」自己的解釋或關注他們是否有清楚溝通的習慣。

3. 每位伴侶皆應對改善關係負起完全的責任。你必須明白自己真的有選擇——你可以（而且應該）選擇你能夠收集到的所有知識與見解，讓你自己和伴侶過得更開心。

4. 伴侶雙方可以幫助自己、彼此和這段關係，假如他們採取一種「沒有錯誤，沒有責備」的態度。這個方式可以讓他們聚焦在真正的問題上，並且能更迅速地解決它們。

5. 伴侶的行為如果被你歸結為某種惡意的特質，如自私、仇恨或想要控制你，其實往往最準確的解釋是良性的（縱使被誤導）動機，如自我保護或試圖避免被拋棄。

雖然本書是設計來教育和提供指引，但是它仍舊無法像一名諮商師對一段「已經嚴重損壞」的關係，在短時間內產生巨大影響，即便你和諮商師都使用本書相同的原則與方法。然而，我很肯定，對於許多平時不需要或不尋求諮商的伴侶，絕對可以經由這本書獲得幫助。讀完之後，一些伴侶可能會願意尋求專業協助，或是配合諮商來使用本書。

　　或許，許多閱讀本書的人可能還沒將他們的伴侶關係視為「有麻煩」，但仍希冀本書可以為更多人帶來更多收穫。也許一對伴侶想恢復他們以往的快樂，即互相關注對方的想法、能夠自發地提出建議，以及在沒有爭吵的情況下達成決定。本書提供一些提示，以克服阻止你們解決共同問題的荊棘、解開阻撓你們互相理解的心結。隨著對自身和伴侶的了解逐漸增加，你將能豐富你與伴侶的關係。

第一篇

伴侶關係的
問題

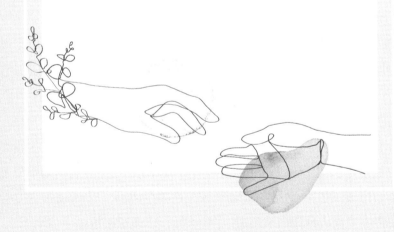

第 1 章
負面思考的力量

———

　　凱倫，一名室內設計師，她描述自己某天抱著既興奮又迫不及待的心情回家，想與先生泰德分享一件好消息，就是她剛剛獲得一份利潤豐厚、為一間著名法律事務所設計裝修的合作案。但是，當她開始向泰德訴說自己這次職業生涯上的意外成功時，泰德似乎相當不以為意且心不在焉。她心想：「他沒有真正關心我，他只關心他自己。」她的興奮感消失了。凱倫走進另外一間房間，替自己倒了一杯香檳，而不是與泰德一同慶祝。事實上，泰德當天因為工作上的挫折而感到沮喪，而他的妻子凱倫非但沒有發現，還一直滔滔不絕分享自己的豐功偉業，於是他心想：「她沒有真正關心我，她只在意自己的工作。」

　　從這件事情，可以觀察出人們在遭遇婚姻問題時的幾個常見模式。當他們的高期望受挫時，很容易對伴侶的心態和婚姻的狀態做出負面的結論。他們總是依賴於好比讀心術的方法，以為對方「應該」要理解自己，而在幻想破滅後，便逕自做出了令人沮喪的結論：「她這樣做是因為她是個賤人」或「他這樣表現是因為他內心充滿了仇恨」。

　　然而，如此解釋的結果，可能導致受傷的人攻擊或逃避伴侶，而對方則非常可能感覺自己受到不公平的懲罰，進而多半會以反擊或退縮等方式進行報復。如此一來就開始了一段攻擊和報復的惡性循環，而這種循環會輕易地將這段關係的其他面向通通捲入其中。

以這種方式去解釋伴侶的動機，充滿了危險，因為我們無法看透別人的心。舉例來說，凱倫並不知道泰德正為他的會計事業感到沮喪，並對於要與她討論這件事情感到焦慮。凱倫無從得知，因為她是假設泰德過於關心他自己，而沒有注意到她在盛怒之下離開了房間。

然而，她的憤怒退縮，對泰德而言具有許多意義：「她無緣無故離我而去」和「再次證明她不關心我的感受」。這些解釋加重了泰德孤立和受傷的感覺。另一方面，泰德因為專注於自己的問題而造成關係的斷裂。過去，當凱倫對於一個經驗或新想法感到興奮時，泰德總是急著開始分析而不是從情感上去了解她的熱情。

這種誤解和互相猜測對方心理的頻率，遠高於大多數伴侶所意識到的。**發生衝突的伴侶多半不會認為彼此間存在著「誤解」，而是將問題錯怪於對方的「惡意」或「自私」。**他們沒有察覺到自己誤解伴侶，或伴侶誤會他們，錯以為他們的動機惡劣。

儘管許多暢銷著作，聚焦於如何在一段親密關係中表達憤怒以及如何處理憤怒，卻缺乏關注導致憤怒與衝突的誤解和溝通不良的主因：伴侶彼此如何感知和解釋關係中的「滿意度」，遠比伴侶的行為本身來得重要。

為了避免這種關係中的誤解，了解人們感到挫折或失望時，心智會如何運作將有助於避免這樣的誤解發生。事實上，人類不可靠的心理裝置使我們非常容易誤解或誇大他人行為的意義：在我們失望時做出負面的解釋，並將負面形象投射到他人身上。接著，我們又會根據這些錯誤解釋採取行動，去攻擊我們所投射出的負面形象。

然而，在那個「誤解」時刻，我們幾乎不會想到自己的負面判斷是錯的，而且我們正在攻擊一個失真的形象。舉例來說，當凱倫因為泰德的情緒而感到挫折時，她會把一個無法向他人表達自我感覺的機器人形象投射到他身上。同樣的，泰德會把凱倫視為一名充滿恨意與報復心態的復仇女神（Furies）。無論何時，當他們其中一人對另一人感到失望

時，這些極端的形象就會占領他們的心智並滋長其憤怒情緒。

透過認知治療減少誤解

藉由認知治療中的一些簡單原則，我們可以幫助伴侶避免做出這類不合理的判斷，進而防止將扭曲的形象投射到對方身上的傾向。換言之，這些原則能幫助每對伴侶做出更正確與合理的結論，從而避免誤解所導致的婚姻衝突和敵意的循環。實際上，認知治療已被證實有助於伴侶學習如何以更合理的態度面對彼此。例如透過對自身讀心術的準確性及其造成的負面結論，採取一種更謙虛和試探性的態度；藉此檢驗自身讀心術的正確性；以及透過認知治療重新思考和解釋伴侶所做的事情和態度反應。

如果凱倫能避免自己將泰德想像成無情和冷酷的傾向，並詢問他遇到什麼事情令他煩心，她可能就可以讓泰德高興起來，使兩人一同慶祝她的成功。此外，如果泰德能了解凱倫想要的是什麼，他就可以避免自己被凱倫描繪成一個冷酷又無同情心的負面形象。不過要達到這一點，首先雙方都必須明白他們的結論是錯誤的，而且他們的憤怒是不必要，或者至少是誇大的。

幫助凱倫和泰德，以及其他伴侶間達到自我理解的認知原則包括：

1. 我們永遠無法真正明白其他人的心理狀態、態度、想法和感受。
2. 我們經常是依賴模稜兩可的訊號，來了解關於他人的態度與希望。
3. 我們使用自己的編碼系統（可能有缺失）來破解這些訊號。
4. 根據自身在特定時間的心理狀態，我們在解釋他人行為的方法上，也就是我們如何解碼時，經常可能會有偏差。
5. 我們相信自己在推測他人動機與態度上的準確度與實際準確度

上，兩者並無關係。

融合了這些原則的認知治療，著重於伴侶雙方感知、誤解和未能感知彼此的方式，以及他們溝通、溝通不良和無法溝通的方式上。認知治療，正是設計來改正這些思考和溝通上的扭曲與缺陷，關於它的基本策略和技術，會於第十三章詳細說明。

至於伴侶關係認知治療的本質，則包含與遭遇問題的伴侶探討他們不切實際的期望、自我挫敗的態度、不合理的負面解釋以及不符邏輯的結論。因此，透過調整伴侶對彼此得出結論和溝通的方式，他們在認知治療的幫助下將以一種更合理、更少敵意的方式與對方相處。

不要相信自己的「讀心術」

露易絲，一名充滿魅力的年輕女性，她負責管理一間時尚服飾店。她試著向自己解釋為什麼她的未婚夫彼得，從一場派對結束後的回家途中都沉默不語。彼得通常很健談，他為一間郊區報紙販賣廣告，這也是他們兩人認識的開始。當他沉默不語時，露易絲心想：「彼得什麼都不說……他一定是在生我的氣。」在嘗試解讀他的想法時，露易絲將彼得的沉默歸因於他在生她的氣。她對自己相信的（即她的「讀心術」）彼得的想法和感受並沒有就此結束。露易絲接著想：「我一定是做了什麼令他不開心的事情。」她自己在心裡下了彼得對她生氣是因為她做了某件事的結論後，她預測：「彼得會持續對我生氣，最終會斷絕我們的關係。」然後她因為預期自己將會孤獨終身，而感到悲傷。

然而實際上，露易絲偏離了目標。她陷入了一個既看不見原因、又不知道後果的推論之網中。同樣的情況套用在不同的女性身上，該名女性可能只是對自己說：「彼得可能幾分鐘後就會恢復了。」彼得沉默的這單一事實，在這兩種推測下都可能符合現實。

換言之，讀心術可能造成不正確的預測，進而導致不必要的不安或虛假的安全感。另外，這種錯誤的結論可能導致更大的問題。假如露易絲按照她的讀心術採取行動，她可能會退縮或反擊彼得；這種反應可能會使得彼得感到困惑、被疏遠或激起他的憤怒。

　　在這個案例中，露易絲錯誤解釋了彼得的行為。他只是處於一種沉思的狀態。然而她卻開始生悶氣，當他終於開口說話時，她也不回應；得不到露易絲的回應，彼得開始生氣並批評她。而露易絲將彼得的批評看作是她準確讀心術的驗證，她因此感覺更加糟糕。她推論自己害怕的事情終究發生了：彼得已經厭倦了她。

　　這類自我實現的預言是典型的關係問題：**由於錯誤解釋伴侶的行為，人們反而實現了他們最希望避免的結果。**

　　因為人們的言行可能是「模稜兩可」或「使人誤解」的，而評估他人對我們的感覺或他們的動機，並非總是那麼容易。因此，由於露易絲害怕被拒絕，因而傾向將彼得的沉默解釋為他對她感到生氣。雖然閱讀徵兆和尋求模式來判斷對方心裡的想法，是一件自然的事，但是非常有可能會造成錯誤的解釋，進而得出錯誤的結論，使關係越來越糟。

看不見的內心

　　以我自己生活中的事件為例。當我正在認真向妻子解釋我的寵物理論時，她突然笑了。我不禁納悶：「她笑，是因為她喜歡我說的事嗎？還是她在嘲笑我？還是她被逗笑了，因為她認為我的理論很天真？」即使我擁有其他可取得的資訊來解釋這個笑容，例如我們一起生活的種種經歷，但我可能還是不明白她笑容背後的真正意義。

　　對我來說，最重要的不是我能看見或聽見的東西，如她的面部表情和聲音的語氣；而是我的感官永遠無法觸及的東西，即她的「心理狀態」。其他人對我們的態度、對我們的感覺，以及對我們的動機，就如

同他們的語言、手勢和表情一樣真實。當我與妻子談論我的工作時，我真正關心的，不是她外顯的行為或她所說的話，而是她對我和我的想法的真實態度。

當我們與他人互動時，我們很少有時間去仔細思考所有的證據，以推論出他真實的想法和感覺。因為線索通常顯得模糊，且我們依賴於對不明確訊息的短暫觀察，有些甚至可能是故意設計來欺騙我們的，這也難怪我們有時候會出差錯了。

考量到現實的困境，我們對於「人們對我們的感覺」，在很大程度上是基於「無法直接觀察到」的事實。因為這種「內在」狀態，是我們的感官無法到達的，所以我們只能依賴自己可以觀察到的現象去進行推論。我們（跟露易絲一樣）傾向相信自己的推斷和自己的讀心術，就像我們相信自己直接觀察到的東西一樣，但往往問題也因此產生。

當然，如果我們想知道何時該伸出援手、何時該撤退，那麼能分辨出他人行為的真正原因，就至關重要。因為這種理解對我們的安全感和親密關係非常重要，所以我們持續使用讀心術（如同前述的凱倫與泰德），並自動將這些推測當作事實。儘管存在模糊不清的地方，但是我們多數時都能做出相當準確的猜測。假如我們與對方擁有信任關係（例如你和你的伴侶），我們可以透過詢問他或她真正的感受，來檢驗自己的猜測正確與否。

在我剛才描述的事件中，我心中的各種推論都是錯的！當我問我妻子時，她向我解釋了她微笑的真正原因：我的理論觸及了她最近經歷的一個有趣經驗，是因為那個記憶使她微笑，而非我的理論。

當我們沉浸在某種情緒狀態時，我們所觀察到的模糊訊號會使我們陷入困境。也就是說，當我們感到心煩或興奮時，我們對他人想法和感受的解釋往往也會與現實偏離，很可能會更依賴於我們本身的內在狀態、我們的恐懼和期待，勝過對他人的合理評估，進而不太可能給予我們看到和聽到的訊息另一種解釋的可能，使得由我們自身內在偏差所下

的結論，更加頑固。

這種「妄下結論」（jumping to conclusions）的模式，在憂鬱和焦慮等臨床問題中是很明顯的症狀。在這些疾病中，患者處理資訊的方式發生轉變，而這種轉變導致了他們在進行觀察時，容易產生負面偏見。此外，他們傾向根據零碎的證據，非常迅速地形塑這些負面的結論。舉例來說，一名憂鬱的妻子在看到丈夫疲倦的面容時，可能會立刻心想：「他生病了，而且對我感到厭煩。」一名焦慮的丈夫，當總是習慣遲到的妻子未能在指定時間赴約時會想：「她可能發生意外死亡了。」在這兩種情況中，他們都不會替丈夫的疲倦和妻子的慣性遲到，考慮其他可能的原因。

事實上，**人們日常生活中的思考方式，經常與憂鬱和焦慮症等情緒疾患的思考方式相似：根據細微的證據，或者根本沒有證據，就立刻做出判斷。**

當人們把一個具體的解釋「類化」（generalizations）之後，其思考方式往往會被混淆。舉例來說，露易絲把彼得對她生氣的想法進一步類化到「彼得總是對她生氣」。接著她又進一步的「過度類化」（overgeneralization）：「我總是冒犯他人」，因此感到傷心。此時此刻，露易絲被她的負面想法所控制，以至於她看不出彼得的沉默可能有其他解釋的可能。

此外，露易絲想法上的類化不僅使她感覺更糟，還干擾了她找出彼得是否有在對她生氣的真相。她的情況若換成一位較不敏感、更有安全感的人可能會想：「彼得現在是真的在生我的氣嗎？如果他在生氣，我該做什麼？」但是對露易絲而言，這種邏輯推理被她草率地類化成彼得總是生她的氣和她總是冒犯他人。一旦這些負面想法將她的注意力從最初的問題「為什麼他沉默不語」轉移開來，就會開始破壞他們關係的和諧。

其他的類化想法也可能入侵，使問題惡化。露易絲得出進一步的結

論：「我總是冒犯其他人的原因是因為我沒有鮮明的個性。」這類解釋可以在一個人的思考中獲得與「事實」相當的地位，並成為更多令人不悅的推論和預測的基礎。好比若露易絲接著想：「既然我沒有個性，就沒有人會喜歡我，所以我將會一輩子孤單。」此時，她不僅可能疏遠彼得，還會變得憂鬱！

露易絲從對彼得沉默的客觀觀察，發展成對自己的負面觀點：「我沒有個性」，接著又發展出對自己未來的沮喪看法：「我將會一輩子孤單」。雖然這種錯誤的結論是基於一連串模糊的線索，但是它們最後卻獲得充分的真實力量，尤其當涉及重要的關係議題，如接受與拒絕的時候。最初的推論變成了「事實」，就像最初的觀察一樣「真實」。

這時，回顧露易絲思緒的流動會有所幫助。我們可以從下方，看到她的負面想法是如何像滾雪球般越滾越大，進而導致她感到孤獨和被拋棄。

為什麼他沉默不語？→他一定是在生我的氣→我一定做了什麼令他不高興的事情→他會持續對我生氣→他總是對我生氣→我總是冒犯他人→沒有人會喜歡我→我將一輩子孤單。

我們是如何誤解他人的？

假如我們可以在得出結論前評估一個情況中的所有證據，就比較不會犯下這種錯誤。然而，我們很少有時間去進行仔細衡量並合乎邏輯地推論。我們必須依賴一個快速的解釋，「讀懂信號」，就像我妻子的微笑之謎和彼得的沉默謎題一樣。

「信號」實際上是一些數據，如一串文字或一種手勢，我們將其翻譯成可用的資訊。舉例來說，一份外文報紙，由數行印刷的符號所組成，但是這些符號並沒有意義，除非我們可以閱讀這種語言。為了將我

們看到的符號轉換成可以理解的東西，我們必須應用我們的編碼系統。如果印刷是錯誤的，或是我們的編碼系統出錯了，甚至是因為沒有經驗或疲累而沒有適當地應用編碼系統，那麼就會獲得錯誤的信息，當然也就會得到錯誤的結論。

人類在生命的早期，就發展出人際編碼系統，它告訴我們諸如一個人的語氣、面部表情或手勢等的意義，並從情境和其他觀察中，將意義編織成結論。因為當我們相信我們知道他人對自己的動機和感覺時，會感到更安全，所以我們對於自己得出的結論會比證據所證實的更有信心。

這種編碼系統的主要優點，是它提供了立即的解釋。但其缺點是它很可能出錯：當我們的伴侶分心時，我們可能會錯誤地解讀為拒絕；當我們的伴侶緊張或焦慮時，我們可能會錯誤地假設為怒氣；最重要的是，當我們的伴侶只是忘記遵守承諾時，我們可能會錯誤地歸咎於惡意。

即使是善意的、相愛的伴侶，也會因為這種錯誤解釋而爭吵和傷害彼此。有時，誤解只是基於錯誤的溝通，如同瑪喬麗沒有告訴肯她想獨自購物的例子。其他時候，也許更嚴重的是，誤解的產生是由於一個人不經意的言行對另一人造成了威脅。因此，**爭吵的原因不是言語或行為本身，而是伴侶賦予它們的意義**。當然，其中的意義對於引起問題的伴侶來說並不明顯，因為他們通常相信對方「應該更了解我」。

信號構成了用於溝通中的表示。例如情緒和感覺永遠不會被直接溝通，而是經由語言、音調、面部表情和行為等媒介來溝通。當然，情境對於解釋信號非常重要，例如一名服務生端上咖啡和吐司代表著商業交易，而一名丈夫替妻子端上咖啡和吐司則是代表關心和愛護。

這種信號形成了親密關係的結構，然而在伴侶關係中，它們的重要性卻經常被忽視。但實際上它們的意義遠遠超過從具體行為的字面解讀中所得到的意義。好比電影《北非諜影》的主題曲中，歌詞「一個吻仍

是一個吻，一聲嘆息就只是一聲嘆息……」（A kiss is still a kiss, a sigh is just a sigh …）是為了強調一個事實：即一個吻不只是一個吻。類似這種信號是愛和關懷的象徵，而當它們從一段親密關係中淡出，或雙方意見分歧時（如同凱倫和泰德的例子），這種信號就具有拒絕或缺乏興趣的「象徵意義」。

「象徵意義」可以把人們吸引在一起，也可以使他們分開。一名女性向我描述在她與未婚夫交往的過程中，每當她的未婚夫帶她上昂貴的餐廳和送花給她時，她都會被深深感動。即使她理智上明白這種關注不一定代表她未婚夫關心她，但是「更深層」的意義是如此強烈，所以她總是對這些感動不已。

但是他們結婚之後，她開始對「負面象徵」做出反應。無論何時，只要她先生晚回家卻沒有打電話告知，她就會認為他不關心她。儘管他經常以自己身邊沒有電話為理由，但是他不打電話的象徵意義是如此強烈，以至於她無法改變自己心中的想法。此外，他越來越少送她花和外出用餐，也象徵著他不再關心她。

然而，實際上「信號」與「象徵」並不是真的東西，它們必須經過翻譯。有時，編碼系統出現缺失，伴侶因此無法解讀信號：一名丈夫可能不知道他妻子的退縮其實是在尋求幫助；一名妻子可能不會發現她丈夫裝出來的熱情其實是為了掩飾深刻的失望。

有些人較其他人更有可能將象徵意義附加到某些特定的情況上。舉例來說，男性更可能只將談話視為傳遞事實的媒介，而女性則更可能將談話視為象徵關心和友誼的行為。由於這些溝通象徵意義上的性別差異，使得伴侶間就容易產生誤解。

在親密關係中，我們在使用自己的編碼系統時，其靈活度比不上在其他更客觀情形中來得順暢。事實上，關係越強烈，產生誤解的可能性就越大。換言之，與任何其他的親密關係相比，伴侶關係持續存在著誤讀信號的機會。

誤讀信號

瑪喬麗和肯於大學期間相識，他們的愛情故事就如同羅曼史小說。肯是傑出的運動員，而瑪喬麗則是畢業舞會的皇后。經過轟轟烈烈的交往後，他們結婚了！肯成為保險業務員，瑪喬麗則在一間大型公司當祕書。

但是，從結婚一開始，他們之間就出現問題了。瑪喬麗能言善道又有能力，她其實有資格從事比祕書更高職位的工作，但她缺乏自信去嘗試，所以瑪喬麗需要肯給她更多的支持與愛護（但是肯不願意或給不起）。另一方面，肯在事業上的表現不如他當大學運動員時那般成功，所以肯必須依賴瑪喬麗的收入才能享有他們現在的生活水準。

結婚五年後，他們發生了一次典型的衝突。在辦公室度過辛苦的一天後，瑪喬麗回家向肯抱怨自己的工作情形：

瑪喬麗：我厭倦了這份工作。我真的應該辭職。哈里（她的老闆）總是刁難我，一直挑我毛病。

肯：（她計畫要辭職。如果她辭職，我們將無法負擔家庭支出〔感到焦慮〕她怎麼能這樣呢？她不在乎我和孩子〔感到憤怒〕）你總是衝動行事。

瑪喬麗：（他不信任我。他應該知道我不會辭職〔感到受傷〕。）我只是想告訴你……

肯：（這太糟糕了。我必須停止她繼續想辭職這件事。）（大聲地）我不想再聽你說工作的事了！

瑪喬麗：（他不在乎我。這就是為什麼他不聽我說話，還吼我的原因〔感到更受傷且憤怒〕）。開始邊哭邊跑到房間。）

肯：（她總是這樣好讓我感到愧疚。）你不要在我面前跑掉！

伴侶對彼此言行的理解至關重要，事實上，瑪喬麗想要並期待得到肯的同理。她實際上是在說：「我很痛苦，我希望你能安慰我。」但是肯將她的抱怨（信號）翻譯成了一種威脅。根據他的編碼系統，當人們抱怨某件事就代表他們將會採取一些通常是草率、未經深思的行動。因此，抱怨工作在他的自動思考中代表的意義是「將會辭職」。

　　這種隱藏的恐懼往往會引發敵對反應。因為肯誤讀了瑪喬麗的心理，他不僅沒有回應瑪喬麗想要得到安慰的期待，反而責備她。瑪喬麗對於肯的責備，感受到的是不公平與孤立。而當她感覺受傷和生氣時的反應，則是哭泣與退縮。她的退縮（來自於被拋棄的感受），接著被肯以更負面的方式去進行解釋，肯認為這是一種操弄的象徵，代表她試圖使他感到愧疚。因此，導致了憤怒的交流（批評和退縮）。

　　這段衝突對話，說明了編碼系統的多種特徵。**溝通的意義雖然對發送人而言是無比清晰，但是對接收者來說通常是不清楚的。**解碼訊息，從本質上來講，需要閱讀發送人的心理。然而，每個人通常具有他特定的解碼方式；因此，我們往往會發生錯誤。此外，發送人傳遞出的信號可能模稜兩可，因而可以存在相當不同的解釋。我們有時候也會在沒有隱藏意義的地方，讀出了隱藏的意義。

　　一旦人們對一個事件附加上一個意義，他們可能就會接受它的有效性，而不會進一步確認其準確性。如果肯詢問瑪喬麗一個問題，以驗證他最初的讀心術（例如「你有想要辭職嗎？」），他可能在一開始就修正了自己的錯誤觀念。如果瑪喬麗沒有被自己對肯的批評所附加的意義沖昏頭的話（「他不信任我」），她可能會更堅定地嘗試修正肯的錯誤觀念。此外，一旦反擊，也就是退縮的反應接續發生，一方對另一方敵對行為所賦予的意義，也會妨礙彼此去澄清最初的誤解。

　　伴侶雙方應該要去驗證他們讀心術的準確性，藉由「直接詢問」或「進一步觀察伴侶的行為」，此時，他們通常會發現自己的讀心術是不正確的。經由證明基於讀心術的解釋是錯誤的，他們會得到一個額外的

回報，即他們可以修正理解伴侶的編碼系統，也可以說是重新設計他們電腦的程序。這種技術有助於伴侶更準確地知道另一方的實際想法與感受，如此一來，伴侶關係也就可以更加和諧。

認知治療提升了人們對於自己如何形成這類結論的認識，並鼓勵他們去思考另一種解釋。這種治療探索了人們經常誤解的信號與象徵，同時幫助他們得出更準確的結論，這對於像是露易絲和彼得這樣的伴侶來說是很大的益處。我們將在之後的章節，進一步學習這個用來幫助凱倫和泰德，以及肯和瑪喬麗的認知治療之具體原則。

象徵與意義

在親密關係中，某些情況擁有特別強烈的意義。這類意義並不是基於實際的事件，而是來自一方對另一方行為的「假設」。

當一個人的編碼系統被轉化為文字時，會發現它是由信念、假設、規則、偏見和常規所組成的大雜燴。正如在治療中發現的那樣，肯的基本假設為「如果瑪喬麗抱怨，那麼她將會採取一些衝動的行動」，以及「她喜歡透過哭泣來操弄我」。瑪喬麗的假設則是「如果肯生氣，就代表他不愛我」，以及「如果他誤解了我的動機，我們就無法溝通」。

對於事件的實際解釋就是由這些信念所塑造而成的。假如瑪喬麗認為音量大聲就代表拒絕，那麼當肯提高音量時，她體會到的就是拒絕。假如她相信怒氣和拒絕最終會導致拋棄，那麼當肯對她大吼大叫或誤解她時，她會感受到極端的孤獨。

當一個事件持續喚起高度個人化的意義時，它就會變成了一種象徵。當一個人附加了象徵性意義到一個事件上（愛、拒絕、自由），他或她可能就會過度反應，同時牽涉到扭曲了某些情況，因而導致多重意義。以露易絲為例，她認為彼得的沉默是拒絕的象徵。她的象徵性解釋產生了連鎖效應：她開始責備自己理應被拒絕，並對未來投射出一連串

的慘淡事件。

雖然有無數的象徵適用在伴侶生活中，但是有兩種主要的象徵事件會引發過度反應。**第一組象徵事件圍繞著「關心」和「不關心」的主題展開。**正面象徵著情感、愛和體貼；負面象徵著拒絕、不體貼和缺乏了解。凱倫和泰德、瑪喬麗和肯，以及露易絲和彼得的誤解，就是從這些負面象徵展開的。

第二組象徵性事件則是牽涉到「自尊心」的主題。正面象徵以尊重為中心，而負面象徵牽涉到不尊重，甚至輕視。此外，即便感到被愛和被接受的伴侶，仍然會對任何暗示他們被輕視或貶低的訊息過度敏感。我們稍後將會看到「平等」如何成為肯和瑪喬麗關係之間的一個大問題。在以下的對話中，象徵意義是「你低估了我」。

肯：我決定，我們需要買個新的熱水器。

瑪喬麗：（〔感到困惑〕為什麼他決定前不先跟我討論？）為什麼我們需要一個新的熱水器？

肯：（她不太尊重我的判斷。）因為我們需要，所以要買一個新的。

瑪喬麗：（他覺得我的詢問很煩。他不認為我可以有意見〔感到受傷〕。）我還是不知道為什麼我們需要一個新的熱水器。

肯：你從來不相信我的判斷，對不對？

由於他們從對方的言論中，讀出了象徵意義，所以瑪喬麗和肯都感覺被對方輕視了。如果他們的交談沒有引發這些象徵意義，最初的陳述就可以按表面的意思來理解，而且任何負面解釋也能夠被輕易修正。然而，因為他們對對方的言論都附加了象徵意義，因此雙方都過度反應，而且沒有人想到去檢驗自己的解釋是否正確，進而使雙方都陷入了受傷和憤怒的情緒中。

為了了解他們的過度敏感和過度反應，伴侶雙方必須意識到會產生誇大負面反應的特定事件所帶有的象徵意義。瑪喬麗和肯可以預防他們的過度反應，但是他們必須及時發現這些反應，接著修正自己錯誤的象徵性解釋和結論（如第八章和第十三章說明）。這個事件中的肯太生氣了，無法把瑪喬麗的問題（「為什麼我們需要一個新的熱水器？」）當作一個合理的詢問，並加以回答。讀心術、附加的象徵意義和誤解所產生的連鎖反應，便是由此開始。

偏見

　　某些困擾著關係和諧的誤解，是源於各種偏見背後的僵化思考。帶著偏見的期望、觀察和結論所反映出的偏見結果，稱為「負面認知模組」（negative cognitive set）的心智框架。舉例來說，當丈夫把妻子放置在這個模組中時，妻子的所有言行都將被他以負面的方式做解釋。

　　偏見不僅會扭曲我們對他人的解釋，也會扭曲我們對自己的解釋。低自尊的人存在著一種偏見，在這種情況下，他們有偏見的目標是自己而不是他人。這種人會強烈在意自己與他人互動的意義，尤其是他人對自己的看法。但是因為他們的低自尊，他們傾向運用自己先入為主的觀念，進而對他人如何看待自己做出不合理的負面解釋。

　　露易絲就是這類低自尊的典型。在她因為彼得的沉默變得如此不安之前，她曾與他進行過許多次熱烈的交談。但是彼得只要沉默一次，對她來說，之前所有清晰的正面經驗就一筆勾銷了。她的假設是「當某人安靜不說話，就是他不喜歡我的徵兆」。一旦這個假設被啟動，露易絲看待彼得和自己的方式都將被它所主導。露易絲從來沒想過她的假設可能不適用在彼得身上。有趣的是，露易絲成長於一個經常使用「沉默對待」（silent treatment）去處罰不遵守規則的成員的家庭中。

　　低自尊的人對自身的負面偏見，多半包括了一系列的負面態度。露

易絲對彼得的想法代表了她對各種遭遇的反應。露易絲的基本假設可以闡述如下：「如果某人現在不喜歡我，他將永遠不會喜歡我；如果這個人不喜歡我，那麼我就是不討人喜歡」，以及「如果我不討人喜歡，我將總是孤獨和不快樂」。她的假設使她傾向對彼得的沉默做出這樣的解釋：彼得的沉默被視為拒絕的信號，而且會導致他們關係的結束。

儘管露易絲的每一個假設都能被證實為毫無根據，但這些對她的思考產生了強大的影響。一旦與彼得之間發生類似的經驗，這些假設就塑造了露易絲對他們關係的解釋。而認知治療的目標之一，就是讓露易絲暴露於這種假設之中，以確定它們是否是真的，並去改變它們（第十三章）。

如果我們檢視有焦慮、憂鬱和疑病症等心理障礙的人，其誇大的思考方式，我們就能更清楚看見一段關係中許多問題的根源。這些人對特定事件的編碼系統存有一致的偏見。舉例來說，憂鬱的人可能會以一種對自己不利的方式去解釋模稜兩可的事件。例如一名家庭主婦，看到孩子們正在爭吵，她會得出「我是個失敗的媽媽」的結論。另一方面，一個焦慮的人會在無害的情況下看到危險。一名緊張的丈夫會在妻子遲來赴約時心想：「她被搶劫了」。而疑病症患者則會將普通的身體感覺解釋為嚴重疾病的徵兆：輕微的頭暈代表得了腦瘤；胃灼熱表示心臟病即將發作；背痛則是腎臟疾病的信號。

這種人與「正常」人的不同之處，在於他們對自己的結論更加看重，而且更加頑強地堅持自己所妄下的結論。他們更有可能發現符合自己先入為主想法的模式，而忽略了不符合那些模式的資訊。矛盾的是，儘管他們的思考方式帶給他們巨大的痛苦，他們仍然沉浸其中。而當他們處於壓力的情況時，這種「認知僵化」（cognitive rigidity）會更為明顯。

我們可以從心理疾病患者中學到很多東西，因為當偏見是針對伴侶時，我們會在痛苦的關係中看見同樣的思考。研究顯示，處在痛苦關係

中的伴侶可以合理客觀地分析其他伴侶的動機，但是當相同情況發生在自己身上時，他們會錯誤地把負面動機歸咎於自己的伴侶。[3]

痛苦的伴侶關係，往往對彼此的反應就像是他們本身患有心理疾病一樣。他們對伴侶的想法存在著偏見，就像在焦慮和憂鬱症患者身上所看到的一樣。他們認為自己的信念是真實的，自己的心態是開放的。不過其實他們對自己的伴侶抱持著封閉的心理和觀點。

舉例而言，**懷著敵意的伴侶沒有意識到他們對對方的觀點，可能會被自己的心態和支配自己的信念所扭曲**。當某人試圖矯正這些扭曲的想法，尤其是針對其伴侶時，很可能會遇到一堵敵意之牆。憤怒的人對於自己的看法被反駁時會表示不以為然，此外，他們不僅認為對方是錯的，而且對方還試圖操弄與欺騙他們。

當敵對的伴侶試圖猜測對方的情緒、想法與動機時，他們會對自己的結論深信不疑，好像自己能看穿對方的心理一樣。對他們而言，自己的信念不僅是結論，而且是事實。為了改正這些結論，需要應用第十七章提到的策略。

另外，在交往熱戀期和結婚初期，伴侶會表現出一種正面的偏見，也就是幾乎對方的所有言行都會被解釋為正面的：他或她絕對不會做錯事情。然而，當關係遭遇困難，如反覆的失望、爭論和挫折，就會導致心態的改變。痛苦的伴侶會從正面的偏見轉換到負面的偏見，對方所做的很多事情，都會被用負面的角度進行解釋：他或她不可能做對事情。

這種負面思考的力量，隨處可見。我們經常會聽到一個人抱怨伴侶：「我們一起度過了美好的一天，但是接著一件愚蠢的小事破壞了一切！」而負面思考的力量，已經被多篇研究所證實，在處理關係問題時，不容小覷。令人痛苦與令人滿意的婚姻之間，最大的區別不是缺乏愉快的經驗，而是更多不愉快的經驗或是經驗被賦予了不愉快的解釋。[4]**諮商中的伴侶所表現出的關係改善，多半是伴隨著不愉快經驗的減少，而不是愉快事件的增加。當負面經驗和負面解釋減少時，幸福似乎會更**

自然地到來。

正如認知治療能幫助臨床焦慮或憂鬱的患者了解自己的錯誤思考，相同的原則也可以避免痛苦伴侶關係中的誤解與偏見，就像本章所描述的那些案例一樣。但首先，了解這類思考問題的基礎，並學習如何辨識它們是最重要的。如此一來，伴侶才可以檢驗兩人對彼此的解釋和信念，並去矯正它們，而不是任由負面思考去破壞兩人的幸福。

第 2 章
迷戀的「光明」與
失望的「黑暗」

———

在人類社會中有許多神祕的事情，其中之一就是：為什麼「愛」到最深處後會突然減弱，只留下一片失望、挫折和怨恨的烏雲？一對曾經興奮期待共同生活的伴侶，漸漸陷入冷漠和無聊的境地；另一對伴侶，則是從前會分享彼此所有的樂趣，現在卻只分享不滿和抑鬱；還有一對伴侶從前幾乎同意對方所有的看法，現在則什麼都抱持不同的意見。

究竟，一對伴侶是如何從幻想到破滅、從迷戀轉向失望、從極度滿意變成不滿意的呢？

來看看凱倫和泰德的例子，這對伴侶因為「無法與對方相處」而尋求我的諮詢。在第一章提到凱倫是成功的室內設計師，而泰德是位會計師。他們兩人都希望了解為什麼他們會不斷地爭吵，並希望重溫交往和婚姻初期的感覺。他們對於雙方的不斷爭吵感到不解；畢竟，凱倫擁有許多好朋友，而泰德總是與其他人相處愉快。

凱倫和泰德兩人在彼此二十六歲和二十八歲時結婚。相對孤獨且嚴肅的泰德，被凱倫愉快又無憂無慮的性格所吸引：她自然而然地能逗他開心，她隨遇而安的態度為他的嚴肅提供了一劑解藥。當泰德和凱倫在一起時，她的笑話、活力和歡樂有助於減輕他所感受到自己背負的重擔，她的開朗緩和了他的憂鬱。他們一起開懷大笑、享受與彼此的對話和相處的時間。

隨著泰德對凱倫的感情越來越深，他如此讚揚凱倫：「她很完美。她的所有一切都好迷人。她真的使我的生命有了意義。」當他們分開時，泰德會不斷想著凱倫，只要一想到凱倫，他心中就會激起一種渴望和欣喜的感覺。他寫了一封既長又充滿感情的信給凱倫，發誓自己對她會全心全意。

然而不過短短幾年，一切都改變了。泰德開始對凱倫吹毛求疵。他總是對凱倫生氣：「她真是令人討厭、她是個笨蛋、她不負責任、她從來不認真看待事情。她很膚淺，總是帶著空虛的微笑四處走動，我不能指望她能為我做什麼」。

雖然泰德對凱倫的態度從欣賞轉變成挑剔，但實際上，凱倫的人格特質並沒有明顯的改變。凱倫與泰德皆同意這一點。真正改變的，是泰德對凱倫的觀點；改變的是他對她的看法。彷彿是他換了鏡頭，所以對她的看法也不同了。現在，他將負面標籤貼在他之前所描述如此美好燦爛的特質上。他曾經認為伴隨她自由精神的隨和個性，現在被他視為「瘋瘋癲癲」；而他從前認為的有趣玩笑，現在被他視為幼稚行為。

泰德對凱倫的反應，說明了關係中的一個重要原則。**觀點的改變會帶來感覺的改變**。泰德將凱倫理想化，直到共同生活時出現了無可避免的問題。接著，他開始把這些困難歸咎於從前他所欣賞的相同特質上：凱倫的自發性（「輕浮」）、不嚴肅（「膚淺」），和易變性（「不負責任」）。隨著他觀點的改變，他開始以完全不同的角度去看待凱倫的人格特質和凱倫本身。他開始把她看作是一個苦差事，而不是一種樂趣。

泰德在一個中產階級的家庭長大，他的原生家庭非常強調「正確的行為」。每天晚上，他的父母都會與他進行知識性的討論，幾乎沒有家人一起娛樂和遊戲的時間。因此，長大後他成為一個嚴肅、無趣的大人。直到遇到凱倫，他才懂得享受生活中輕鬆的一面。最初，凱倫的吸引力在於她能減輕他童年時過度受禮節和知識所束縛而背負的重擔。然

而，在他們的婚姻後期，他開始根據這些相同的價值去評斷凱倫，然後發現她不合格。

而凱倫也經歷了自己對泰德觀點的轉變。她最初認為泰德優秀、機智、穩重、可靠和認真。他對公共事務、歷史和文學的知識就像一本百科全書，她非常喜歡聽他對政治領域的長篇分析。當她讀完羅伯・波西格（Robert Pirsig）所著的《禪與摩托車維修的藝術》（*Zen and the Art of Motorcycle Maintenance*）後，她給泰德貼上了古典主義者、致力於把事情做好的標籤；而她自己則是浪漫主義者，更關心享受每個時刻。她樂於取笑泰德的拘謹。當她能讓泰德的生活充滿活力，並使他變得更隨和時，她感到開心且值得。

然而，一旦凱倫發現泰德那些最具吸引力或挑戰性的特質，威脅到她的自發性時，她開始用完全不同的方式去看待那些特質。她現在不會被他處理問題的邏輯性和知識性方法所吸引，而是感到被壓抑。凱倫開始得出：「當泰德在我身邊時，我不能做自己。他剖析每一件事而不是享受它。」此外，她在泰德面前也變得越來越煩躁不安。

凱倫生長於一個父母和手足間存在著許多歧異的家庭中。她的父親一直有財務上的問題，對凱倫和她兩個哥哥很嚴格冷淡。儘管凱倫試圖藉由在校優良表現和幫忙分擔家事來取悅父親，但是她得到的卻是「她永遠不夠好」。凱倫的母親雖然很有教養，但似乎被家庭生活壓得喘不過氣。凱倫因此發展出對伴侶特質的強烈需求，她希望她的伴侶不要像自己的父親，除了要提供她穩固的安全感之外，還要願意完全接受她，不需要她「表現良好」。她在泰德身上找到這種安全感和接受度。但當泰德開始批評她，她發現自己回到了從前，那種想得到父親認同時的處境。

凱倫與泰德的案例，提供了伴侶雙方的思考會如何塑造他們對彼此感覺。當他們以正面的方式看待彼此時，他們感受到愛；反之，當他們貶低對方時，他們感受到怨恨。這個原則幾乎在兩千年前就由斯多葛學

派的哲學家愛比克泰德（Epictetus）在其著作《斯多葛學派手冊》（*The Enchiridion*）中提到：「**人們的困擾不是來自事情本身，而是來自他們對事情的看法。**」

　　凱倫與泰德的問題並不罕見，許多伴侶也遭遇了相似的幻想破滅，但似乎又取得了一種新平衡；至於其他伴侶，則是將他們的失望視為罕見的，不明白這種經驗的普遍性。如同拆散其他伴侶的力量也適用於他們一樣，能吸引伴侶破鏡重圓的原則同樣也會適用於他們。當然，還是有伴侶能維持高度的互相尊重和欣賞，因而不會擁有痛苦的伴侶關係。

　　為了了解什麼可以癒合伴侶之間的裂痕，首先，我們需要更全面了解像是泰德與凱倫的這段關係是如何破裂的。但矛盾的是，問題的根源往往能追溯至最一開始，也就是追溯到最初兩人互相吸引的強大力量。

　　愛情的甜蜜奧祕，激發了浪漫歌曲與詩詞的靈感，這些歌曲與詩詞捕捉到了這種神祕狀態下，不屈不撓的特質及其強烈的熱情與喜悅。即使是徹底幻想破滅的伴侶，仍可能會堅持歌曲、電影和小說中所表達的那種多愁善感的浪漫愛情觀。

　　為此，剖析愛情，將其簡化為基本的心理要素，剝除其詩意和魅力，幾乎可以說是一種褻瀆。然而，為了了解為什麼人們（如泰德和凱倫）不再相愛了，我們必須更加了解他們最初為什麼會墜入愛河。

　　當然，愛是我們所擁有最戲劇性和最珍貴的感覺之一。很少有人願意放棄這種強烈的歡樂、興奮和激動，儘管愛同時存在著未得到滿足的渴望、失望和絕望等黑暗面。愛的最強烈形式，即迷戀（infatuation，有些人認為是一種虛假的愛），不僅是強烈的感覺與渴望，還涉及到意識的改變。表現出「飄浮在空中」、「感覺輕飄飄」、「心不在焉」，暗示著無法集中注意力，以及遠離現實的評估和反應，就像是在做一場愉悅的美夢。

　　有時，這種迷戀的魔力就跟心理疾患一樣。事實上，迷戀曾被描述為一種「瘋狂」。它源自於拉丁文 fatuus，是「愚蠢」之意，表明了它

與愚蠢的概念有關。癡情的戀人對所愛之人的想法與形象的全神貫注，往往顯示出強迫性精神官能症的跡象。舉例來說，當凱倫為泰德著迷時，她會反覆書寫泰德的名字，且無法克制自己去看他的照片。

這種強迫性，也引發不想與所愛之人分開的欲望。例如一所南部大學的學生，為了去見他在北部大學就讀的女朋友，而急迫地在課程中就離開學校。因為只有當他能近到觀察她、貪婪地看著她時，他才會感到開心，即使他的女朋友忙著讀書和上課，並且試圖忽略他也一樣。

另一個同樣沒有得到愛情回報的年輕人，他花了很長的時間站在所愛之人的家門外，只希望偶爾能從窗戶中看她一眼。並且，他還在垃圾桶裡翻找任何與她有關的物品，例如一張有她字跡的紙條、一張被丟棄的面紙。

有些人發現迷戀使人衰弱，如同一名年輕女性所描述的：「我變得完全依賴他。我很難專心在我的工作上。我無法入睡、喪失食欲，感到非常脆弱，好像他一點點的不贊同，都會把我逼到懸崖邊緣。」而這種「失控」正是迷戀的力量。

迷戀在某些方面與躁症患者的思考和感覺相似。愛的虛幻光芒，包括放大與理想化所愛之人的正面特質，以及狹隘的視野，亦即只看到正面的，而過濾掉所有負面的，都是躁症患者的典型思考特徵。處於迷戀狀態時，所愛之人的光鮮形象與幻想破滅時所產生的討厭負面形象，形成了鮮明的對比。在凱倫迷戀泰德的高峰期，她只會在他身上看到她所尋求的特質，儘管她的朋友們認為泰德的某些特質令人擔憂。當他們之間開始出問題後，凱倫能看到的就只剩下泰德的迂腐和限制。

美國社會心理學家坦頓・皮爾（Stanton Peele）將迷戀比喻為一種成癮。[5] 兩者的相似之處為愛的本質提供了額外的啟示。「由藥物所引起的快感」，如興奮的、醉人的、強烈的愉悅感受，在愛和成癮方面展現出驚人的相似之處。而當「成癮物」（藥物或所愛之人）被撤除時，悲傷和空虛的感覺也很相似。另外，這兩種情況都有強迫找到「修復方

法」以維持「快感」的需要。舉例而言，泰德發現在他們關係的早期，他與凱倫在一起時自己彷彿「飛上天」，而當他們分開時，他就會「墜落摔毀」，他簡直無法忍耐等到他們再次相聚，當時他無時無刻想要與凱倫在一起。

正如我們所看到的，許多戀愛中的人是如此沉浸在愛情的樂趣中，以至於他們沒有察覺到引發這種快感的特質可能是虛幻的。即使他們承認自己可能對另一人抱著不切實際的幻想，像是他們掩飾了個性、智力或興趣方面的明顯差異，但他們似乎無法去注意或重視這些潛在的破壞性因素。當凱倫迷戀泰德時，她從來沒想過泰德對智力成就和禮節的重視，有一天會導致她感覺被批評和控制。換言之，熱戀中的情人被一種幻想所籠罩，幻想自己會與所愛之人永遠航行於幸福之海，而無法看見這一切可能只是個海市蜃樓。

話雖如此，迷戀仍扮演著非常重要的角色：它建立了一種強大的連結，促使伴侶對他們的關係做出承諾。不朽的、永恆的愛的宣言雖然在婚後幾年就會被忽略，但仍舊傳達出對永久結合的期望。伴侶在一起分享喜悅和煩惱所帶來的滿足感，為形成這種伴侶關係和延續這些快樂提供了強大的動力。

此外，對於性滿足的期望，是伴侶共同生活和可能生育後代的主要刺激因素。性吸引力有時是關係中的首要結合力，後來才發展為全面的迷戀。這種性吸引的持續力有時候在婚後會減弱。舉例來說，瑪喬麗在與肯的交往過程中，總是會被肯的男子氣概，如肌肉發達的體格、運動能力和權威的光環所吸引。她幾乎迫不及待地想與他做愛。幾年之後，這些相同的陽剛特質卻不再是令她興奮的條件。在瑪喬麗的心中，它們代表的是肯的霸道和不體貼，她反而開始對這些特質覺得反感。

迷戀的程序

引發迷戀的原因，因人而異，取決於他或她獨特的心理需求、喜好與品味。因此，某人可能會對吸引力和美麗的傳統標準有所反應，而另一人卻只會被某種類型的體型或特定的顏色所吸引。

雖然身體吸引力是一種特別強大的興奮劑，但是它絕不是唯一。有些人會被社交或人格特質所吸引，如優雅、對話技巧和幽默，有些人則是被美德所吸引，如可靠、真誠和同理心，也有人是被仁慈、力量或果斷所吸引。

儘管每個人的品味不同，但迷戀的本質卻具有顯著的普遍性。對所愛之人的想法和形象存在著引導性的力量。雖然愛情這種情感比較戲劇化，但是感情的實際走向其實是來自所愛之人的觀點。

熱戀中的愛人觀點是一種「理想化」或「正面框架」，類似於當愛變成厭惡時的負面框架。正面框架會對愛人產生一種理想化的形象，凸顯出自己理想的特徵，並遮蔽不喜歡的部分。有時，具吸引力的特徵會擴展至填滿整個框架為止。從某種意義上來說，這個觀點將變得「封閉」，以至於沒有任何一個不愉快的元素可以進入到此框架中。

也就是說，即使是令人不愉快的行為，也可以被扭轉成是正面的。例如某次瑪喬麗與肯爭吵後，瑪喬麗心想：「他對我生氣證明他愛我。」她發現自己不可能在對他的印象中加入負面的觀察。但婚後，當她的感情發生變化時，相同的怒氣爆發卻令她無法忍受。

無法修改理想化的觀點，即使當所愛之人令人不愉快的特質變得明顯也一樣，這是迷戀「程序」的特徵之一。因此，一名與各種女人交往過的年輕人發現，當每次處於熱戀期時，他幾乎不可能去修正自己對女友不切實際的印象。一旦熱戀期開始，正面的形象就會控制他的態度和感受，縱使他理智上明白他的伴侶具有許多不理想的特質，而且他們的關係也無法持久。

確實，迷戀程序似乎是為了預防或至少淡化負面的評價。它的目標是透過將所有注意力集中在所愛之人的正面形象、記憶和期望上，來促進親密關係。此程序積極阻止了我們把注意力轉移到一個人的不理想特質，或是對伴侶關係可能造成有害的長遠影響之上。實際上，處於迷戀中的人，有時會意識到自己過分將愛慕的人理想化了，這種熱情的依戀是不恰當的，而且長期的後果可能會帶來災難。然而，他們發現自己很難去重視這個理解。現實的考量無法戳破他們的迷戀泡泡。

而當已婚人士對伴侶以外的人產生如此強烈卻不適當的迷戀時，他們可能會受到驅使，進而危害甚至破壞了自己的伴侶關係。在激情的熱潮中，他們似乎無法認真去重視自己的迷戀可能帶來的災難性後果，亦即與自身伴侶關係破裂的可能性。即使他們想要「停止」自己的迷戀也無能為力。然而，當他們有足夠的時間不去看到「第三者」時，通常會發現自己對對方的迷戀也跟著消失了。

啟動迷戀的催化劑

為了進一步了解是什麼促使兩人不再相愛，探究最初是什麼讓他們選擇在一起是有必要的。

喚起興奮感和對親密關係的渴望的特徵，會受到象徵的影響。象徵傳達的意義超越了一個物體或情況本身字面或字典中的定義。我們使用「象徵」一詞，它具有高度個人化的意義，會對一個人自動產生效果，簡而言之，就是不需要經過深思熟慮。例如對凱倫而言，泰德的穩重不僅是安全感的象徵，也是被一個強大的「父親形象」照顧的象徵；而凱倫的開朗，則象徵著泰德童年時期所缺少的樂趣和享受。

啟動迷戀程序的「象徵」，往往是由文化所決定；此外，特定年齡族群的獨特嚮往也反映在與其相應的象徵中。因此，我們可以理解為什麼青少年，這個高度在意同儕認同、也被社會期望所困擾的群體，無論

是透過個人吸引力、運動能力或魅力，都非常重視自己是否受歡迎。而贏得受社會歡迎人士的喜愛，對青少年來說非常有激勵性，而且可能會持續一生。

當然，其他特質也可以獲得象徵的地位，並在適當的情況下引發迷戀程序。這些特質中有一些是含有自戀傾向的，即一個人對於伴侶能透過權力、名聲或財富來提升自己的地位而感到興奮。話雖如此，但這類吸引力不一定像人們有時假設的那般，充滿了算計且無情。因為經由這種關係去擴展自己地位的前景，本身就令人興奮，而且還能使伴侶的形象顯得非常可取。

例如一名女性如此描述她的未婚夫：「他有巨大的天賦，他將來一定會舉世聞名。在我的幫助之下，他未來會取得巨大的成功。他比我的生命更重要。」幾年之後，當這名女性過度膨脹的夢想沒有實現時，她才意識到自己是多麼誤導了自己：自己是如何把未婚夫的野心誤認為能力、把他的油嘴滑舌誤認為才華洋溢。在這個例子中，她對自己未婚夫的誇大評價，包裹著她想要被別人欽佩和讚美的願望。

在迷戀初期，高亢的興奮感和相互的滿意度，通常會成為伴侶評斷他們後來關係的標準。傷害、爭吵和瑣碎的挫折，與交往時的欣喜形成強烈的對比。許多人不願意或無法放棄他們對於伴侶關係應該是什麼樣子的早期印象，因此導致後來對伴侶和關係本身的幻想破滅。當然，我們認識一些伴侶在婚後數年仍能感受到彼此帶給對方的魔力。他們的幻想得到了實現，但這畢竟是少數。

幻想破滅後的失望

交往時期的光芒是如何開始變暗，並逐一熄滅的呢？究竟是什麼原因造成了「我對我們的關係非常失望」這句話呢？泰德和凱倫就是典型的例子。為了了解他們的幻想如何破滅，我們必須看看雙方給伴侶關係

帶來的心理「包袱」。

他們結婚後，某些「潛伏的期望」開始浮出水面。泰德暗自希望當自己心情低落時，凱倫總是能給予支持、總是能準時；她可以跟隨自己的腳步，按部就班、合乎邏輯地處理事情；最重要的是，當他想與她聯絡時，總是可以找到人。然而，泰德從來沒有告訴凱倫這些期望，因為他認為這些期望非常正常，無需說明。

雖然凱倫經常準時、有秩序、有邏輯、可以聯絡到，但是她偶爾還是會遲到、缺乏條理、任性、讓泰德找不到人。每當凱倫無法達到泰德的期望時，泰德就會感到受傷，而且他將這些失敗視為凱倫「性格有缺陷」的跡象。在尋找解釋的過程中，泰德的行為模式與受傷伴侶的特徵一致，他將麻煩歸咎於對方某些整體的、負面的和無法改變的特徵之上。

當凱倫一直沒有達到他的期望時，泰德開始相信自己最初會被她吸引是一種「幻覺」。凱倫惹人喜愛的特徵對他而言已失去了吸引力，不僅如此，還被冠上了負面色彩。一旦泰德幻想破滅，他就不再認為凱倫是無憂無慮和有趣的，反而認為她「瘋瘋癲癲」。

泰德的反應，映照出一個發人深省的事實：**伴侶吸引對方的特質本身，很少具有足以維持關係的效力。**

泰德對凱倫執拗的期望，說明了所有親密關係中的一個重要特性。與此相對，在一段非親密關係中，當某人無法達成我們的期望時，我們可能會感到失望，並傾向減少對對方的期待，或是將這段關係視為不值得維持。在這種關係中，我們的期望會根據新的體驗進行調整，也就是失望之後，我們會懂得降低自己的期望。

然而，在婚姻關係或其他包含承諾的關係中，反應往往會有所不同：失望之後，不一定會造成期望的降低。許多情況下，丈夫或妻子不能或不願意放棄最初的期望。例如泰德說：「當我準備好時，我有權要求凱倫也準備好。她沒有權利讓我等待……。我有充分的理由去期望妻

子會遵照我的要求。因為我總是按照她的希望去做。」

由此可見，對婚姻中的期望，通常不像無承諾的關係那樣靈活有彈性。不靈活的部分，其原因可能是當伴侶做出終身承諾時，風險比起隨意的關係要高出許多。為什麼呢？婚姻，意味著將你的幸福（即使不是你的生命）託付給另一個人。因此，雙方會在關係中建立嚴格的規則，以提供不會被虐待或被背叛的保證。此外，具承諾的關係更有可能圍繞著愛或拒絕、安全或不安全等象徵，而這些象徵就其本質而言，本身就是不靈活。

在婚姻中，這種期望存在著一個獨特的方面，即把「失誤」解釋為這段關係的普遍失敗。被冒犯的一方會把這些失誤視為其伴侶不關心自己的證據。以凱倫為例，她期待泰德會如交往期間那樣無條件地接受她，所以當泰德變得挑剔時，她就認為泰德不在乎她。

破碎的承諾

有時，**在交往期間做出的明確承諾於婚後並沒有實現，進而導致了「幻想破滅期」**。這種違背承諾的行為會被伴侶認為是不關心自己的證據。

一名年輕的英國醫生，知道他的未婚妻對戲劇著迷，於是帶她去了倫敦的劇院區。他指著一整排劇院並說：「看到那些了嗎？有一天，我會帶你來欣賞所有的戲劇演出。」然而，他們結婚後，這名醫生從來沒有提過戲劇一次。對他的妻子而言，他的冷淡代表了一種背叛：一種他不再關心自己的象徵。此外，一名女性在未婚夫的陪同下前往多間旅行社，他們在那裡計畫出國探險。但是婚後，丈夫對旅行失去了興趣。妻子於是認為丈夫騙了她，並且對於他的「不誠實」感到痛苦。

雖然有些承諾沒有明確地說出來，但是它們似乎「隱含」在交往過程中，而這種承諾從一開始就會造成誤導。伴侶雙方在交往時都表現出

好行為，並試圖順從、討好與參與，以促進兩人的關係。他們扮演了成功的銷售員，試著說出和做出能提高自身吸引力的事情，因此造成另一方對他們婚後的行為產生不切實際的期望。

迷戀增加了欺騙，儘管不是故意的。畢竟，它為伴侶提供了興趣的融合，甚至是身分的融合，因此一個人喜歡的東西，另一人也會自動喜歡。伴侶似乎像是一個龐大的興趣與分享的社群，雖然大部分到了最終，都將會縮小。一名妻子提到：「婚前，我願意四肢著地爬向麥加以取悅他。現在，我甚至不想為他走到隔壁房間。」

除此之外，在許多伴侶關係中，**另一個失望的來源，是來自兩人自認擁有的權利感**。泰德聲稱他有權期望凱倫做某些事情，只因為她是他的妻子；泰德抱怨凱倫總是侵犯他作為丈夫的權利，這讓他感到挫折與被背叛。

泰德認為他的權利持續被凱倫侵犯，所以在他心中，凱倫的形象產生了變化。然而，凱倫似乎無視泰德自以為的權利，因此在泰德眼裡，她顯得不體貼、不在意和自私。重點是泰德沒有意識到，他以為的權利，實際上只是他自己對凱倫的要求和主張，且凱倫也是這樣認為。

夫妻或同居伴侶，對於他們在這段關係中的投資報酬率，會有一定的期望。舉例來說，伴侶一方可能希望感受到另一方的完全接受、理解、分享愉快經驗、感覺糟糕時能夠得到支持、遇到麻煩時可以獲得幫助。他或她也願意為伴侶做出犧牲，並提供相同的支持作為回報。不過對方可能期望更實際的好處：某人能提供足夠的收入以維持合理的生活水準、分擔養育孩子的責任、主動參與性事，以及安排社交和娛樂活動。

這些期望形成了一種隱含的、未被明說的「契約」。當伴侶一方無論是有意或無意違反契約時，抱持這些期望的伴侶就會感到失望或被背叛。遵守契約被視為關心和信任的象徵。但要實踐這份契約，某種程度上取決於伴侶一方是否可以察覺到另一方的期待，並擁有必要的動機和

技巧以符合那些期待。例如為了展現體貼和同理心，需要具備傾聽、詢問問題和提供解釋等技巧。

幻想破滅使形象由正轉負

當人們處於迷戀狀態時，他們傾向於從伴侶身上看到各種正面的特質，就算這些特質並不存在或存在的程度比他們想像得更低。樂觀的新娘認為她丈夫的形象是體貼又敏銳的；她的丈夫則期待她負責任且講理。在成功的伴侶關係中，人們的確隨著關係以及他們個人的成熟，逐漸發展出這些特質。然而，在婚姻初期，其中許多模式尚未形成或處於發展的早期階段。一般而言，「敏銳、公平、仁慈、體貼、慷慨、尊重、反應熱烈、合理性、負責任」以上這些特質，被視為表達愛與奉獻的最深切希望和嚮往。

如果在經歷反覆失望後，人們認識到自己的伴侶沒有堅持這些美德的標準，像是他們沒有提供幫助、展現理解和同理心等，那麼這位伴侶和這段關係的形象，就會開始由正轉負。舉例來說，因為就泰德的「理解」，凱倫是不體貼的，所以泰德開始想：「她讓我失望。我任何事都無法仰賴她。我對她沒有信心。她不可靠。」同樣的，凱倫開始認為泰德是位「暴君」，而且他的情緒在絕望和盲目的憤怒之間搖擺不定。

隨著幻想破滅的持續，單次的失望似乎就足以證明給伴侶貼上負面標籤是合理的。假如一名丈夫沒有在特定的時間表現出敏銳，那麼他就是「感覺遲鈍」；假如一名妻子在丈夫期望獲得溫暖時沒有表示，那麼她就是「苛薄」。例如一名一輩子都忙於處理個人事務和事業的女性，當她的丈夫每週日——他唯一不用工作的一天——都去打高爾夫球時，她就會感到麻痺無力。她會得出「丈夫基本上是個自私、不體貼和不公平的人」的結論。同樣的，一個男人在妻子告知他，不再替他打商業報告時，對妻子大發雷霆，他認為他的妻子不負責任且不友善。他將妻子

的拒絕，視為一種遺棄、一種對他信任的背叛，因為她應該與他一起分擔創造家庭收入的責任。

以上的每個例子中，事件的象徵意義都遠遠超出了它的實際意義，同時引發了被拋棄和拒絕的感受。缺乏某些特定的行為，打擊了人們渴望愛與奉獻的心。伴侶將對方的行為歸咎於某些「不良特質」，並失望地認為這些特質會持續存在。

因此，落空的期待被視為惡習，像是不敏銳、不公平、不友善、不體貼、自私、粗魯、無回應、不講理、不負責任。

事實上，人們不會被分成絕對的對立面。如果他們沒有完全負責任，並不代表他們不負責，他們可能只是無憂無慮、沒有條理和心不在焉而已。因為普遍來說，人們既不是全黑也不是全白，而是不同深淺程度的灰色混合體。

這種絕對對立的標籤類似我們將在後面章節討論的「非此即彼」（either-or）或「全有全無」（all-or-nothing）的想法。這種類型的標籤，通常與早期迷戀時的理想化一樣不切實際。

通常一個善意的解釋，可以用來說明某種特定的挫折。以瑪喬麗為例，她經常被朋友和丈夫指責說她不負責任和自私，因為她經常拖延她所承諾的事情。但是她的問題出在於她太認真了，而不是不負責任。她不喜歡拒絕別人的要求，因此承諾要做的事情，總比她所擁有的時間多。

瑪喬麗總是認真盡她所能完成所有事情，所以她很少能及時完成下個承諾要做的事，包括答應她丈夫的那些事。她渴望取悅肯和其他人，使她看不清自己不可能實現所有承諾。然而，對肯和其他人而言，她的拖延遮蔽了她的認真。既然她在他們眼中沒有做到「負責任」，所以相反的她就是「不負責任」。瑪喬麗的困境，有一部分是由於，人們普遍傾向選擇自己所想到的第一個解釋，而不是去尋找其他更善意的原因。

跳脫「參考框架」，做出平衡的判斷

不同於我們與其他人相處時採用的思考方式，「對立面思考」在伴侶關係中很常見。我們對親密關係以外的判斷，在大部分情況下是更加適中且合理平衡的。但是，當我們對一段關係進行大量投資後，似乎就陷入了這種更原始、全有全無的思考模式中。泰德的行為就說明了這個過程。他以極端的方式看待凱倫，他透過自己個人的「參考框架」（frame of reference）去解釋凱倫的行為，並對她做出負面的判斷。

但陷入困境關係的未來，實際上並不像上面所討論的如此糟糕。所謂的惡習並非堅不可摧，它們也不是無法被修正的固定特徵。經由諮商之後，泰德和凱倫、瑪喬麗與肯，皆能以更合理的方式看待彼此，並學會如何以更好的方式滿足對彼此的期望。

重大改變是可能發生的，只要伴侶增進他們的溝通技巧，例如更專注地傾聽、更有效地表達他們的希望，還有以合作的精神去定義和解決他們的問題。掌握這些基本技能，就可以讓雙方變得更敏銳、體貼、負責、通情達理等，簡而言之，就是更加「品德高尚」。當然，想要達到這些目標需要大量的應用與實踐。

不過這只是讓一段伴侶關係運作得更好和更愉快的第一步。只是學會新的溝通方式可能不會總是有效。伴侶還必須修正許多頑固的、負面的信念。諸如「她總是專注在自己身上，從來沒有關心過我的需求」，或「他總是做自己想做的事，從來不做我想做的事情」之類的評論，通常在一定程度上代表了說話者以自我為中心的傾向。

這種自我中心的態度可以從泰德觀念的公式中看出來：「如果凱倫準時並遵守承諾，她就是負責任。如果她拖延或遲到，就是不負責任。」這樣的信念變得絕對且僵化，因為它們被視為對立的兩面：美德與惡習、善與惡。泰德的這種信念邏輯，是當凱倫及時完成時就不重要，然而一旦凱倫遲到或拖延，就會得出「她從不遵守諾言」的結論。

因此只要凱倫出現一點失誤，就是違反泰德的規則，並強化了凱倫「從來沒有」信守的印象。

為了帶來有效的改變，伴侶必須能陳述出自己認為的體貼、仁慈和負責任，是什麼樣的具體表現行為。肯需要讓瑪喬麗清楚了解當她會晚回家時，如果有先打電話通知他，這對他來說代表著體貼。瑪喬麗必須讓肯清楚，當他主動提出幫忙打掃房子，對她而言就代表著合作精神。雖然讓你的伴侶以這種方式行事，並不能保證他或她就會展現出體貼和合作的態度，但是這些行為本身有助於形成這種態度。

「鼓勵」和「感謝」的表示，對改善關係會有一定程度的幫助。如果丈夫向妻子展現出他是如何感謝這些行為，妻子將更有可能自己去反覆從事這些行為。每次當一方以另一方期待的方式行事並因此得到獎賞時，他或她重複這一行為的動機就會增加。這種重複在伴侶的腦海中會形成一個「新」概念：「為我的伴侶做這些事情是令人滿意且值得的」。富建設性的行為加上增強（reinforcement）的反覆循環，也可以中和掉不考慮他人需求的自我中心。

這種以自我為中心的態度形成於生命早期，是人們在不考慮他人需求的情況下建立獨立性和達成目標的一種方式。在伴侶關係中，這種肆無忌憚的自主會滋生傷害與怨恨。但是透過清楚的溝通與鼓勵，伴侶可以幫助對方學會改變思考方式，並將自己的利益與對方的利益融合。而隨著新的行為模式取得成功，它們就會開始取代自我中心的模式。

象徵著關心和愛的行為種類不計其數。然而，它們分屬於某幾大類，我將它們列於第十二章中，具體來說，其中一些是關懷、接受、理解、支持和敏銳。你現在也可以先翻到後面參考那份清單，以便能準確找到你或你的伴侶所缺乏的領域，並且在解決這些缺失上取得先機。

第 3 章
觀點的衝突

————

　　伴侶之間的分歧，可能源於他們看待自己和彼此方式上的根本差異。我們在泰德和凱倫身上看見這種差異。古典主義者泰德，重視生活中有秩序和可預測性的事物；而浪漫主義者凱倫，則是尋求新鮮與刺激。這種觀點上的差異可能會讓看似微不足道的事件，加速了伴侶關係的破裂。

　　一對計畫要結婚的伴侶，在發生下面的插曲後前來找我諮詢，而這只是他們一連串糾紛中的其中一個。讓我們一起來看看，他們在我的辦公室中重述發生的情況：

　　蘿拉：你今晚會在家嗎？我覺得我感冒了。

　　弗雷德：我已經答應去喬的家拜訪（喬是一名同事）。

　　蘿拉：（如果他不願意替我做這件小事，當發生大問題時，我怎麼能夠指望他呢？）你從來不想待在家。我非常少要求你做任何事情。

　　弗雷德：（如果她老是因為這種小事堅持要我待在家裡，那麼當以後我們有了孩子這種大事時，會怎樣呢？她完全不講道理。如果我妥協每件事，我將無法呼吸。）我很抱歉，但是我真的必須去。

　　蘿拉：（我不能依靠他。我應該在我還可以找到某個能依賴的人的時候離開這段關係。）如果你想去就去吧！我會找其他人來陪我。

這對男女在各方面都非常不一樣。蘿拉是私立日間學校的美術老師，而弗雷德則是電腦程式設計師，他們以完全不同的方式看待相同的情況，兩人的觀點互不相通。但是雙方都沒有意識到這個情形，所以他們對彼此的行為做出更多負面的解釋，而不是試圖去理解對方。因為弗雷德沒有意識到蘿拉對於被拋棄的恐懼，他認為她是任性的控制狂；蘿拉不明白弗雷德對於自己的自由被「侵犯」而感到威脅，只認為他既自私又不體貼。

此外，他們也都相信自己的解釋對任何人來說都明顯合理，而對方的態度明顯就是不講道理。蘿拉看不出她的邏輯有什麼瑕疵，如果弗雷德不願意答應一個微小的要求，那麼當發生某些嚴重的事情時，她就無法依賴他。弗雷德則相信任何人都可以看出，如果必須遵照這樣一個不重要的要求，就意味著之後的婚姻生活將被束縛。

除此之外，他們拒絕透過傾聽和理解彼此觀點，來得到修正彼此想法的機會。因此，他們只能徒勞地試圖強迫對方接受自己的參考框架。兩人都爭辯對方是錯誤的，而且是卑鄙、自私又可惡的，因此這段關係無法持續。

當伴侶互相攻擊時，只會徒增彼此的抵抗、強化負面的信念，甚至讓雙方變得更極端。最終，伴侶雙方的立場將會完全兩極化，凍結在他們自我中心的觀點之中。雙方都得出對方是「無可理喻」和「無法忍受」的結論，而且雙方都預見了如果繼續走下去，關係一定會產生災難。

蘿拉和弗雷德的強烈反應，可以追溯至更深的根源：他們的衝突，碰巧觸及到個人脆弱的那一面。蘿拉以人為本，她經由社交互動來得到滿足與安全感，因此會對弗雷德的離開感到威脅。弗雷德則更自主且非常重視自由、行動力和自給自足。他認為自己被蘿拉黏人的個性所耽誤。因此，對蘿拉而言，弗雷德展現的獨立象徵著拋棄；對弗雷德而言，蘿拉的依賴代表著監禁。

他們性格組成的差異（蘿拉善於交際並依賴；弗雷德是自主），使他們無法以相同的方式看待問題，因此這種衝突是無法避免的。此外，因為他們僵化的觀點，造成雙方皆無法理解另一人對某個情況所做的解釋。

結婚的人們經常說：「我就是不了解我的丈夫（或妻子）。」一般來說，每個觀點，無論是在丈夫或妻子的眼中，似乎都是對的。為什麼呢？由於不了解觀點上的差異，伴侶在發生衝突時傾向將惡意歸咎於對方；他們不明白雙方只是以不同的方式去感知相同的情況，而且兩人皆沒有惡意。

根據研究指出，蘿拉和弗雷德所經歷的衝突其實相當常見。舉例來說，哈佛大學的心理學家凱若‧吉利根（Carol Gilligan）證實了妻子往往更熱心於人際關係（社會取向，sociotropic）；丈夫則可能更獨立。[6] 儘管如此，與這些差異相關的信念可以被修正，將關係中的摩擦減到最低。或者至少，伴侶可以考慮到對方的人格特質，以免造成不必要的威脅。

不一致的人格特質所導致的問題，可以經由瑪喬麗與肯之間的衝突來說明。瑪喬麗是大學校花，對自己的做事能力缺乏信心。但是她努力證明自己是個「真人」（而非花瓶）而且可以獨立。她往往認為其他人更有自信，覺得自己比不上他們。而身為前籃球明星的肯則剛好相反，他非常自信且獨立。他認為其他人，包括瑪喬麗，都比較軟弱而需要他的保護。

以下場景發生在瑪喬麗想要在牆上掛一幅畫，但是在把釘子釘進牆壁時出現了困難：

肯：（她遇到麻煩了，我最好去幫她。）讓我幫你吧！

瑪喬麗：（他對我的能力沒有信心。）沒關係，我可以自己來！（生氣的語氣）

肯：你是怎樣？我只是想幫忙。

瑪喬麗：你老是這樣。你認為我什麼都不會做。

肯：是啊，你甚至不能把釘子釘正（大笑）。

瑪喬麗：你又來了！總是貶低我。

肯：我只是試著想幫忙。

這對伴侶，對於肯的介入具有完全不一樣的解釋。瑪喬麗把畫掛在牆壁上的目的，是想證明自己可以應付手工活動；事實上，她期待肯讚美她表現出能力和獨立。但是肯的介入讓她的無能感浮出水面。雖然肯認為自己是在展現好意與體貼，可是瑪喬麗卻將他的好意視為干擾和施捨。肯一開始只是單純想幫忙，卻導致了感情傷害與情緒對立。

更糟糕的是，每個人都非常容易將惡意歸咎於對方。瑪喬麗把肯視為愛管閒事和控制狂；肯則認為瑪喬麗不知感恩和目中無人（過去瑪喬麗總是依賴肯，而肯也享受幫助她同時展現出自己的優越能力）。

這種負面標籤在伴侶關係中很常見。馬里蘭大學的心理學家諾曼‧艾波斯坦（Norman Epstein）等人指出，產生誤解時，與沒有痛苦關係的伴侶相比，處在痛苦關係中的伴侶更可能把負面動機歸咎於對方。[7]

「開放式觀點」與「封閉式觀點」

我們的觀點是一幅合成圖，不僅包含了一個情況的細節，還包括了我們賦予該情況的意義。更廣義來說，我們的觀點是由「信念」和「經驗」所塑造而成的。因此，根據過去的經驗，肯認為瑪喬麗需要幫助，因為她缺乏手工活動的技能。另一方面，瑪喬麗對肯的觀點是她認為他很強硬、愛干涉、輕視和愛批評人的個性所塑造出來的。但矛盾的是，她從前會被他吸引的部分原因，就是因為他的高自信和保護欲，這讓她感到安全。然而相較之下，她總是感受到自己的無能，每當她試圖證明

自己時，這就會成為一個痛處。因此，雖然雙方都是好意，但是他們不一致的觀點卻導致了衝突。

在正常的互動中，個人的觀點是開放的。人們對另一人形成了一種印象，並會隨著認識程度加深而有所改變。人們眼中的伴侶形象，是他或她可取和不可取特徵的混合。當伴侶有所改變時，他們的開放式觀點也會改變。但是這些觀點的改變是基於對伴侶動機的合理解釋，而不是基於他們自己先入為主的偏見。

瑪喬麗對肯的封閉式觀點，完全是基於她越來越渴望獨立的心情，而不是根據肯的實際動機；而肯對於瑪喬麗的觀點，是基於他從前將瑪喬麗視為一個依賴洋娃娃，而不是根據她不斷發展的獨立性。反之，當他們能使用開放式觀點時，瑪喬麗就可以單純地把肯的介入視為他想幫忙，而肯也可以明白瑪喬麗對於更獨立的渴望。

「封閉式」或「以自我為中心」的觀點是以個人的參考框架所定義的，人們看待事件的方式只按照自己與它們的關係而定。人們對一個事件的印象完全基於它對個人的意義，完全排除該事件對其他人的意義。即使他們試圖從另一人的觀點去看一個事件，卻發現自己深陷在自身的參考框架之中。

以掛畫的事件為例，肯認為自己是體貼和樂於助人。然而，實際上他是出於自己（而非瑪喬麗）認為什麼才是對妻子好的想法。同樣的，瑪喬麗完全依照她的個人觀點去解釋肯的提供協助。她認為肯是故意干擾，而不是把他的行為看作是好意。他們兩人都具有封閉式觀點。兩人的下一步都是給對方貼上「壞人」的標籤：肯的干擾很壞、瑪喬麗的不知感恩也很壞。

當伴侶雙方都從封閉式、以自我為中心的觀點來運作時，衝突就會無法避免。儘管肯並不希望傷害妻子，而且真心想要幫助她，但是他以自我為中心的觀點使他看不見瑪喬麗的真正願望。他的觀點是以他自己的願望為中心（幫忙）而非依據瑪喬麗的願望（獨立）。同樣的，瑪喬

麗的觀點也是以她自己的希望為中心；因此，她只看見肯干涉了她的意願，而不是看見肯表達了他想幫忙的想法。

伴侶關係的衝突，助長並誇大了自我中心的觀點。當伴侶感覺被威脅，作為一種防禦性反應，他們被迫進入一個封閉式的觀點。當他們透過自我中心觀點的濾鏡去看待彼此時，他們必然會不同步。他們對雙方之間發生的事情的解釋，容易受到利益衝突、誤解對方動機和敵意的影響。當封閉式觀點導致伴侶關係的衝突，這對伴侶只會看見對方的負面特質，並根據這些負面特質可能會導致的「災難」去妄下結論。正如我們將在第九章所探討的，由此產生的敵意本身將成為一個超越原始衝突的問題。

對伴侶行為的不愉快解釋，會促使分歧升級為更嚴重的衝突。這些負面的解釋往往會造成敵意，進而反過來又產生一組新的，甚至更負面的意義，直到最終對方被完全否定為一個「婊子」或「惡霸」。由於他們的觀點是封閉的，因此很難相信甚至承認彼此對情況的看法有所不同。話雖如此，請記住，人們不會自願採取封閉式的觀點，但是一旦受困其中，它就會決定自己的想法與行動。

另一方面，擁有開放式觀點的人則能吸收他人的參考框架，透過他人的眼光看世界，因而可以更靈活地與他人互動。舉例來說，許多父母對於孩子的知覺、願望和感受，就是抱持著這種開放的觀點。但是即使是「好父母」有時也會轉換到封閉式觀點，例如從他們強加在孩子身上的「負擔」，或以「不肖子」（rotten kids）的角度看待孩子。

父母對彼此的同理心會比對他們的孩子少，因為父母期望彼此當個「成年人」（也就是，不要出現幼稚的反應）。矛盾的是，伴侶雙方的許多渴望、感受和期待，是從童年時期延續下來的，因此需要獲得與童年時期相同的理解。

封閉式觀點的參考框架

「他喜歡看到我受苦」、「她善於操弄人心」、「他是個獨裁者」、「她很狡猾」。諸如此類的指控不一定表示伴侶真的十分苛薄、剝削、霸道或不誠實，儘管在某些情況下，這些指控可能具有事實的成分。然而，在我與痛苦的伴侶合作的經驗中，這類指控通常是基於因為受到傷害而得出的全面、過度類化的結論。

受傷的伴侶傾向責備並投射負面特質到另一人身上。而反覆受傷之後（這對伴侶來說非常痛苦），這些指責可能會具體化為「從不」和「總是」的想法。因此，他們會將不愉快視為永久，而非暫時性的，就像一種人格特質一樣。這樣的想法，無論是公開表達或隱藏起來，都會逐漸演變成對另一人的根深蒂固觀點。

如果這種過度類化的重複次數夠多，那麼對於「違規者」的負面觀點就會變得僵化固定。到了這地步，曾經迫不及待想在一天結束後看到彼此的伴侶，將會面臨著恐懼或厭惡的前景。這種僵化的觀點通常包括了對丈夫的視覺形象，例如他帶著卑鄙和輕視的臉部表情。曾經看起來充滿關愛和吸引力的同一個人，現在被認為是可恨和醜陋的；曾經喚起興奮和愉悅的容顏，現在產生了厭惡和痛苦。

這種負面的、偏見的和僵化的心理圖像，接著決定了伴侶一方在另一方身上有注意和沒注意到的東西。從本質上來看，違規的伴侶會被「框住」在一種偏頗的形象內，這種形象使得負面特徵更加突出，同時忽略了正面特徵。一旦該伴侶被框住，幾乎他或她的任何行動都會經由那個框架來被看待。中立的行為會被視為負面的，而負面的行為會顯得更糟糕，正面的行為則被重新解釋為負面或不合格。舉例來說，假如丈夫展現體貼，妻子會想：「他現在在幹嘛，這個偽君子？」假如妻子和善地對待他，丈夫會想：「她在假裝，她根本不是真心的。」

人們強加在他們伴侶身上的形象框架，會持續被新收集而來的證據

所增強，而那些與框架不符的事件則很快會被遺忘。由於框架只承認與其一致的資訊，因此隨著時間經過，它會變得越來越令人信服，直到它在伴侶的心中固化為現實。最終，當被冒犯的伴侶向他們的朋友列舉儲存在框架觀點中累積的證據時，這些選擇性的證據可能就會變得非常具有說服力，甚至可以說服公正的第三方相信該形象的有效性。

例如當弗雷德拒絕待在家時，蘿拉把她對弗雷德的形象具體化為漠不關心。接著她得出弗雷德會忽略她的需求，而且有一天也會同樣冷淡地對待他們的孩子；他無法成為一名支持她的丈夫和關愛孩子的父親。在蘿拉心中，弗雷德被框在自私和不負責任的形象中，而且不只是那一次，而是總是如此。從此之後，無論他做了什麼，蘿拉都會以相同的負面眼光看待弗雷德。事實上，當任何事件發生，哪怕只與最初的創傷事件有些許相似，蘿拉都會再次回憶起當時的許多影像。而每一次她在心裡想起那些創傷回憶後，她就會對弗雷德感到更加生氣。

為此，針對這對伴侶的諮商需要採取「重新框架」（reframing）的方式，以幫助蘿拉和弗雷德對他們的負面觀點提出質疑，並選擇一種更溫和的想法去解釋彼此的行為。關於這個做法，會在第十三章詳細說明。

人格特質的衝突

有時，伴侶之間不斷發生的衝突，不能只採用觀點或框架的差異來解釋。在這種情況下，有必要尋找一種更持久的特質，也就是伴侶彼此的人格特質。

這種衝突源自於他們的人格組成，進而決定了他們看待事件的不同方式：浪漫主義者經由玫瑰色的鏡片看待生命，悲觀主義者則是透過深色鏡片看待世界；獨立自主的人可能將提供幫助視為貶低或缺乏信心，但愛依賴的人則將其視為關心的象徵；獨立自主的人將分離與自由畫上

等號，然而對於依賴者來說，分離等同於拋棄。

　　泰德和凱倫說明了兩種容易產生衝突的人格傾向。凱倫是獨立自主的浪漫主義者，可以自給自足且樂於單獨做事。泰德是孤獨的古典主義者，不太獨立且渴望陪伴。因為依賴，泰德希望可以隨時聯絡上凱倫。在沒有自覺的層面上，泰德害怕凱倫拋棄他。而在他們發生衝突的期間，泰德沒有意識到凱倫的人格特質（事實上也就是她本人），是以從一個活動自由轉移到另一個活動、衝動行事和不受約束為中心的。泰德總是感到有些孤單，他非常重視擁有一名他可以隨時依賴的伴侶。另一方面，凱倫不喜歡受約束。根據對自由、行動力和獨立的渴望，她擁有一套自己的規則。她不在乎效率、準時或是否準備好。

　　某天，當凱倫讓泰德等了半個小時後，泰德開始害怕她發生了某件糟糕的意外。因此，當她抵達而且非常高興見到泰德的時候，泰德卻對她大發脾氣。泰德對凱倫捲入意外事故的隱藏恐懼，加重了他的怒氣：「凱倫可能會死亡」的想法使泰德嚇壞了，並引發了他一直以來對於孤獨的恐懼。看見凱倫不但沒有讓泰德放心，反而讓他對於凱倫「造成」他焦慮感到憤怒。

　　泰德把凱倫違反守時的規定解釋為：「她不在乎。她完全不在意我的願望。」他生悶氣，希望如此一來，凱倫能夠了解。然而，生悶氣和退縮對凱倫沒有什麼影響，因為她相對獨立自主，而且可以輕易處理情感上的距離與孤立。她甚至從泰德身邊抽身，給予他比以前更少的支持，結果反而對泰德造成更大的威脅。泰德變得更加充滿敵意，把凱倫視為「剝奪者」。他以凱倫「不負責任」來形容這一點，並且告訴自己「我不能指望她」。

　　泰德為了確保能穩定滿足自己對依賴的需求，而試圖控制凱倫。然而，另一方面，凱倫渴望的是離開他的限制與控制。為了保證自己的自由，凱倫試圖阻止泰德控制自己。當她對泰德的要求感到窒息時，她會更退縮以拉開雙方的距離，其結果導致泰德感覺被遺棄。泰德因此越來

越絕望，並嘗試責罵和使用言語攻擊凱倫，但他這樣做的每一步，都把凱倫推向更遠的地方。

凱倫和泰德說明了兩種互補的人格特質，實際上卻由於不同的規則和態度而導致衝突。舉例來說，凱倫的公式之一為：「如果泰德真的關心我，他會鼓勵我獨立。」泰德相對應的公式則是：「如果凱倫真的在乎我，她會想要更親近。」不過即使是如此不同的需求，也不一定會妨礙一段平衡的關係。我們都認識具有不同人格特質，卻也相處得很好的人們。但是，當其中一方頑固地堅持自己的觀點，忽視或拒絕接受對方的觀點時，真正的衝突就會發生。

泰德和凱倫之間出了什麼問題呢？正如第二章提過的，泰德被凱倫無憂無慮的態度與享受生活的樂趣所吸引，這幫助他脫離了童年時期家庭中的控制和過度知識化的氛圍。反過來，凱倫則被泰德的機智、說故事的能力、有條不紊地解決問題，以及他對政治和歷史的廣博知識所吸引。最重要的是，她對泰德的可靠和責任感感到放心，以上所有這些特徵，都與她的父親形成了鮮明的對比。

曾經和睦相處的伴侶的迷人特質是真實且重要的，足以使他們再次相互吸引。即使是像泰德和凱倫如此不一致的伴侶，只要他們可以克服對彼此的誤解，就可以讓這段關係和好如初。**不過當伴侶的人格特質不容易互補交融時，那些迷人的特質本身，將不足以強大到維持伴侶關係**。這就是為什麼看起來如此吸引對方，並且似乎「一切順利」的伴侶，最終恐怕還是無法維持穩定的關係。他們個別的人格特質在很大程度上塑造了他們的期望、生命的觀點，以及與彼此互動的方式。而隨著對最初感覺「迷人」特徵的滿足開始減弱，人格特質的差異會變得更加突出。他們的觀點會開始產生衝突。最後，他們對彼此的看法會因為自己替對方行為提供的負面解釋而扭曲。

當泰德和凱倫感到受挫時，他們兩人各自得出了為何會產生衝突的解釋，並且都將錯誤歸咎於另一人。他們對彼此的觀點變得黯淡，以至

於他們無法欣賞對方的正面特質。泰德仍然是名出色的説書人，但凱倫不再享受聽他説故事；凱倫依舊活潑開朗，但泰德不再覺得她有趣。他們只能透過充滿偏見的負面框架去看待彼此：凱倫顯然拒人於千里之外，而且很輕浮；泰德則顯得很嚴厲且陰鬱。

一旦他們被置入這些框架，就需要大量的努力才能使他們脱離。也就是説，他們一些相互衝突的特徵和對彼此的態度必須被改變。至於要如何改變，將在之後的章節詳細討論説明。現在，我們可以先列出一對伴侶必須採取的幾個步驟，當他們的關係像泰德和凱倫那樣，陷入困境時：

1. 首先，伴侶彼此需要了解雙方大部分的摩擦，都是因為「誤解」，而這些誤解源於他們彼此觀點上的差異，而非對方是卑鄙或自私的結果。
2. 他們必須認識對方的某些特質不是「壞的」，只是與自己的特徵不符合。
3. 他們必須了解當彼此觀點有分歧時，沒有誰的觀點一定正確或錯誤。
4. 他們必須重新框架對彼此的觀點，消除自己採用的負面特徵，並以更仁慈和現實的方式看待彼此。

根據上述步驟，久而久之，兩人的人格特質便可以逐漸改變。當一人變得更能容忍另一人的特徵時，兩人往往會驚訝地發現，他們之間的差異開始變得模糊。事實上，他們的人格特質會變得能夠互相適應，因而減少了雙方的摩擦與誤解。

第 4 章
打破僵化的規則

———

西碧和麥克斯在婚後的幾年內，都過得相當愉快；那時西碧在工作，而麥克斯則在醫學院就讀。等到孩子出生後，西碧放棄了原本的教職，將自己奉獻給孩子與丈夫。麥克斯是很有前途的醫學研究人員，儘管他認為自己是忠誠的先生和父親，但是他經常離家工作。

他們之間開始出問題的一次關鍵事件，發生於麥克斯去參加一場醫學會議，從一個遙遠的城市打電話給西碧的時候：

麥克斯：（西碧會很高興我過得這麼好，遇見很多人並且學到很多。）我在這裡很開心，你好嗎？

西碧：（他很開心，而我卻要照顧兩個生病的孩子。）喬安和弗萊迪都生病了。

麥克斯：（噢，不！她一定會怪我。）他們怎麼了？

西碧：（他會回應嗎？展現出責任感？）他們得了水痘，兩個人都在發燒。

麥克斯：（水痘通常不嚴重，她太誇張了。）你不用擔心，他們會沒事的。

西碧：（為什麼他不說那他要回家？）好吧。

麥克斯：（我希望她能放心。）我明天會再打回來。

西碧：（當我需要他時，他永遠不在身旁。）你就只能做這件事！（語帶諷刺語氣）

發現了嗎？麥克斯和西碧以完全不同的觀點，看待一件相同的事情，並以完全不同的方式去評估對方的行為。觀點上的差異是痛苦伴侶關係的典型特徵，而且往往會導致更嚴重的問題發生。

麥克斯不認為孩子的疾病有嚴重到需要他立即的關注。他知道如果西碧真的需要他，他會「趕回家」，但是在他心裡，他掩蓋了西碧似乎非常不安的事實。他相信西碧是過度反應，並嘗試讓她相信一切都會沒事。無論如何，他都不想被她的「擔憂」所掌控。與此相對，西碧則認為麥克斯怠忽職守，當她承擔所有家庭責任時，他卻「不勞而獲」。以下，總結了他們兩人的態度差異：

西碧的態度	麥克斯的態度
麥克斯應該說他要回家。	既然西碧沒有真的需要我，我沒有理由先提出說要回去。
我不應該問他。	我不會讀心術。如果她需要我在家，她應該說出來。
他應該知道我需要他，他可以為我做點犧牲。	她反應過度了，她可以處理這個情況而不需要我做出犧牲。
他很自私又不負責任，把工作發展放在首位。	她的要求很高，控制欲又強。她忌妒我的工作，無法忍受我這麼開心。

在與他人互動時，西碧與麥克斯都被認為是非常好相處的人。在社會上，他們似乎是一對幸福的夫妻，但正如他們的對話所揭露的，他們的婚姻陷入了僵局。他們大部分的交談（而且是最重要的部分）都沒有說出來：西碧希望麥克斯自己提出要趕回家，而麥克斯則避免提出這個

意見。然而，**正是因為這些沒有說出口的想法，使得雙方都開始把負面的人格特質加諸到對方身上**：麥克斯在西碧眼中變得自私又不負責任，西碧則被麥克斯認為要求高又愛忌妒。

進一步分析，這次的互動中含有更深層的想法。雖然西碧確實擔心孩子，但她並非感覺全然無助，她真正希望的，是從麥克斯那裡得到一個信號，表示他真的很關心她正在經歷的事情，而且願意參與其中。西碧明白要麥克斯回家對他而言是一種犧牲，如果這件事對她不重要，她根本不會去考慮這種可能。但是她希望且期待「麥克斯提出這個提議」，因為若他願意做出這樣的犧牲，就代表他在乎、有責任感，而且把家庭放在他的第一順位。事實上，假如麥克斯做出這個提議，其實西碧會告訴他留在會議地點就好，不用趕回家。不過他並沒有這麼做，因此在她心中有了「不關心」和「不負責任」的負面象徵。

另一方面，麥克斯純粹從實際角度看待家庭問題。他沒有意識到他沒提要回家所代表的象徵意義。他唯一的想法就是立刻回家是不必要的，因為西碧能自己照顧好兩個孩子。因為他只考慮實際面，而沒有考慮到西碧擔心孩子和她希望麥克斯在自己身邊的象徵意義，因此疏遠了她。

期待的設定

實際上，麥克斯和西碧之間的衝突根源，在更早之前就出現端倪。在交往期間，麥克斯正就讀於醫學院，西碧則是一名老師。他們的交往期間非常浪漫，總是夢想著一起過著美好、無憂無慮的生活。西碧認同麥克斯和他的事業，當麥克斯的同儕稱他為「年輕的天才」時，西碧感到十分欣喜。麥克斯則很高興西碧認同他並期盼一個美好的未來。在這個未來裡有作為一名成功研究員的他，以及在背後支持他與提供他需求的西碧。

西碧也擁有許多期待，只是交往初期不明顯，待交往一陣子之後，西碧就預計她會放棄自己的工作，因為這樣他們可以共組一個家庭，共同經營生活。當她懷著第一個孩子時，她期望自己幻想中的「幸福家庭」能實現。在那個幻想中，麥克斯會全心參與家庭事務。

經過一段時間，當她發現麥克斯不符合她想像中的角色時，她感到受傷且失望。此時，她才開始意識到自己無聲的期望：

- 麥克斯總是會把我和孩子放在首位。
- 我不需要直接請求他的協助。
- 我的需求對他來說顯而易見。
- 他願意為我們做出犧牲。

相反的，麥克斯也有自己的期望：

- 西碧能夠尊重我的事業、認同它並與我分享。
- 她會做好她的工作，包括照顧孩子和處理家務。

換句話說，麥克斯期望他們雙方既能是夥伴又能是家庭的供養者。西碧可以是「內部」夥伴，而他是「外部」夥伴。他們互相支持彼此，但角色分明、各司其職：她能把家照顧好，而他提供家庭收入。與此相對，西碧的期望則是既然她放棄了自己的工作，麥克斯就應該成為她真正的伴侶，而不是偶爾為之的丈夫和父親。

與其他發生衝突的伴侶一樣，西碧和麥克斯的諮商著重在他們不同的期望與觀點上。兩人都必須尊重對方合理在乎的期待，但也必須制定出一個雙方皆可接受的方案，來履行這些共同責任，尤其是孩子的照顧。另外，西碧必須更加「坦率」地表達出她對麥克斯的期望，而麥克斯則必須對她的恐懼和渴望更加敏銳。

當期待變成規則

　　一名想花時間與丈夫聊天的妻子，可能必須接受他週末大部分的時間都在觀看球賽，或是下班後與他的好兄弟去喝幾杯，甚至晚上加班留在辦公室裡閱讀文件。一名丈夫可能必須適應妻子對性的興趣不如他，或是她無法與自己分享工作、運動或政治的興趣。這種失望，一般來說都會導致伴侶逐漸降低對彼此的期待。當他們的夢想與幻想適應了真實的伴侶關係之後，往往會學習與這種情況共存，雖然有時仍然會感到悲傷。

　　然而，有時候伴侶的期望（包含希望和夢想）並沒有削減，反而升高。希望伴侶把家庭放在首位的期待被「要求」所取代。用字的「希望」被取代為「應該」：「他（或她）**應該**把家庭放在第一順位」。曾經的願望變成一個絕對的規則。當人們因為願望沒有實現而感到傷心時，他們就越可能因為規則被打破而感到憤怒。

　　如果我們試著公正地判斷麥克斯和西碧之間的衝突，可能很難做出絕對的決定。麥克斯應該回家嗎？或至少應該提出此意見嗎？西碧期望這種行為是正確的嗎？在關係之中，沒有所謂的一方完全正確或一方完全錯誤。但是在衝突時為了快速解決紛爭，往往會利用這樣一個簡單的裁決，進而忽略了真正的衝突原因。兩人關係問題的癥結點，比起單純的麥克斯是否回家，更加廣泛，也更加複雜；他們心中真正的問題是：「西碧會支持工作的我嗎？」和「麥克斯會支援在家的我嗎？」

　　當我們忽略了衝突中更抽象的議題時，我們可能就會被誤導，以過分簡單的辦法去解決此問題。麥克斯是否回家的這個具體問題之所以重要，是因為它很大程度上代表了一個更廣泛的原則：當西碧需要麥克斯的支持時，他做或不做什麼，背後所具有的象徵意義。

　　在第二章中我們將這些描述為「美德」。這些美德與公平、關心、體貼、責任感、尊重等有關。因此，單一、具體的行為代表著一種廣

泛、抽象的原則。在西碧心中，如果麥克斯提議他要回家，那就表示他關心，他是體貼、負責任和公平的人；但如果他沒有提出這個想法，就表示他不關心，他是不體貼、不負責任和不公平的人。對西碧而言，麥克斯的選擇說明了一切。

一般來說，在某些重要的原則被打破前，規範的必要性並不明顯。例如勞工權益或投票權等相關法律的建立，是在「公平」的原則被違反後才通過的。同樣的，當伴侶各自的重要原則發生多次衝突後，他們才會在心中制定規則。當泰德因為凱倫的拖延而感到多次失望後，他為她的延宕制定了規則。無論何時，只要凱倫拖沓，泰德就運用他的規則，認為自己對她生氣和懲罰她的「輕罪」是合理的。

然而，這種規則的問題在於它們沒有考慮到另一人的需求和願望。確實，如果伴侶一方公開表達自己的規則（很少伴侶這麼做），這些規則可能對另一方來說過於獨斷，甚至是不合理。痛苦的伴侶關係中，大部分的憤怒是源自這種違反規則的行為，而不是來自其中一方客觀上做出的不良行為。

人們往往會依循自身的某些公式或規則，用以定義他人特定行為的意義，並決定該行為是否「合格」或「不合格」。例如：

- 如果我的伴侶在乎我，當我苦惱時，他或她會提供幫助。
- 如果我的伴侶尊重我，他或她不會讓我做所有吃力不討好的工作。
- 如果我的伴侶夠體貼，他或她會在沒有被要求的情況下，做我希望完成的事情。

當一方做了某件不符合公式的事情，另一方就會感到受傷。舉例來說，蘿拉和西碧都對他們的伴侶沒有回應自己的請求感到失望，而她們接著無意識地應用了第三個公式：「如果我的伴侶真的在乎我，他會做

我希望完成的事情」。既然她們的伴侶沒有回應這個願望，那就代表他們不在乎自己。這個公式對兩位妻子來說，都極具毀滅性。因為在未來，她們可能會制定出「我的伴侶必須回應我的需求。如果沒有，我就要離開他」的規則。

從上述公式中產生的典型規則包括：

- 當我心煩時，我的伴侶應該提供幫助。
- 我的伴侶應該分擔家務。
- 我的伴侶應該在沒有被要求的情況下，就去做我想做的事。

雖然這些規則保護伴侶免於傷害或失望。但若當麥克斯打破了西碧的規則，且沒有符合她的需求時，她會感到「憤怒」，而不單只是因為失望所產生的巨大痛苦情緒，西碧甚至會想要進一步懲罰或離開麥克斯。

規則在關係中的運作

在某種程度上，規則對伴侶的約束力與課稅一樣，是一種應盡的義務。當有一方沒遵守這些義務時，就會被視為違規者，並被另一方懲罰或責罵。然而，**很多衝突的出現往往正是因為「規則」很少被明確地表達出來**。伴侶間的「依循守則」就像是不可撤銷、不可談判的義務，而這義務又多半是在被要求者不知情、也沒有同意的狀況下被強加的。

這些規則被視為權利，接著很容易演變成要求。有人可能要求（通常沒有說出口）他或她的伴侶要能互相幫助、關心和體貼，卻從來沒有意識到構成幫助、關心和體貼的行為定義因人而異，而且差異極大。而制定規則的一方，卻認為自己對於幫助的界定是眾所周知的普世原則。

西碧聲稱：「每個人都知道當妻子想與丈夫討論一個問題時，丈夫

應該要把時間空出來。」在西碧的原生家庭中，她的母親總是在父親上班時打電話與他討論家庭問題，因此西碧認為這在婚姻中是完全合理的期待。然而，麥克斯來自一個很少討論任何問題的家庭。因此，當麥克斯沒有在上班時間與西碧討論她的問題時，西碧就會認為麥克斯不關心這個家。此外，西碧的父親總是回應她母親的所有願望，使得西碧也期待麥克斯能做到同樣的事情。他們並非特例，伴侶一方的期待與另一方的行為不符，這種不協調的結果屢見不鮮。

認為自己的期待是眾所周知的「假設」，也導致了另一個問題。他們會相信不需要開口要求另一方，對方就應該知道他或她想要什麼。**這種認為自己的伴侶應該「會通靈」的期待，經常在痛苦關係中被發現。**舉例來說，當凱倫在擺放餐具、清洗碗盤、收拾衣物時，泰德只是站在一旁，沒有提供協助，這會讓凱倫覺得很受傷。儘管凱倫心想：「他應該知道，獨自做這些家事對我來說是個負擔。」但凱倫卻從未開口要求泰德協助。她認為既然她的「需求」是眾所周知又顯而易見的，那麼泰德就是「故意」不幫忙。

然而，對制定規則的人來說，合理又顯而易見的「應該」，在另一人眼裡看來往往是不合理的。例如當凱倫告訴泰德，他「應該要知道」協助她做家務時，泰德抱怨：「你總是期待我有讀心術。如果你想要什麼，為什麼你不能直接跟我說呢？」凱倫回應：「這麼理所當然的事情，為什麼非要我耳提面命呢？你就不能做一些本來就應該去做的事情嗎？」

「伴侶關係準則」的一個重要特點，是「永遠不應該違反對方重視的規則」（無論是有意或無意）。舉例來說，一名年輕人因為他的未婚妻在抽菸時，不小心讓二手菸飄到他的臉上而感到憤怒。他心想：「她明知道我無法忍受菸味，應該要更小心。她這麼做不僅不替他人著想，而且不關心我的感受。」他對抽菸本身的反感程度，並不像他的未婚妻違反了他的規則那麼大。如果某人的二手菸飄到他面前，他可能會有點

惱怒但不至於憤怒。

事實上，當期待落空時，伴侶一方的真實損失或傷害，與其怒氣強度相比，幾乎可說是微不足道。至於憤怒反應會如此顯著的原因之一，是對抱持期待的人而言，那個規則是神聖不可侵犯的。如果在意的規則被破壞，意味著這段關係將變得更加脆弱，好比有了第一次違規後，難保日後不會犯更大的錯誤一樣。如同不喜歡菸味的那名男性，他告訴未婚妻：「如果你不能遵守一個簡單的規定，像是讓我被迫吸二手菸，那麼你日後很可能會無視困擾我的一切，或忽略對我來說所有重要的事情。」

規則導致的傷害

在痛苦關係中的伴侶通常都相信，自己已經做了最大的調整；或是雙方都認為他們為了滿足對方的需求，自身付出的比對方還多更多。當對方變得挑剔或辱罵自己時，他們的背叛感就會加劇。例如一名妻子抱怨：「我先生從來不會提到我好的地方，他唯一會注意到的只有我是否犯錯。」

被愛與幸福的觀念往往深植於人們的腦海中，所以人們會相信「愛的減少」意味著自己將會變得不幸福。舉例來說，許多人的思考是根據以下公式運作：「如果我被完全、無條件地愛著，那麼我就會快樂。如果我沒有被完全愛著，那麼我一定不快樂。」把愛與幸福畫上等號。當自己的伴侶似乎比較不愛或不關心自己時，這樣的人就會沉溺於痛苦的感覺中，他們會預期伴侶的暫時冷靜代表長期不幸即將到來。事實上，有些人在與伴侶愛的關係遭遇挫折後，就會陷入憂鬱。他們會得出，自己將終身面臨不幸，因為他們再也沒有機會被愛了的結論。

為了避免承受這種痛苦，人們傾向建立一種控制系統，以預防未來關係終止的可能，並強制執行這些保護措施，即以「應該」和「不應

該」來規範，好讓彼此感到放心。然而這些嚴格的規則，就如同雙面刃，儘管原先是用來防止最終分手的痛苦，卻也可能桎梏了對方，限制了他或她的自發性。諷刺的是，這些「防範措施」往往可能引發我們最想杜絕的事情──關係的瓦解。

當伴侶一方違反了其中一條規則，另一方（也就是立法者）會認為自己被威脅，而氣憤地想要懲罰違規者。因為對他們來說，被違反的不僅是規則，更是制定這些規則的自己。在親密關係中，憤怒會成為解決問題的阻礙，在怒火中燒時，我們總是難以洞察問題或進行協商。

被強加規則的伴侶，也會認為這些制約武斷、不合理或不重要，大多只是涉及令人放心的象徵儀式，像是準時、有禮貌或贈送禮物等。然而，這些設定比表面上想得更具有微妙的意義，像是預期伴侶的期待並理解對方的感受：「他應該知道我需要他的幫助」或「她應該知道我心情低落」。

人們傾向於懲罰違反任何規則的伴侶，即使這種小失誤本身不會帶來真正的損失或痛苦。正因這些「違法」似乎實質上一點都不重要，所以「違規者」被懲罰時總會感到不平衡，畢竟與真正的傷害相比，伴侶的反應大到不成比例。同時「違規者」也會覺得自己被這些規則束縛，因此在被懲罰觸怒後，很可能會進行反擊。最終這些設限，恰恰引發了理應要預防的痛苦。這就是痛苦關係中的矛盾之一：**為了預防不幸福而精心建構的規則，反而將兩人導向不幸福。**

許多伴侶一開始都相信，他們的關係不會發生問題。哪怕只是說給自己聽，人們也常常這麼認為：「如果她（或他）真的愛我，我們就不會發生爭執。」但當問題發生時，他們就將相愛的伴侶不會爭吵的想法拋之腦後，雙方因衝突的存在而氣憤。他們得出一個公式：不認同對方等於缺乏接納、尊重與愛。當憤怒和相互指責交織，會降低伴侶解決問題的能力，並導致彼此敵意不斷升級。

強加規則於對方的危險

若我們了解伴侶的期望，在做計畫、處理危機和做出決定時，便可以為關係提供一種穩定感。這些期望有著非常重要的功能，它們為伴侶雙方提供指引，讓彼此了解每個人分別應該為他們的關係，做出什麼貢獻。

然而，隱藏的期望有時候反而會破壞而非穩定一段關係。這些不明說的規則，往往圍繞著象徵性的行為展開，例如丈夫在妻子休息時會主動照顧孩子，或妻子會準備合乎丈夫口味的飯菜。有些象徵意義，則適用於雙方家庭的其他成員：「如果你全然愛我，你就會關心我的父母和手足。」

即使這些象徵性規則不必然會造成嚴重的問題。但是當它們被包裹在絕對命令的外衣下時——「強制和禁止」、「應該和不應該」——就變得特別棘手。

「應該和不應該」有許多種，它們當中很多是有用的。最明顯的「應該」是與適當執行特定工作有關，例如修理洗衣機。另一種則是避免危險，像是「安全第一」在家庭中尤其重要；家庭成員應該鎖門、關爐火、小心開車等。

其他規則適用於社交場合。伴侶一方不應該做出任何有損另一方社會形象的事。因此，在公共場所，伴侶應該表現出關心、樂於助人、尊重他人的舉止，同時應該避免冷酷、不合作和輕蔑的行為。最後是有關家庭財務安全的規則，包括不過度消費，這對家庭運作也至關重要。

以上這些規則都相當合理，但如果不適當地運用，就可能造成麻煩。**如果人們將這些規定視為絕對不可違背，一旦違反就要受罰，那麼衝突將無法避免。**

以泰德為例，他認為凱倫應該知道自己的遲到令他感到困擾，因此，她應該永遠準時。泰德不是把他的感受提出來與凱倫討論，只是批

評她的遲到，好像遲到本身是一種致命的罪過。另一方面，凱倫不覺得些微遲到有什麼不對。她認為泰德應該明白自己的嘮叨令她心煩，而且他應該感激她按照他的期待，去做了所有事情，而他不應該再挑剔少數幾件她忽略的事。

「應該」不僅是簡單地強迫另一人遵守自己的願望，更是藉由「應該」去支配和控制另一人，獲得一種滿足感的來源。但是人們卻忘記了「認同」他們伴侶的意願，也是一種滿足感的來源。

「應該」的暴政

在與他人互動的過程中，為了達成我們的目的，可能必須軟硬兼施。如若遭遇對方反抗，我們會褪去討好的外衣，暴露隱藏的威脅，並使用「否則……」來要求他人順從，讓對方察覺強烈的懲罰暗示，如批評、恫嚇、憤怒或生悶氣。

「應該」的絕對性質為伴侶關係帶來了問題，因為實際上，完全遵守另一人的要求，意味著放棄個人的人格特質、目標和需求。一組誇張或嚴格的「應該」不僅會制衡他人，也困住我們自己。

德國精神分析學家凱倫・荷妮（Karen Horney）在關於「神經質人格」（neurotic personality）的一系列書籍中，介紹了「應該的暴政」的概念。[8] 她認為神經質的人會根據假定的權利，無視對方的福祉或需求，提出不合理的要求和主張，並一味要求對方聽從自己的指示。當這些要求遭到拒絕或抵抗，他們就會被激怒。不僅是針對他人，對於世界、命運甚至是神佛，他們同樣會產生憤慨，認為：「我應該更幸福」、「生活對我不公平」、「人們應該對我更好」等，他們為自己經歷了不成比例的困境而憤世嫉俗。然而，這些想法使他們無法享受，甚至是破壞他們在生活中可以得到的樂趣。

這種「應該的暴政」下的要求和主張，會使伴侶間產生問題。美國

臨床心理學家亞伯特‧艾利斯（Albert Ellis）提到，人們不只希望他們的伴侶隨時都友善地對待自己，還要求他們「必須」這麼做。當伴侶辜負了自己的期望，他們就會被激怒，並想著：「他無權這樣對待我」、「我值得更好的對待」、「她讓我失望」。[9]

這種人在受到挫敗或失望時會變得非常沮喪，他們會反應出：「我不能忍受被這樣對待」的想法或陳述。與這種機制有關的是艾利斯所謂的「糟糕化」（awfulizing）：「與一個無情的人結婚很可怕」。再進一步就是所謂的「妖魔化」（devilizing）：「他是個可怕的人，是一顆不定時炸彈」，或「她令人厭惡，是真正的婊子」。被「妖魔化」時，伴侶會被分配到邪惡的特徵，可能被視為惡意、操弄或欺騙的。這些步驟導致了不可避免的結果，也就是「災難化」（catastrophizing）：「只要我還維持這段伴侶關係，我就無法呼吸」，或「我永遠不會幸福」。關於這些心理機制的進一步範例和定義，會在第八章中詳細說明。

想一想，以上這些陳述是多麼的絕對。自己的伴侶是個「可怕的人」，沒有任何可取之處；他或她的行為是無法寬恕、不可原諒和無可救藥。挫折和失望帶來的痛苦是如此全面且讓人無法忍受，彷彿這段關係前途黯淡，看不見一絲希望。

藉由荷妮和艾利斯所描述的，我們可以理解到這些「應該」是如何被轉換或扭曲成自我挫敗。只要人們要求他們的伴侶總是要善待自己，就無可避免會有失望的時候。因為即使是最恩愛的伴侶也無法總是保持和善。因此，就算僅有一次失誤，也可能被扭曲成「他總是無視我的期待」的信念。

打破規則

「應該」和「不應該」構成了一堵防護牆，使伴侶間產生安定。若某日這堵防護牆被進犯時，如其中一項規則被打破，伴侶一方會認為自

己被挑戰：「違反規則，就是挑釁我。」當然有時候被違背的「應該」會真實造成對方的損害，然而大多時候，這些傷害都只是「可能」或「假設」，令我們感到被冒犯而已。舉例來說：

- 家中有訪客時，孩子在用餐期間舉止異常失禮。孩子的母親非常生氣，她「很想抓住孩子的肩膀大力搖晃，讓孩子清醒一點」。
- 一名丈夫遲遲沒有將包裹送出去，儘管他承諾無論如何他都會完成這件事，但是他的妻子還是非常憤怒，心想：「如果今天是一件重要又急迫的事呢？他是不是也這樣拖沓。」
- 一名妻子在開車時搶黃燈，她的丈夫為此感到極度憤怒。他心想：「如果一台車從另一條路超速行駛呢？我們很可能已經死了！」

　　這些反應都落入了「萬一」（what-if）規則的範疇。相對嚴謹或容易焦慮的人、對他人的敵意與冒犯比較敏感的人，容易被這種規則所支配。這種模式的運作是基於各種「應該」和「不應該」，來最小化潛藏的危險。當禁令之一被違反時，他們會認為自己暴露於危險中，心中不安的情緒因而加劇，使他們對違規者進行猛烈抨擊。直到他們認為做了能防止違規行為再次發生的事情後，才感到安心。

透過「雙重應該」懲罰對方

　　這些規則中，還有一種是「雙重應該」（double shoulds）。大部分的人通常很難意識到自己設立的「應該」，就像他們不會發現自己其他下意識的行為舉止一樣。但是當被激怒時，若立刻專注在自己的想法上，便可以察覺正在起作用的「應該」和「雙重應該」。

　　「雙重應該」是指一個初始想法和一個負面評估，例如「我的伴侶

不應該拒絕聽我的話」，或「她不應該對我生氣」，並接著引發了第二個應該，一種報復性的想法：「如果我不做某件事，他這次就會不知道事情的輕重，因此我應該對他叫罵。」

麥克斯明確示範了什麼是雙重應該。無論何時，只要西碧犯了個錯，他就會想：「她應該要更小心」（第一個應該）。於是，他下一個念頭是放任自己去批評她：「我應該告訴她，她太粗心大意」（第二個應該）。當西碧開車轉錯一個彎或偏離車道時，麥克斯會想：「真糟糕，她把事情搞砸了。」他會一直想著：「我必須告訴她，她沒有好好開車。」

這些斥責的奇怪之處在於，儘管事實一再證明它們是無用的，甚至具有破壞力，人們仍然會讓這些詰責存在。就如同強迫症一樣，不斷透過類似洗手等儀式來預防想像中的疾病。

如果人們能夠發現自己試圖懲罰對方的念頭，便有機會打破使用責備和批評來控制伴侶行為的習慣。但停止這種連鎖反應的最好時間點，其實在於人們「第一次」感到被冒犯（他不應該那麼做！）的瞬間。如果我們覺得自己的憤怒是有道理的，那麼這個連鎖反應就會啟動；反之，如果我們判斷生氣是沒有必要的，就能在當下終止連鎖反應啟動。然而，這需要對情況做出非常迅速的評估，才能理解採取報復行動是不必要的。一旦敵意開始形成，就很難阻止不斷湧出的批評（詳見第十七章）。

規則的起源

伴侶關係中的「規則」，是由何處產生的呢？為什麼它們似乎只有在婚後，才會展現出最大的影響力呢？在伴侶關係的不同階段中，有幾種不同的期望在發揮作用。如在關係初期，對於浪漫的期待使雙方持續關注愛與被愛的議題。但生命中的殘酷騙局之一是：強烈的理想化和迷戀使雙方在一起，並維持關係數年不渝。有時，這種浪漫的想法也會經

由「如果我是一個好伴侶，我一定會被愛且得到幸福」的信念所強化。

　　儘管伴侶必須為維護關係而努力的觀念已相當普遍，但令人驚訝的是，很少人真的遵守此定律，或知道該怎麼努力。在關係初期，理想化和熱情的依戀往往會消除分歧。隨著時間流逝，許多伴侶會逃避去面對橫亙在他們之間的歧異，徒勞地希望問題會自己消弭。此外，其中一方可能對兩人間真實存在的困難不以為意，或相信只是對方在製造問題或對方就是一個愛抱怨的人而已。當兩人最後總算試圖解決他們的問題時，他們可能早就累積了太多關於輕視和不公正的記憶，以至於無法冷靜處理關係間的難題。

　　在結婚初期，人們對妻子和丈夫角色的看法，在一定程度上決定了他們對婚姻的期望。通常大妻會帶著源於原生家庭的既定概念，進入一段婚姻關係。不過人們在決定丈夫和妻子的行為表現時，不一定會複製自己的父母親。舉例來說，一名丈夫可能會認為他的父親是個「好丈夫」的典範；或是他認為自己父親「軟弱」或「專制」，而展現出完全相反的特徵。然而，這些想法很少被伴侶公開表達、討論或認同。另外，每對伴侶對於這種關於丈夫和妻子的形象也很少相符合。

　　一段婚姻的基本契約是「我會照顧我的伴侶，而他（或她）將提供我基本的需求作為回報」，但伴侶雙方對於此契約的這兩個組成部分，可能有著非常不一樣的定義。此外，他們可能缺乏了一種可以使伴侶關係更親密的元素：彈性。

　　對夫妻來說，「規則」發生重要轉折的時期，是自第一個孩子出生後開始的。一些研究指出在此階段，丈夫和妻子都容易經歷憂鬱和煩躁增加的症狀。[10] 他們相異的童年經驗，會塑造出不同的養育策略，同時，彼此對於父母雙方應該扮演的角色也會抱有不同的期望。以上這些差異，都可能導致衝突。

　　第一個孩子對新手媽媽來說往往會有很大的影響，她必須開始承擔一系列繁重的養育義務，除了接受自己承擔的責任外，也會提高對丈夫

照顧她和孩子這方面的期望。如果丈夫沒有即時做出她認為「應該」做到的事項，她可能會變得怨恨，甚至沮喪。

與此同時，丈夫可能還是漫不經心地假設，他能持續從妻子那邊得到與孩子出生前相同的注意力和支持。如果他的妻子「給予」的比之前少，他可能會認為妻子是故意保留他「應得」的感情或關注。

伴侶雙方似乎都有一套類似的權利邏輯：「我為這個家庭付出更多。我理應得到與之前一樣多的關愛、注意和支持。」基於懷孕和產後時期的生理與心理需求，新手父母可以利用的資源和提供的支持通常較少，因此雙方都可能感到被剝奪。原本相對平靜的關係在孩子出生後，很容易變得不穩定。

規則與態度

本段落包含了一份檢核表，列出了伴侶對特定情況可能會產生的各種反應。其中也包括了可能會對關係產生不利影響的一些態度。

當人們抱持這種態度或非常相信這些自己既有的信念時，可能會失去維持和諧關係所必要的彈性，固執地堅持己見也會導致衝突，使妥協和普通的讓步行為變得更加困難。心理學家諾曼・艾波斯坦、詹姆士・普雷策（James Pretzer）和芭芭拉・弗萊明（Barbara Fleming）也發現，身陷在痛苦伴侶關係中的人往往會在這樣的檢核中獲得高分。[11]

請完成這份檢核表。如果你在伴侶關係中有特定的問題，不妨檢視你得高分的項目。這些可能會提供你一些線索，告訴你關係中的壓力點在哪裡。若伴侶雙方共同完成這份檢核，可以帶來極大的幫助，因為你們可以就自己特別在意的部分，相互討論，交換想法和意見。但請注意，這份檢核不是為了提供一個絕對分數，讓你去判斷自己的關係是否有問題而設計的。每個項目的分數應該只用來幫助各位識別出潛在的問題。再次重申，高分僅說明「可能」存在著會產生相反效果的信念或態度。

關於關係中的信念，你是如何看待的呢？

說明：針對以下十五題陳述，選擇最符合你同意或不同意類別的數字（1 到 7），將數字填入每一題前方的欄位中。[12]

- 同意：7 完全、6 非常、5 有些
- 沒有同意也沒有不同意：4
- 不同意：3 有些、2 非常、1 完全

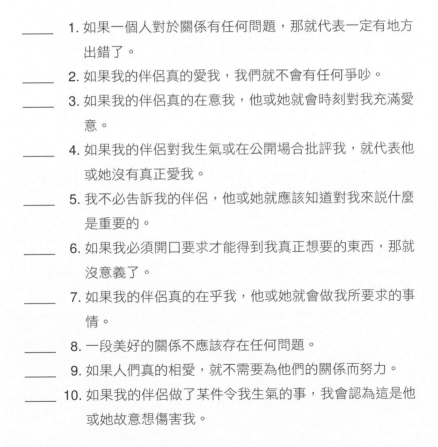

_____ 1. 如果一個人對於關係有任何問題，那就代表一定有地方出錯了。

_____ 2. 如果我的伴侶真的愛我，我們就不會有任何爭吵。

_____ 3. 如果我的伴侶真的在意我，他或她就會時刻對我充滿愛意。

_____ 4. 如果我的伴侶對我生氣或在公開場合批評我，就代表他或她沒有真正愛我。

_____ 5. 我不必告訴我的伴侶，他或她就應該知道對我來說什麼是重要的。

_____ 6. 如果我必須開口要求才能得到我真正想要的東西，那就沒意義了。

_____ 7. 如果我的伴侶真的在乎我，他或她就會做我所要求的事情。

_____ 8. 一段美好的關係不應該存在任何問題。

_____ 9. 如果人們真的相愛，就不需要為他們的關係而努力。

_____ 10. 如果我的伴侶做了某件令我生氣的事，我會認為這是他或她故意想傷害我。

_____ 11. 當我的伴侶在公開場合與我意見相左，我會認為這是他
或她很不關心我的徵兆。

_____ 12. 如果我的伴侶反駁我，我認為他或她非常不尊重我。

_____ 13. 如果我的伴侶傷害我的感情，我會認為這是因為他或她
太卑劣。

_____ 14. 我的伴侶總是我行我素。

_____ 15. 我的伴侶不聽我說的話。

第 5 章

溝通的停滯

———

「我的丈夫是聾子，他從來聽不見我說的話。」

「她把每個話題都說死。」

「當我問他一些事情的時候，他總是展現出防禦的態度。」

「她把一切都變成爭論。」

「他很固執……甚至不會考慮我說的話。」

「他總是口是心非。」

「那不是我的意思。」

在遭遇麻煩的關係中，這類敘述很典型。雖然它們可能只是簡單反映出不適當的溝通問題，但也可能點出更深切的問題。即使是只有輕微溝通困難的伴侶，都可能存在重大的誤解。這些誤解，通常會導致挫折和敵意，因而進一步影響溝通。在最糟糕的情況下，即使是簡單的對話也會成為競賽、權力鬥爭和相互貶低的修羅場。話語變成了武器、討論變成了戰鬥，完全無法促進澄清和理解。

「間接」和「模稜兩可」

所有伴侶都面臨做出或大或小的數十項決定：家務分工、預算問

題、社交和娛樂活動、住在哪裡、是否要生孩子、如何養育孩子等。清楚和精確的溝通，有助於促進做成決策，而模稜兩可則會造成混亂。

　　當要跟伴侶溝通想法、期望和感覺時，我常看到一些善於表達的人反而表現得很糟糕，這實在是令人痛心。有些人用難以理解的方式來表達他們的願望。他們模糊地表達自己的意見、對著重點兜圈子，並迷失在瑣碎的細節中；之所以會如此，都是基於**他們「假設」伴侶會理解自己所說的話**。其中一方可能使用了過多的冗詞，使得討論言不及義；另一方則使用很少的文字，使討論變得貧乏。雙方都錯誤地相信自己的表達有助於互相理解。

　　有時，他們彷彿說著不同的語言；即使是相同的用字，但傳送出去的訊息與接收到的涵義，卻完全不一樣。在這種錯誤的溝通方式下，雙方都感到挫折也就不足為奇了。由於雙方都沒注意到自己模糊的表達方式，因此只會將責任歸咎於對方的遲鈍或頑固。

　　舉例來說，瑪喬麗希望肯在他們結婚紀念日那天，邀請她到她最喜歡的、可以俯瞰海灣的雞尾酒酒吧慶祝。她故意問他：「肯，你今晚想出去喝一杯嗎？」肯當天感覺疲累，因此沒有注意到包含在她問題中的隱藏資訊。他回答：「不，我太累了。」瑪喬麗非常失望。在為自己感到受傷和可憐後，她才明白自己沒有跟肯溝通她的真實希望：慶祝他們的結婚紀念日。之後，當她清楚表達自己的願望時，肯立刻同意前往慶祝。

　　現在，請閱讀以下湯姆和莎莉間的對話，湯姆是一名建築師，莎莉是一名小兒科醫生。他們尚未結婚，此時正忙著整修他們的第一個家，一間位於市中心的維多利亞式別墅。閱讀時請留意個人的恐懼和懷疑，會如何導致訊息扭曲、曖昧不清和誤導，因此無可避免地產生誤解。在這個案例中，第一個模稜兩可的陳述，引發了一個簡單社交決策的爭論：

莎莉：史考特夫婦提到週四要不要順道去他們家拜訪。

湯姆：（受傷）他們邀請你？（意思：只有邀請你，沒有邀請我？）

莎莉：（不耐煩）我只是告訴你。（他在質疑我是否誠實。）

湯姆：（受傷）他們怎麼會邀請你？（意思：怎麼沒有連我也邀請。）

莎莉：（受傷）很顯然，他們喜歡我。（他認為我不夠討人喜歡到足以被單獨邀請。）

湯姆：好吧，你去吧。相信你會度過一段美好的時光。（我希望你有一段糟糕的時光。）

莎莉：（不滿）我相信我一定會的。（他不想去，只因為他們是向我發出邀請。）

莎莉和湯姆的溝通中，顯然有一些問題。然而，這個問題存在於「話語背後的含義」，而不是實際上說了什麼傷人的話。莎莉和湯姆在這場對話中的頻率很不一致，因為他們都試圖保護自己，兩人都各自保留了重要的資訊，進而導致彼此誤解了對方的陳述。

起初，莎莉很高興史考特夫婦邀請她，因為她認為自己一直處在湯姆的陰影底下；她害怕人們發現湯姆更討人喜歡，而她只是個小跟班。儘管她知道史考特夫婦口中的邀請你，意思是「你們」，是連同湯姆一起的意思。但在告訴湯姆的時候，她故意模糊了訊息，因為她擔心湯姆可能會因為不想去而拒絕。

實際上史考特夫婦是湯姆的朋友，但是莎莉希望自己被他們喜歡。她擔心湯姆會因為他們發送邀請給「她」而不是「他」而生氣。為了避免被湯姆斷然拒絕，莎莉以一種模糊的方式傳達訊息，使得湯姆誤解了她的陳述。湯姆認為莎莉是在炫耀只有她受到邀請，因此他感到受傷，所以湯姆強調「邀請你？」而不是詢問是否邀請「我們」。他對「你」

的強調，導致莎莉認為，湯姆對於史考特夫婦單獨邀約她的這個行為存疑。莎莉沒有察覺到湯姆真實的想法，僅以一個簡單的陳述——「我只是告訴你」，來回應這個猜疑。

接著，湯姆以自己被明確排除在外的前提下思考，將莎莉的回應視為一種嘲諷，並藉由諷刺希望她「度過美好的時光」來進行報復。莎莉則進一步反擊回去，甚至不想釐清湯姆是否會接受邀請。

保留語意的「間接溝通」，顯而易見的缺點就是會導致「誤解」。舉例來說，莎莉通常很擔心與湯姆發生衝突。因此，她習慣以一種希望能引發湯姆正面信號的方式來試探，並以此為基準，一旦覺得無法順利達成她想要的目的，就斷然選擇放棄。

以另一個情境為例，莎莉希望邀請一對夫婦來他們家。她試探性地提出：「不知道理查夫婦最近怎樣？」湯姆沒有意識到其中的暗示，回應：「我不知道」，然後就改變了話題。莎莉將他的回答解釋為，他不想看到理查夫婦（後來發現他其實很樂意招待他們）。在莎莉以間接的方式提出建議，並多次受到挫敗後，她開始認為：「湯姆不愛交際」，以及「他從來不做我想做的事，他只對自己感興趣」。

之後，當她的怒氣累積到了極限，莎莉指責湯姆不喜歡交際，且從不關心她想要什麼。但湯姆對此感到很困惑。當她聲稱，她一直都在告訴他這些事情時，湯姆憤怒地表示不同意。他接著指責莎莉：「你從來不知道自己想要什麼，而且你從來不說你想要什麼。」莎莉認為他的指責不公平，因為在她心裡，她總是直率地說出她的建議。另一方面，對湯姆而言，莎莉似乎拿不定主意，把她自己的不足歸咎於他，這是不公平的。

當關係運作良好時，伴侶雙方往往能以暗示和間接提示來溝通（正如莎莉所使用的），他們的私人語言和特別的慣用語可以清楚傳達訊息。然而，當關係緊張時，私人語言就不再適當，甚至還會加深雙方的誤解。

基於「防衛」的含糊表達

像莎莉和湯姆這樣，經常用含糊的方式表達，其實是為了保護自己免於被貶低或拒絕。當他們想實現自己的目的（像是希望證明自己某些事情，或是希望阻止被拒絕或嘲笑），會含糊表達自己試著傳達的訊息，而這會使誤解的可能性增加。這種防衛（defensiveness）掩蓋了他們想表達的訊息，因此他們必然會遭受誤解。

由於害怕表達的某些意見或要求被拒絕，因此會增加自我防衛。這種自我防衛不僅導致湯姆和莎莉之間的困惑，還使他們更加難以破解對方陳述中所隱藏的含義。

在以下交談中，這次他們的位置互換，湯姆處在脆弱的位置：

> 湯姆：我們這週末要去我媽家嗎？
> 莎莉：我沒想過，我有很多事要處理。
> 湯姆：（生氣）你從來都不想去我媽家拜訪。

在這段對話中，莎莉選擇以字面意義來解釋湯姆的問題，她認為湯姆只是在詢問，而不是提出一個請求。她忽略了湯姆問題的真正意義：「我這週末想去拜訪我媽」，但湯姆不敢直接了當說出他的願望，卻在莎莉拒絕時，感到惱怒與責怪。

當然，在表面之下，湯姆和莎莉的關係存在著比他們模糊又防衛的溝通還更複雜的問題。關於史考特夫婦邀約莎莉的對話，包含著莎莉試圖隱藏的陰影：她覺得自己在社交上不如湯姆，因此她想證明自己也能被湯姆的朋友喜歡。同時，她也很防備，因為她害怕湯姆會詆毀她想建立自己形象的意圖。相對地，湯姆把莎莉的言論解釋成她在與他競爭（透過她比自己更受歡迎來展現），而他感覺有必要「使她有自知之明」。至於在關於湯姆母親的對話中，莎莉藉由忽略湯姆的暗示請求，

來維護她在這段關係中的權力，實際上是對他進行報復。

　　儘管這種模式可能會對一段關係造成負擔，但是兩人之間的親密關係，往往有足夠的力量去吸收這些壓力。湯姆和莎莉的確非常享受彼此的陪伴，早期他們關係的優點之一就是他們能在交談時感受到樂趣。然而，因為拙劣的溝通技巧導致誤解的累積，使他們之間的交談因為隱蔽的指控和責難而陷入僵局。即使是共同充滿樂趣的對話也沾上了汙點，並失去凝聚兩人的力量。即使是相對容易解決的小問題也會變成衝突的根源，因為一方在傳送訊息時採取間接和自我防衛的態度，而另一方在接收訊息時則充耳不聞。

　　雖然如此，莎莉和湯姆所面對的問題並不難解決：**他們必須練習清楚、直截了當的討論**。他們最初是在諮商師在場時進行這些討論，但他們也可以自行執行這個計畫。具體改善彼此溝通的做法，詳見第十四章到第十六章。

對訊息的誤解

　　良好的溝通不僅是傳達自己的想法，也意味著能夠理解對方在說什麼。說話總是模稜兩可或不直接的人，會造成他們的伴侶妄下錯誤的結論，或忽略他們所說的話。其他人也會難以理解這類人所傳達的訊息，因此誤解了他們所聽到的內容。

　　美國心理學家派翠西亞‧諾勒（Patricia Noller）的一項研究顯示，婚姻狀況良好的伴侶與婚姻狀況不好的伴侶，兩者間在溝通理解上存在著明顯差異。不快樂婚姻中的伴侶，比起快樂婚姻中的伴侶在解碼他們另一半說話的意思上較不準確。[13] 然而，值得特別注意的是，不快樂的伴侶在解讀陌生人的訊息能力上，表現卻與快樂的伴侶相當。

　　這項發現表明，某些人明明可以對伴侶以外的關係，發揮良好的溝通能力，卻不知為何會在伴侶關係中運作失常。由此可見，伴侶雙方的

誤解通常不是源於兩人都有的溝通缺陷，而是源於伴侶關係中的「特定干擾」。

獨白、打斷和沉默聆聽

原則上，溝通中會產生一些問題，是因為伴侶的「說話風格」有所不同，諸如說話的時機、停頓、節奏等。美國語言學教授黛博拉・泰南（Deborah Tannen）描述了一個典型的案例，一名女性對某位男同事感到惱怒，因為他在他們舉辦的工作分享會談上，搶先回答了所有聽眾的問題。她責備他邊緣化她、占據了舞台中心，並且不尊重她的觀點。

事實上，造成這種「支配」的結果，是由於他們習慣回應的時間不同所造成的。按照習慣，她會花比他更長的時間去思考聽眾的問題。因此，當她試著回答問題時，他就會變得焦躁不安和擔憂。為了避免他所擔心的不安沉默和他們兩人都無法回答問題的觀眾印象，他採取了主動的態度並且自己回答問題。而他的同事將這個行為解釋為一種性別歧視的支配。

這種「時間」和「停頓」上的差異，可能導致關係的困難。舉例來說，一名丈夫，當他在句子中問出現較長的停頓時，可能就會被他的妻子打斷，他的妻子說話都只會短暫地停頓。他因此感到憤怒，因為他的話還沒說完，甚至還可能因為被妻子打斷而忘記。他可能會指責：「你總是打斷我……，你從來都不想聽我的意見」，但是卻不明白其實對於妻子的行為可以有更良性的解釋。

當短暫停頓的伴侶正在說話時，類似的問題也可能出現。她可能會在表達觀點時，穿插一些她認為是合理的停頓，讓她丈夫做出回應。然而，她的丈夫是一個長時間停頓者，可能不會認為這些停頓是個中斷點，使得原先該是兩人的討論變成只是妻子的獨白。

有些人容易「長篇大論」，好像被驅使著要不停說話，甚至遠遠超

過了所謂的「報酬遞減點」（point of diminishing returns）。[14] 他們圍繞著一個主題說話，或是使用過多不必要的細節淹沒了聽眾。對他們而言，講重點或是結束一個話題似乎是不可能的任務。當我注意到這些人的對話風格時，他們通常都會很驚訝，因為他們大多認為自己確實在進行有效的溝通。

另外「過度談話者」也對「無反應聽眾」有所抱怨。一名妻子告訴我：「我丈夫永遠不注意我說的話。」這種情況並不少見，儘管丈夫能逐字重複妻子剛才說的話。但妻子的抱怨是源於她丈夫在聆聽時表現得「太安靜」：過程中他只是面無表情地聽著且沒有給予妻子任何回饋，如點頭、手勢、表情變化，或發出像是「嗯」、「喔」或「對」等反應。

實際上，已有數篇研究指出**男人和女人傾向不同的傾聽方式**。男人通常很少發出傾聽的聲音，而當他們這樣做時，通常是為了表示「我同意你」。但正如美國人類學家丹尼爾·馬爾茲（Daniel Maltz）和盧思·柏克（Ruth Borker）所提到的，女人視這些回饋的聲音為「我正在聽」的意思。[15] 由於女人比男人更大量地傳送這些非口語的信號，且期待接收到這些信號，因此這會使妻子認為她的丈夫完全沒有注意聽她說話，即使她丈夫正在仔細聆聽，只是面無表情而已。

此外，許多人會把這些信號附加上一個象徵意義，不僅代表「我正在聽」，也代表「我喜歡你說的」或「我在意你說的」。最終，象徵意義可能是「我關心你」。相反的，當缺少這種信號時便可能具有負面的象徵意義，如「我不尊重你」或「我不關心你」。

伴侶通常不會意識到對話微妙的力量。但是這種要素無不在他們的交流中，即使看似無害的交流，也隱含著接納、尊重和愛意，或拒絕、不尊重和敵意等意義。

如果伴侶彼此可以對這些隱藏的含義更加敏銳些，想必會減少許多挫折。那麼，該如何具體解決呢？對話風格的不吻合，可以透過伴侶雙

方同意一套「對話禮儀規則」來獲得緩解。一旦辨識出問題出在哪，長時間停頓者可以學習被打斷時不要再想成是被冒犯，而是訓練自己在被中斷後，繼續原本的陳述；同樣的，中斷他人的說話者，可以學習判斷是否有理由打斷對方，還是這只是自己不耐煩的表現。至於多話者，可以訓練自己說話時更加簡明扼要，少話者則要訓練自己更健談。無反應的伴侶可以在專注聆聽時給予說話者更多信號，而他們的伴侶則應該了解沉默不一定是漠不關心的表示。

溝通上的「聾點」和「盲點」

當伴侶一方在心理上沒有注意到對方在言語、手勢上所代表的含義時，「聾點」和「盲點」就會變得明顯。這種失誤會造成如「你不知道我想要什麼或是要求什麼」，以及「你完全不了解我」的抱怨。其中，存在著「聾點」的伴侶，往往連做簡單的決定都有困難。即使雙方可能都想要合作，但缺乏有意義的訊息交流，阻礙了他們在重要議題上達成一致的決定，諸如家庭責任和養育孩子的分工上。

雖然聾點或盲點可能是由於個人心思不敏銳所致，但是它們經常可以被追溯到「高敏感」和「防衛心理」。人們可能會忽略他們不想聽的內容，只因訊息直指自己的某個弱點，使得看似良性的討論，卻對一方的自尊造成威脅。為了保護自尊免於受傷或是被拒絕，我們會設置防禦措施，以阻隔自己對問題的真實觀點。例如莎莉長期以來的自卑感和湯姆的敏感自尊，就為他們雙方的溝通和理解立下了障礙。

有時，我們可能會完全看不到自己的人格特質，對自己的伴侶造成什麼影響。試想以下的例子：哈維是一名尖銳、咄咄逼人的律師，他不知道如何將他的攻防策略只用在法庭上，他以「貶低、批評」妻子為樂。他的妻子史黛西是一名處於空巢期[16]的家庭主婦，她回到學校修完藝術學士的學位。在社交場合中，哈維會嘲笑史黛西所說的話；而在私

底下，他也從不省思她的抱怨。史黛西無法告訴哈維，自己對於這樣的關係感到多麼痛苦。而在她能夠表達自己的少數情況之下，哈維會為她貼上「高敏感」標籤，來駁回她的不滿。其他時候，他會宣稱她「神經質」並建議她尋求專業協助，但顯然哈維才是造成他妻子痛苦的真正原因。

經過二十五年的婚姻後，史黛西向哈維宣告，她無法再與他住在一起了，她要離開。哈維對此感到震驚不已，他從來沒有意識到這些年來他的壓迫令她感到那麼痛苦。史黛西解釋她現在才提出來是在等孩子們的年紀夠大，這樣他們才更容易接受父母婚姻的破裂。既然孩子都已長大成人，她就不再需要與他同住了。

很可惜，他們沒有在關係早期就尋求諮商，或是能找到一本對婚姻誤解和溝通不良有用的指引書籍。他們後來各自再婚了，且雙方的第二次婚姻都很成功：哈維對待現任妻子非常細心，而史黛西在告訴現任丈夫她不喜歡什麼東西時，態度變得堅決許多。他們兩人都學到了很好的教訓。

說話節奏的差異

語言學教授泰南描述了以下案例：珊蒂抱怨馬特沒有真的在聽她說話。他問她一個問題，但在她還沒回答前，他就又問了另一個問題，或是開始自顧自地回答剛才的問題。當他們和馬特的朋友在一起時，大家說話速度都非常快，珊蒂根本一句話都接不上。之後，馬特抱怨珊蒂太安靜了，但是珊蒂知道她與她的朋友在一起時，自己一點都不安靜。而馬特認為珊蒂的安靜意味著她不喜歡他的朋友。但珊蒂和他們相處感覺不舒服的原因是，她相信他們都忽略她，而且她無法找到一個方式去參與馬特與他朋友之間的對話。以上是對話風格差異，如何導致誤解、憤怒和批評的最佳範例。[17]

這種誤解是如何產生的呢？與珊蒂和她的朋友相比，馬特的朋友遵循不同的禮儀準則。馬特的朋友聊很多東西：有時是平行對話、有時是各說各話，而且他們經常互相打斷對方。然而，珊蒂和她的朋友認為這種說話方式很無禮。他們的禮貌準則要求不重疊的交流，一個人說話時不會有另一人出聲打斷。而這種對話風格的差異所導致的結果，是使馬特誤以為珊蒂的安靜代表她不喜歡自己的朋友。但實際上，對珊蒂來說，他們「拒我於他們的對話之外」，代表他們認為她不會有什麼貢獻。

問句的使用

「問問題」是一種非常普通的對話方式。當我們問問題時，不只是為了得到資訊，也是為了得到支持、找出其他人想要什麼、進行協商和做出決定。然而，問句也可能導致誤解和痛苦。**問題雖然是有價值的，但是被問的人可能會把問題視為對他能力、知識或是否誠實的質疑。**由於我們期望對話能按照自己的脈絡進行，因此有時會詢問過多的問題或問錯問題，就可能傳遞出不信任的訊息，或表示出兩人至少不是這麼有默契。

例如當莎莉向湯姆提出問題時，湯姆會開始生氣，因為他認為莎莉在質疑他說話的真實性、能力或懷疑他的意圖。換言之，有些人可能會把問問題當成一種「挑釁」。他們將提問視為一種試探，一種透過敲擊以發現對方弱點的方式（與牙醫探測蛀牙的方式有些雷同）。的確，有些伴侶會彼此試探過頭，問了遠超過他們需要知道的訊息，以滿足自身情感的需求。

再舉例來說，一名女性告訴我：「我喜歡進入人們的內心世界，看看它們是如何運作的。我想要了解關於它們的一切。」但是當她試圖進入丈夫的內心世界時，她的丈夫卻認為她的提問就如同無情的審訊一

般，因而感到惱怒。

當伴侶說話不直接時，另一人可能會訴諸於提問。以凱倫和泰德為例，當泰德（高知識分子）不清楚凱倫在表達什麼時，他往往會試圖確認。凱倫卻會認為：「為什麼你總是盤問我？你總是讓我處於防衛狀態。」泰德當然也被她的抱怨所傷害，因為他只是想釐清凱倫的意思或期待。然而，凱倫對他的提問感到束縛。發現了嗎？會導致這樣的誤解，是因為泰德有個特殊的習慣，就是他希望對自己認知的事實有絕對的把握，而凱倫則會將提問與受壓迫和控制聯想在一起。

當使用「為什麼」作為問句的開頭時，這類問題尤其容易激發對方的防備心。 儘管提問者只是單純想問一個問題，且是真心想尋求資訊，但容易讓我們回想起從前父母的責備性問話：「為什麼你這麼晚才回家？」或「為什麼你還在看電視？」

此外，**「為什麼」的問題，有時暗示著不信任，甚至是懷疑的態度。** 舉例來說，當瑪喬麗問肯為什麼他要更換熱水器時，肯認為這是瑪喬麗對他下決定能力沒有信心的表示，即便實際上，瑪喬麗只是想要知道他做這個決定的理由是什麼。

也許我們可以換個方式來問，就能避開「為什麼」這個詞，如以下的例子：

- 「你想跟我聊聊你想更換熱水器的原因嗎？」
- 「是不是有什麼事情耽誤你，讓你不能準時回家呢？」

事實上，丈夫和妻子之間在使用問句上的差異，可以回溯至個人的成長經歷。在某些家庭中，父母會不斷要求小孩解釋、說明，因此這些人在成人後也會自然而然地「尋求解釋」和「給予說明」；與此相對，某些家庭則很少要求孩子提供解釋。來自第一種家庭的人可能會相當頻繁地問問題，而在一個較習慣沉默的家庭中長大的人，則會不習慣被問

問題與回答問題，並認為伴侶的提問是一種挑釁或侵犯隱私。

然而，太少問問題也存在著危險。從不提問的伴侶可能會按照自己的直覺行事，這在很大的程度上可能會導致錯誤，而對方也可能會把這種沉默寡言，解釋為他們不關心自己。

關於對話習慣的重點在於它們是學習而來的——如果有有效溝通的介入，它們可以被重新設定。許多人都相信自己的對話習慣是天生的，但卻沒有發現這是可以「重新被設定」的。

對話風格的性別差異

人類學家馬爾茲和柏克總結了一些伴侶在溝通方面可能會有問題的原因。他們發現其中一個癥結點，是男人和女人偏好不同的對話風格。儘管某個人可能與伴侶的風格基本相同，但在大多數情況下，如果有風格上的差異，妻子會採取文化上所定義的「女性」對話風格，而丈夫則是採取「男性」風格。[18]

從特徵上看，女性表現出更多提問傾向。實際觀察兩性對話，就會發現在「提問—回答」的模式下，主要以女性主動發問了大部分的問題。有些研究人員相信女性提問的習慣，是一種她們對維持人與人之間日常互動的投入。女性的提問是她們為了促進和維持對話順暢負責任的展現。這種對話手段，也可能代表她們對人際關係有更大的參與度。[19]

與此相對，男性比女性更少詢問個人問題。男性傾向這樣想：「如果她想要告訴我某件事，她就會告訴我，不需要我問。」女性則可能會想：「如果我不問，他將認為我不在意。」對男性而言，問題可能代表意圖干涉和侵犯隱私；反之，對女性而言，它們卻是親密和表達關心的表現。

此外，女性使用更多話語來鼓勵對方做出回應。如同先前提到的，她們比起男性更常使用聆聽信號，像是「嗯」來表示自己有在注意聽。

男性一般來說只有在他同意對方所説的事情時，才會使用這種反應；然而，女性使用聲音大多只是單純表示自己有在聆聽。因此，一名丈夫可能會把妻子的聆聽反應，解釋為她同意自己的意見。之後，當他發現妻子其實完全不同意自己時，可能會感到被背叛。他不能理解妻子只是在表示「她有興趣聽他説話」並「保持對話的進行」。另一方面，妻子可能會因為她的丈夫沒有發出任何聆聽聲音，感到失望與被忽略，並認為丈夫對她所説的話不感興趣。

另外，相較於女性，男性更可能在對話過程中發表評論，而不是等對方把話説完。女性則是在被打斷或無法引起聆聽反應時，更容易感到困擾以及選擇「無聲的抗議」。許多妻子抱怨：「我的丈夫總是打斷我」或「他都沒在聽我説話」，就是這種對話風格差異所導致的結果。女性在對話中也更常使用「你」和「我們」，來表現自己有關心説話者，以促進一體的感覺。

根據這些研究發現，我們可以觀察男性的對話習慣：第一，男性更可能會打斷他們正在説話的對象，男女皆然。第二，他們不太懂得回應對方的評論。他們通常不做回應或確認，而是在説話者結束陳述時給予一個延遲回應，或是表現出最低程度的熱情。第三，他們更有可能質疑伴侶的話，這就解釋了為什麼某些丈夫似乎永遠都在爭論。最後，男性比女性發表更多事實或意見聲明。由此可見，一些妻子厭惡丈夫使用「權威式的語氣」，但是她們丈夫表現出的武斷，可能是想展現一種男性風格，而非優越感。

考慮到男性和女性之間對話風格的差異，產生衝突幾乎難以避免。舉例來說，一名妻子認為自己的丈夫冷漠、有控制傾向或沒有反應，但他的説話方式不過是呈現出他一直以來應對所有人的方法，而並非是針對她。諸如「我的丈夫從來不聽我説話」，或「我的丈夫不同意我説的每件事情」等批評，實際上這大部分都是反映出丈夫的説話習慣，而不是對妻子的漠不關心或反感。**了解這種性別間存在的差異，以及它們不**

是出於惡意、缺乏尊重或興趣所造成的，有助於伴侶注意到彼此的風格而不感到被冒犯，並避免彼此誤解。

儘管有這些溝通風格上的差異，但毫無疑問地，伴侶可以藉由學習「同步雙方的說話風格」來改善關係。考慮到自己說話風格所包含的重要象徵意義，男性能透過更主動地傾聽，以及減少打斷或與伴侶爭論來促進兩人的溝通。如此也會有助於他更注意談話的內容，並幫助他了解自己所發出的專注信號（如主動聆聽信號或手勢）其實往往和語言本身一樣有力——甚至更強大。最後，他必須意識到他的武斷陳述其實是一種「對話障礙」。

性別間語言差異的起源

雖然人們很容易將對話風格的差異，歸因於男女之間不對稱的權力關係，或是雙方不同的人格特質，但其實還有其他的解釋層面。目前已有大量證據支持這樣的觀點：就對話風格而言，男性和女性的行為好像分屬於兩種不同的次文化。馬爾茲和博克指出，男女之間對於友善對話的概念、參與對話的規則和解釋伴侶所說內容的規則，皆具有高度明顯的差異。這種社會學方法，認為對話問題的產生是由於人們說話和聆聽的方式不同，或是由於他們如何聽到伴侶說話的方式差異所導致的。

女孩的語言

馬爾茲和博克指出，與男孩相比，女孩間的友誼，在很大程度上建立於一起交談的基礎。根據系統性的研究觀察顯示，女孩將學習給予支持、傾聽他人，和了解其他女孩說了什麼，當作維持平等和親密的一種方法。因此，交談代表了女孩間的橋梁和一股約束力。

女孩透過談話來形成和結束友誼，最要好的閨密會分享彼此的祕

密。相較於男孩，女孩會更自由地討論她們的感受，諸如愛、恨、焦慮和悲傷。

此外，女孩也會學習批評並與其他女孩爭論，但比較不會被視為「專橫」或「卑鄙」的方法。相較於男孩，她們也比較不喜歡命令他人，因為這與她們平等的觀念相牴觸。在女孩的小型同儕團體中，朋友圈的變化會使她們更注意解讀其他女孩的意圖。因此，女孩在推測他人動機、察覺細微差異和解釋他人的意思上，變得越來越熟練。

男孩的語言

男孩傾向在較大、較有組織的團體中遊戲，而這些團體比較重視地位與統治權。較不占優勢的男孩在團體中的地位相對較低，且本身會明確感受到自己的地位低下。與女孩相反，男孩的社交世界包含了裝腔作勢、主張統治地位，並試圖吸引觀眾的注意力。他們的對話充斥著命令，諸如「起來」、「把它給我」，以及嘲諷「你是個笨蛋」。他們也喜歡威脅或誇耀，像是「你再不閉嘴，我會打爛你的嘴巴」。比起女孩，男孩更愛爭辯。

女孩使用語言作為橋梁，而男孩則較常把語言當作武器或支配工具。在一個團體中最有勢力的男孩不一定是生理上最具攻擊性的，也可能是最懂得有效說話和最具說話技巧的男孩。說別人八卦的男孩經常面臨嘲笑、挑戰和諷刺的閒話，而且男孩熱衷於透過貶低或巧言令色，去使另一個男孩上當。

有鑑於男女之間這些對話風格上的巨大差異，像是男孩的對話圍繞著支配和競爭，女孩則是尋求親密與平等；因此當一個男孩與一個女孩配成一對，會產生摩擦也就不讓人那麼意外了。

根據美國知名生活雜誌《家庭圈》（*Family Circle*）所做的一項民調結果顯示，受訪者中，女性更願意與其他女性（而非男性）談論她們生

活中的私人細節。[20] 事實上，高達 69% 的女性受訪者表示，如果她們不開心，她們寧願訴說給自己最好的女性朋友聽，而比較不願意告訴自己的伴侶或男朋友。

關於性別差異的總結

總結來說，男女之間的主要對話差異，似乎源於男孩和女孩不同的次文化：

1. 女性將問答當作一種維持對話的方式，男性則將發問視為要求資訊。
2. 女性傾向將對方說的話與自己要說的話做連結。
3. 男性一般不會遵循需要與他人對談連結的原則，而且似乎常常忽視對方的話。
4. 女性將伴侶的攻擊性語言解釋為破壞關係，而男性則僅將其視為一種對話形式。
5. 女性更願意分享感覺和祕密，男性則偏好討論較不私密的話題，如運動和政治。
6. 女性傾向互相討論問題、分享經驗和給予安慰。男性則認為，與他們討論問題的人，應該是想尋求明確的解決辦法，而不只是想要獲得同理。

談話的不同意義

不同的談話意義導致丈夫和妻子擁有非常不同的期望。女性經常希望伴侶是自己「完美進化後的最佳摯友」。當丈夫告訴她們祕密時，她們會感到溫暖、她們喜歡成為他的紅粉知己；當丈夫隱瞞自己的感受

時，她們會覺得不安。

儘管許多丈夫不符合妻子對於親密的標準，但有趣的是，丈夫卻更可能會選擇對妻子，而不是對其他人吐露祕密。當我詢問伴侶或夫妻：「你們最常跟誰傾吐祕密？」丈夫通常會回答「我的妻子」，而妻子則會說「我最好的朋友」。

當談論到衝突時，性別間的差異會再次發酵。舉例來說，許多女性抱持的態度是「只要我們可以討論衝突，這段關係就能運作」。然而，許多丈夫則認為「如果我們繼續討論，這段關係就沒辦法順利運作」。

「談論問題」會使一些人越來越心煩（特別是丈夫）；他們偏好達成快速、實際的解決辦法。但是許多人（尤其是妻子）則希望把問題講清楚，因為那是她們得到共鳴、親密感和理解的方式。

此外，兩性在反饋對方的問題上，也存在著不小的差異。妻子和丈夫分享問題並期待丈夫能理解與同理她，然而，她的丈夫沒有提供任何安慰，這種情況並不少見。相反的，丈夫會公事公辦，試圖為妻子提供一個實際的解決方案，指出她可能在哪些方面扭曲或誤解了情況，暗示她不要過度反應，並建議她未來可以如何避免這些問題。

當這些情形發生時，妻子可能感覺受傷或被輕視。她發現她的丈夫不明白，她自己完全清楚知道該怎麼解決這個問題，她只是希望得到他的理解和支持，可能只是希望丈夫能與她分享他曾有過的類似經驗。如果丈夫質疑她對問題情況的解釋，她可能會將此反應解讀為批評，暗指她做錯了什麼事。她只是希望丈夫可以用某種方式向她傳達：她的反應並不奇怪也沒有錯。

由此可見，**丈夫和妻子經常在對方告訴他們的重要內容上存在歧見**。舉例而言，我有一位律師朋友，他的妻子在美術館工作，他總是抱怨妻子老是想要告訴他「關於誰對誰說了什麼的所有瑣碎細節」，而他只想聽到更多關於她負責處理哪些種類的畫作、她對那些畫作的評估，以及具體的商業細節，像是購買策略等。他想知道「事實」，也不認為

妻子和同事間的對話有何重要。

然而，對他的妻子來說，她和同事在美術館所發生的事情，構成了她工作生活的基礎。她工作上的注意力只有一小部分是專注於畫作本身的細節上。然而她關注的人際經驗，卻被丈夫認為是細枝末節，所以丈夫往往會打斷她正在說的話。妻子也總是為此感到受傷，因為她認為丈夫似乎是想藉此告訴她，她所說的事情和工作都不重要，甚至是「她這個人」也不重要。

而律師丈夫的主要滿足感，來自於談論他的法律工作實務、政治和運動。當他開始談論這些領域的事時，妻子會認為他是高傲地在對自己說教。的確，當我聽他聲音的語氣時，很明顯有一股居高臨下的味道，但是他本人沒有察覺（這種性別歧視的態度在丈夫之中可能很顯著，而且當他們的妻子擁有自己的職業生涯時，又可能會變得更加突出）。在這種情況下，丈夫需要提高意識，才能理解妻子對於敘述人際工作經驗有多重視。同時，丈夫需要修正以高傲的姿態指導妻子的態度，並且捨棄他認為妻子在智力上不如自己的想法。

想了解伴侶之間的對話是否存在障礙，首先檢視下方的檢核表會有所幫助。理想上，每位伴侶都應該完成這份檢核表，然後比較雙方的評分。第一份檢核表關注的是說話和聆聽的風格，這兩者會阻礙想法與資訊的交換。第二份檢核表處理妨礙對話流動的心理障礙。假如在完成這兩份檢核表後，你希望得到更多具體改善溝通的方法，可以先參考第十四章到第十六章，這三章中包含了許多問題的實際解決辦法。

溝通風格的問題

以下是一份可能導致溝通問題的行為清單。

左手邊欄位是針對你的伴侶對你展現的行為做評分。以下數字代表行為出現頻率：0 沒有出現、1 很少出現、2 有時候、3 時常出現。

中間欄位是該問題困擾你的程度：0 完全不會困擾、1 輕微困擾、2 中等困擾、3 非常困擾。

右方欄位是針對你對伴侶展現的行為評分。你的伴侶應該也完成此檢核。

	溝通風格		
	伴侶對你 的行為	此行為困擾 我的程度	你對伴侶 的行為
1. 不聆聽	_____	_____	_____
2. 講話講太多	_____	_____	_____
3. 講話講太少	_____	_____	_____
4. 打斷	_____	_____	_____
5. 太模糊	_____	_____	_____
6. 永遠沒有說到重點	_____	_____	_____
7. 不點頭或不表現同意 的反應	_____	_____	_____
8. 不發出聆聽信號 （例如嗯）	_____	_____	_____
9. 不給伴侶機會說話	_____	_____	_____

10. 不願意討論敏感話題 ＿＿＿＿　＿＿＿＿　＿＿＿＿

11. 談論太多敏感話題 ＿＿＿＿　＿＿＿＿　＿＿＿＿

12. 問太多問題 ＿＿＿＿　＿＿＿＿　＿＿＿＿

13. 問太少問題 ＿＿＿＿　＿＿＿＿　＿＿＿＿

14. 要伴侶閉嘴 ＿＿＿＿　＿＿＿＿　＿＿＿＿

15. 當心煩時會退縮 ＿＿＿＿　＿＿＿＿　＿＿＿＿

注意：沒有一個絕對的分數代表你需要擔心你們之間的溝通。然而，如果你在這部分發現困難，這份檢核表能讓你和伴侶準確地找出問題來源，並開始改善它們。請記住，你感知到的伴侶行為可能是錯誤或誇大的，分數不等於標準答案。

溝通中的心理問題

閱讀以下敘述。在每題敘述旁填入最能代表你感受的頻率數字（0 到 4）。你的伴侶也應該完成此檢核。

_____ 1. 每當我與伴侶討論我的困難，我總感到被壓抑。

_____ 2. 對我來説，向伴侶表達我的感受有困難。

_____ 3. 我很害怕要求我想要的東西。

_____ 4. 我不相信伴侶所説的話。

_____ 5. 我害怕我必須説的事情會使伴侶生氣。

_____ 6. 我的伴侶不會認真考慮我所關心的事情。

_____ 7. 我的伴侶以居高臨下的態度，對我説話。

_____ 8. 我的伴侶不想聽我的需求與感受。

_____ 9. 我害怕如果我開始向伴侶表達我的感受，我會無法控制自己的情緒。

_____ 10. 我擔心如果我對伴侶坦白，他或她未來會藉此對付我。

_____ 11. 如果我表達出我的真實感受，之後我會後悔。

注意：這份檢核表將有助於聚焦在阻礙有效溝通的特定心理或人際問題上。在之後的章節中，當我們討論到自動化思考的負面影響，以及具體的溝通訓練技巧時，你將獲得一些能夠幫助你克服這些障礙的具體做法。

第 6 章
關係的破裂

―――――

對關係的威脅

為什麼相愛和彼此關心的兩人，會爆發激烈的爭吵呢？在交往期間，伴侶天生的自我本位會因為他們關注相同的事，或是對彼此的深度認同而暫時不見蹤影。「愛的穿透力」揉合了兩人氣質、興趣和目標的差異，並幫助彼此產生利他主義與同理心。

伴侶雙方會希望能取悅彼此。當能使對方開心時，他們會感到欣慰；當對方傷心時，他們也會感到難過。為了追求愉悅，他們嘗試以對方的觀點看待所有事情。

毫無疑問地，對許多人來說，這種自我犧牲、把自己利益視為次要的回報，部分是為了緩解孤獨。然而對某些人來說，分享親密的純粹樂趣才是最重要的，彷彿為了歸屬感與親密感，付出多大的代價都無所謂。

由於伴侶的自我利益在交往期間是彼此緊密相連的，因此他們很少有犧牲自我的感覺。此外，滿足伴侶的願望所帶來的回報是豐厚的。取悅伴侶的滿足感，不僅提供了直接增強的作用，就連想像伴侶快樂的樣子，也有間接增強的功用。伴隨這種持續不斷的增強，使得暫時摒棄個人自我中心的動機非常強烈。戀愛中的女性是無私的，是因為她「想」

這樣，而不是因為她「應該」這樣；熱戀中的男性為他的戀人做出犧牲，則是因為他這麼做會「感到愉悅」。

從「利他」到「利己」

那麼，究竟愛的「利他主義」發生了什麼事呢？婚後，有多股力量會導致它腐蝕。在婚姻安全感的強化下，單身時感到孤獨的人不再把這段關係視為終結孤單的解藥。伴侶雙方可能會發現他們的需求沒有得到很好的滿足，因此他們會決定，最好還是先滿足自己的渴望，即使自己的渴望與伴侶的渴望背道而馳。

隨著利他主義帶來的滿足感減弱，伴侶雙方越來越受到「應該規則」而非取悅彼此的真誠願望所驅動。一旦他們感覺有義務要優先考量對方的希望時，任何親密關係中必要的妥協或讓步對他們而言，可能都是個負擔。

無可避免的，當兩人開始堅持自己的願望和相互衝突的利益時，爭論就會出現。每位伴侶都可能認為，對方對自己的期望，是他們「利己」復甦的徵兆，因而開始指責對方自私、頑固或吝嗇（但不認為自己也是如此）。當然，這樣的過程不會發生在所有的關係中。事實上，在經過一段時間後，許多伴侶單純的利己行為反而會減少，進而演變為更深的互惠、分享與關懷。但在我治療過的深陷痛苦關係的伴侶身上，卻始終如一地表現出從「利他」演變成「利己」。

「利己」婚姻中的一個重要面向是，雙方對相同事件的感知方式，存在著切實的差異。**無論事件主題是什麼，他們總是由自己的特殊濾鏡來看待一切，因而獲得截然不同的結論與想法**。因為人們往往認為自己的觀點是真實的，所以不同的解釋對他們來說似乎都不切實際。例如一名丈夫可能會認為，與自己觀點分歧的妻子是「矛盾」或「武斷」，而他的妻子則認為他是「愚笨」或「幼稚」。

當伴侶一方對一個重要議題（如養育孩子或財務）發表了「錯誤」意見時，這個行為會形成一種威脅，引發誰對誰錯、誰的觀點占上風，或誰主導這段關係等不同的衝突。有些人對於這種衝突的反應是立刻反對：「你不知道自己在說什麼」或「你太自滿了」，有些人則固執己見或拒絕聆聽。如同第十四章和第十五章將會談到的，你可以應用特定的技術去解決這些看法上的分歧，從而恢復有效的伴侶關係。

自利偏誤

一種更潛在的問題是「自利偏誤」（self-serving bias），亦即在完全沒有意識到的情況下，人們傾向使用「對自己最有利」的方式去解釋事件的一切。[21] 這種自利偏誤，對人們的觀點產生了強大的影響，使他們相信自己本身在他人和自己眼中看起來是更好的。因此，當在爭論誰是較好的伴侶或父母、誰對婚姻的貢獻更多，或是誰做出更多的犧牲時，他們就會以這種方式去描繪自己的角色，以提升自尊和證明自己的崇高道德。

而這樣的自利偏誤加深了伴侶間互相理解的鴻溝。顯然，在這種過程中存在著明顯的自欺欺人，因而必須付出極大的努力才能看清毫無偽裝的自己。此外，也需要付出很多努力才能明白，在我們沒有意識到的情況下，自己是如何選擇和組裝一個特定情況的「事實」，以符合自身的利益。

當觀點的差異越來越明顯時，伴侶的形象就會開始改變；他或她可能成為像敵人般的鬼魅，代表著一種嚴重威脅。之後，即使只是微小的意見分歧，都容易升級成一場戰爭。兩人可能會透過像是「你反駁我，只是想要讓我難看」、「你懂什麼？」或「你就是個蠢蛋」之類的想法或陳述，來貶低對方。他們不明白自己的觀點，可能就如同對方的觀點一樣充滿偏見，而且他們自己也同樣愚蠢或自私自利。當這種自我中心

和偏執的態度結合在一起，就會輕易導致使雙方都受傷的爭吵，且無法解決問題。

由於伴侶關係是一種情感的結合，所以雙方在執行他們契約中的目標時，會比在其他關係，如商業夥伴或親密友誼等，來得困難許多。首先，伴侶之間通常會受對方的某些特質所吸引，像是外表、人格特質、魅力和同理心，而不是被他們能成為良好團隊成員的潛力所吸引。**雖然這些個人特質能凝結成堅固的情感關係，但它們與伴侶間如何做決定，與如何照顧婚姻生活的基本細節無關。**即使是最具吸引力的伴侶，也可能缺乏履行婚姻義務的必要技能。然而，實際上這些技能是維持有效關係的重要關鍵，如定義問題、協商、分配責任等，但這些往往與最初的吸引力沒什麼相關性。

缺乏必要的技能和適當的態度，會削弱有效的關係，如果兩人想實現婚姻中的實際目標（滿足日常生活的需要、維持一個家、管理財務、養育孩子），以及情感目標（享受休閒時光、性、分享經驗），那麼雙方關係必須要十分強韌。所有這些目標都需要合作精神、一同計畫和做決定、合理的勞務分配以及有效率地進行到底。

因此，當他們不熟練，且在維持關係的技術上沒有什麼概念時，很可能就會在策略和執行上出現意見分歧。當這些分歧發生在自我中心、自利偏誤和競爭的背景之下，就會導致衝突與敵意的產生。

設定標準和評斷伴侶

即使伴侶雙方想要合作，但相較於生活中其他工作關係所認識的人，他們傾向更嚴厲地批評對方。當我們考慮到婚姻賦予人們不拘禮節和暴露自己弱點的自由時，會發現對伴侶施加這種更嚴格標準的傾向，似乎頗具諷刺意味。這些嚴格的期望一般會隱藏於「你應該知道」或「這應該很明顯」之類的句子中。

此外，這些隱藏標準又特別難以達到，如同以下羅伯特（他才剛油漆好一些椅子）和妻子雪莉（她要求羅伯特完成家務）之間的對話。羅伯特把刷子浸泡在松木油中，而不是一次清洗乾淨，這件事令雪莉感到心煩。她在一間托兒所辛苦照顧幼兒們一整天，而且她一直在意「羅伯特是銀行的信貸員，薪水比她高」，覺得他沒有真正尊重她的工作，或他認為自己更優越，而不願意幫忙家務。

雪莉：你沒有完成工作。

羅伯特：我為你做的和為其他人做的一樣好。

雪莉：（生氣）但是我並不只是「其他人」！

儘管雪莉可能不會對一名把刷子留在松木油中的油漆工生氣，但她把羅伯特沒有完全清理乾淨的這件事，解釋為他沒有做好自己分內的工作。實際上，**困擾雪莉的不是這個特定的行為，而是它代表的象徵意義**。像是遲到所具有的象徵意義，也可能會導致伴侶一方非常看重對方的遲到：「她可能發生了什麼事」，或「如果他真的關心我的感受，他會準時」。類似這些的恐懼或自我懷疑，通常潛伏在對微小事件產生的誇張反應下。

如果我們檢視不成文的婚姻契約的潛規則，就不難理解象徵意義的影響。與其他工作或組織中的隱含契約一樣，對目標的性質和實現目標的程序（如訂定政策或分配工作）包含著一種默契。除了對執行實際任務具有模糊定義的規則和規定外，婚姻契約也包括了一套對關係的承諾與期待（愛、關心、奉獻、忠誠等）。為什麼這份契約會如此複雜呢？因為日常表現的判斷標準，可能是由對方能否符合契約中情感條款（「你總是把自己的興趣放在第一位」）的價值與期待來決定，而不是由對方能否達到實際結果來判定。因此，一個比較粗心的油漆工可能只是被貼上「疏忽」的標籤，但到了伴侶身上卻變成「不公平」或「嚴重

疏忽」的指責。

再次重申，**許多伴侶判斷對方的行為是根據「個人的象徵意義」，而不是該行為的「實際重要性」**。因此，我們會聽到：「每個人都有工作要做，如果我的丈夫沒有適當地做他的工作，這是因為他試圖逃避某些事情」，或「如果我的妻子不做她的工作，這就顯示她不關心我」。

正因為伴侶對彼此的行為賦予了個人意義，相較於其他人的失誤，他們對於彼此的失誤更無法寬容。儘管他們能接受服務人員或同事的失誤，卻把伴侶的失誤當成是其關係的反射。而這些失誤在伴侶關係的標準中引發了一系列的評估：他的表現負責任嗎？她真的忠誠嗎？他有權那樣表現嗎？如果他在應該負責的任務上犯錯，那麼表示他很糟糕；如果她沒有做好分內的事，她就不對。

舉例而言，一名丈夫發現妻子跳過重要細節，因而感受到道德上的憤慨；一名妻子懷疑丈夫推卸責任，因而感受到正義的憤怒。多數的伴侶都沒有意識到自己是根據道德標準為彼此評分。有趣的是，他們父母的判斷會影響到他們本身的反應；他們把做錯事的伴侶視為「壞的」，正如他們被自己的父母所貼上的標籤，而且他們的反應方式也會跟自己的父母相同——使用懲罰。

象徵意義的侵入

象徵意義、完美主義和道德評估，大幅加劇了「溝通不良」和「隱藏期望」所造成的困難。結果導致人們在其他關係中可以輕易解決的問題，在伴侶關係中卻會受情感所拖累，以至於實際問題非但沒有解決，還引發衝突。這種衝突導致憤怒與相互指責：「她不聽我的說法，她只堅持我照她的方式去做。如果我不要，她就不斷嘮叨、嘮叨、嘮叨。」

共同生活的日常機制具有遠遠超出表面現實的意義。舉例來說，一名丈夫做家務的情況如何，是由他的妻子來評估，但評估標準不僅是品

質，還會根據她對他的態度與感受而決定。例如在一次諮商時，莎莉說自己很氣羅伯特：

　　莎莉：（諷刺地）羅伯特從來不會妥善處理事情。有一次工人來修理我們家的屋頂，我請他在他們完工後準備離開前回家檢查。但他卻不願意，他總是如此相信其他人。

　　我：當你請他回家，而他不願意時，你有什麼想法？

　　莎莉：他沒有真的在乎這個家。如果他真的關心我，在我開口之前，他就會主動參與這些事情。

　　羅伯特：她總是干涉我的做事方式，我想照我自己的方式去做。如果她對我有信心，她就不會一直煩我。

　　莎莉：如果你真的在乎我，你就會因為我要求了而去做。

　　其實，羅伯特對屋頂工人有信心，但基於之前的經驗，莎莉也有理由相信，除非有人會去檢查，否則工人很可能會隨便交差了事。

　　當一個事件對於伴侶雙方具有不同且高度個人化的意義時，「象徵的衝突」就可能會出現。對莎莉而言，羅伯特滿足她的願望，象徵著羅伯特真的在乎她；羅伯特則認為因為屋頂工人而被莎莉嘮叨，象徵著她對自己缺乏信心且試圖干涉他的工作業務。

　　如果羅伯特同意返家檢查屋頂，莎莉就會把這種順從視為正面象徵；然而，羅伯特的否定反應讓莎莉覺得無助與被拋棄。羅伯特進一步指責她「嘮叨、嘮叨、嘮叨」，更是加重了那些感覺。對羅伯特而言，按照自己的方式做事（不要被干擾）是一種正面象徵，然而他的決定，卻被莎莉不信任且反對，這無疑是個負面象徵。也就是，當莎莉「干擾」他，他感受到的不僅是她對自己的不信任，還有她想控制自己的意圖。

　　像羅伯特和莎莉這樣的人進入婚姻後，會對伴侶某些行動或不行動

抱持著僵化的信念，這些信念會導致他們賦予這些舉止過度誇大的解釋。當伴侶一方的行為導致另一方反應過度時，該行為就彰顯出另一方某些根深蒂固的價值觀。如同羅伯特和莎莉的案例，兩人的行為都對對方具有相反的象徵意義，那麼衝突難免一觸即發。當衝突頻繁發生時，無論是伴侶關係或一般的人際關係，情感的親密強度都會被削弱。

在這類型衝突中，若雙方能在不生氣的情緒之下，以客觀的角度解釋他們各自的感受，以及他們如何解釋彼此的行為，那麼還是有改善現況的可能。當他們了解彼此的觀點之後（有時候會相當驚訝），象徵性的侮辱和拒絕就會大幅減少，讓他們更能準備好進一步處理彼此分歧的地方，並達成一致的協議。

當他們能以對方的看法察覺出彼此的爭論之處時，就可像莎莉和羅伯特兩人達成一套運作的原則：羅伯特同意在開始一個項目之前，他會解釋過程、仔細說明並回答莎莉可能會詢問的任何問題；至於莎莉則同意主動詢問問題，並告知羅伯特該項目會如何進行，但不會指導他該怎麼做。

關於伴侶如何相互合作以解決衝突的更多具體做法，詳見第十五章和第十六章。

先入為主的家庭角色期待

許多伴侶關係糾紛的風暴焦點，集中在兩人對各自家庭角色的期望之上：作為一名妻子或母親、丈夫或父親的意義是什麼？伴侶雙方通常對於家庭收入和支出、為人父母、社交與休閒活動，以及家中勞務的分配抱持著不同的信念。

人們進入一段關係時，多半對於實際和情感層面存在著許多「先入為主」的觀念。這些期望通常形成於生命早期，基於各自童年時期的經驗。例如一名丈夫可能會以自己的父親為範本，並且期許他的妻子能承

擔起自己母親所扮演的角色。或者，如果他不喜歡自己雙親的行為，他可能會試圖表現得與自己的父親不一樣，或期待他的妻子與自己的母親不同。

　　一般而言，這種實際層面的期待在關係初期會被愛的光環、永久幸福的夢想、興奮和浪漫所掩飾，導致兩人從來都不會好好坐下來處理實際狀況，直到它們變成了令人挫敗的衝突或問題。而在此同時，伴侶雙方的期待分歧就會浮現出來了。

容易發生衝突的領域

　　一對伴侶，無論他們多麼忠誠和恩愛，在許多領域上都可能出現分歧，從而威脅到兩人之間的關係。在接下來的內容，我選擇了一些需要合作、訂定政策和共同執行決定的常見領域來說明。很明顯地，溝通不良、僵化的期待，以及象徵意義的侵入，都會破壞伴侶關係。

　　為了找出你在關係中可能正在經歷的問題，不妨檢閱本章最後的「伴侶關係問題檢核表」，將對你有所幫助。這份檢核表中包含多種項目，能讓你專注於可以解決的具體困難，而不是陷入諸如「我們無法相處」、「我們永遠無法一起做決定」或「我們擁有無法協調的分歧」的無解困境。

相處時間的品質

　　雖然伴侶經常抱怨他們沒有足夠的時間一起相處，但我發現問題其實是他們「如何使用」他們相處的時間。儘管激烈的意見分歧可能對伴侶關係有害，但更具破壞性的行為可能是兩人在用餐、聚會或床上時，沒有用心取悅對方。

　　哈麗特和萊恩是一對從來沒有公開討論過彼此對婚姻有什麼期望的

伴侶，因此他們在所有重要議題上，像是相處在一起的時間、性生活或社交聚會，都無法達成一致的共識。當衝突發生時，他們兩人的反應是忽略問題，把精力投入工作中。萊恩是整型外科醫生，哈麗特則是平面設計師，同時也在一間高中教授美術課。他們有一個女兒，過去仍有許多共通點，但在女兒離家上大學之後，這段關係開始出現偏差。在他們與我的最初諮商，我們聚焦在這個問題上面：

萊恩：哈麗特從來不考慮我的感受，她下午要教美術課，所以晚餐從未準時準備好。當她打算籌備社交活動時，她從來不邀請我的朋友，只邀請自己的朋友，而且那些人非常無聊。還有，她從來都不想要有性行為。

由此可見，萊恩希望哈麗特符合某種特定的模樣。具體來說，他已經預設哈麗特應該：

- 準時提供他晚餐。
- 為他提供有趣的社交生活。
- 當他有需求時，隨時可以進行性行為。

現在，讓我們來聽聽另一方的說法：

哈麗特：事情總是必須按照萊恩的方式去做。他明明知道美術課對我來說非常重要，所以他大可以等我回家，或是在我教課的那幾天邀請我外出用餐。他對於性非常的機械化，他認為自己只要彈彈手指頭，我就應該翻身。他會在晚餐時宣布：「我們今晚要做愛」，然後回過頭去看他的報紙。我喜歡一點小浪漫、蠟燭、音樂之類的東西。我曾邀請朋友來家裡，但他對他們非常挑剔。他感到惱怒，只因為這些人是我的朋

友。但問題是他自己根本沒有任何朋友,所以我只好不再邀請朋友來家裡。

根據哈麗特的說法,她認為一名丈夫應該:

・與她溝通,而不是永遠都把頭埋在報紙中。
・鼓勵她,並對她的課程展現興趣。
・考慮她的需求,像是在她教課的那天晚上帶她外出用餐。

儘管哈麗特和萊恩正在考慮分居,但是他們尚未認真思考過自己的不滿是什麼,也就是說,他們的期待從未被清楚表達過。他們認為的婚姻不和睦,其實是因為期待沒有被好好表達出來、以抱怨形式表達心中的期待,而又缺乏後續行動所導致的。

他們的問題是可以改善的,舉例來說,哈麗特可以與萊恩面對面討論,他早餐時閱讀報紙而不與她談話的習慣。此外,如果她讓他知道自己比較喜歡以更浪漫的方式發生親密關係,或許他會配合。而如果萊恩更明確地表達自己關於社交的期待而非僅批評,也會有所幫助。

然而,他們的問題由來已久,所以他們需要專業的協助才能釐清這些問題。透過我的些許幫忙,他們仍然可能用對方的觀點去看待問題。萊恩同意在工作而非用餐時間閱讀報紙,並表現得更浪漫一點。他們也同意一起在家或在餐廳吃晚餐,且一起合作列出一張雙方都想招待的客人清單。雖然這些改變無法立刻使關係變得完美,但的確慢慢地讓這段關係變得更令人滿意。

勞務分配

許多伴侶,因為兩人應該要負責家庭中的哪些責任而陷入衝突困

境。由於傳統角色變得模糊，因此在確定每個人負責的特定領域時，可以參考的先例也漸漸減少。傳統上，丈夫的角色是提供家庭收入，而妻子則負責家務和照顧孩子。當丈夫和妻子都開始工作後，妻子通常承擔雙份責任：她的工作與家務。目前分擔家務和提供收入的趨勢，在很大程度上建立了夫妻雙方更緊密的連結，但也因為角色的模糊，使衝突的領域開闢了新的可能。

最好的情況下，分工是一種平穩的做法，著重在「合作」共同完成家庭內的工作。但是忽略了此目標的伴侶，可能會在評估彼此的貢獻上迷失了方向，使得完成工作變成服從抽象的信條：公平、平等、互惠。即使目標達成，他們可能會因為各自的貢獻而陷入互相指責，雙方都相信另一人違反了婚姻契約。

這種摩擦的主要來源之一，是公平原則。處在衝突關係中的伴侶，可能會宣稱他們所做的已超出應分擔的部分：他們爭吵誰應該去市場購物、洗碗或哄孩子睡覺。在這種衝突的背後，混雜著各種態度、擔憂和恐懼，這些都助長了衝突。

舉例來說，瑪麗安認為自己在丈夫大衛的「統治」之下，默默忍受了好多年。早年，她承擔了養育孩子和照顧家庭的全部責任，而大衛則在他的法律工作中晉升為公司的高級合夥人。比起為大衛感到驕傲，瑪麗安更害怕大衛的成功。因為這會讓她覺得自己沒有什麼功用，並認為大衛也是這樣看待她，部分原因可能是她母親就是這樣看待婚姻中的自己。她相信，在大衛自詡為「莊園領主」的角色下，他有權指使她，而她沒有選擇，只能服從他的願望，以免招惹他生氣。因此晚餐必須總是準備大衛想要吃的食物、當大衛下班回家時讓孩子保持安靜，以及在社交聚會中安排大衛喜歡的人參與。瑪麗安的想法背後是深深的恐懼——如果她不取悅大衛，他就會離開她，而她必須撐起養活自己與孩子的重擔。儘管這種恐懼很牽強，但是她從未質疑過。

當他們最年幼的孩子就學後，瑪麗安實現了自己長期以來的抱負，

回到學校取得學位，並找到了一份工作。她開始賺取薪水後，就開始以不同的角度去檢視自己與大衛的關係。她決定不再允許大衛欺壓她。他必須同意改變自己在家庭中的角色，並分擔家庭責任。

事實證明，大衛幾乎沒有什麼反對就接受了新的角色。然而，瑪麗安並不相信他表面的順從，而且一直在尋找他逃避或欺騙的跡象。她之前對於被大衛所「統治」而敏感，現在則被一種「被利用」的敏感所取代：擔心大衛會再次以某種方式不公平地占她便宜。

她對於被大衛「欺騙」的過度警覺，導致了一次大衝突。某天他們舉辦了一場盛大的派對後，瑪麗安要求大衛在她外出期間把庭院中的家具收好，並清理客廳和餐廳。大衛同意了。但當瑪麗安回到家時，她發現大衛請兩個孩子幫忙做這些事，因而感到憤怒。按照瑪麗安的解釋，當大衛「同意」代表他會「自己」完成這些工作，而不是外包出去。接著她發現，雖然他們表面上有清理這些房間和收拾家具，但並沒有用吸塵器把地板和家具上的灰塵清乾淨。瑪麗安勃然大怒，對她而言，這種「疏忽」象徵著大衛試圖「逃避某些事情」。他們因此對於清理房子是否能夠讓孩子幫忙，以及清理是否包括吸地板，有了激烈的爭吵。

雖然清理通常不會被精確定義，但在這個案例中的真正問題，在於瑪麗安長期以來對婚姻初期的不公平感到不滿，以及她下了「永遠不會再被利用」的決心。這些過去的傷害加上現在的敏感，破壞了有效的關係。她不是將分配的任務視為一項共同的努力，而是看成一場防止大衛操弄和逃避責任的鬥爭。

像這樣的案例，可以應用一些實際的解決辦法，來處理責任分配的問題。諮商能讓瑪麗安放鬆她對公平與平等的堅持，並對伴侶關係採取一種更彈性的態度：**從用「我」的觀點轉變成用「我們」的角度去思考**。瑪麗安必須反思自己對於大衛的看法：看到他現在的樣子，而不是他早年的樣子；同時，大衛的態度必須展現出努力履行職責和避免走捷徑的誠意。

孩子的養育

　　人們養育孩子的態度，是由自己童年時被如何對待所決定的：有些人遵循自己父母的範例，有些人則否定自己父母的做法。不管是哪一種，皆對自己在養育孩子時帶來正面或負面影響。看看以下這個案例。

　　儘管瑪莉和法蘭克合作無間地經營從法蘭克父母繼承而來的藥局，但兩人在教養青少年兒子史坦的方式上，卻存在著大量衝突。瑪莉認為史坦懶惰、自我放縱和不負責任，她相信史坦的朋友會對他造成不好的影響，並且不贊同他們的穿著方式和對課業的懶散態度。她認為史坦應該要更用功，因為他有「很好的潛力」。然而，史坦對於母親認為自己要更用功和結交其他朋友的勸誘與要求無動於衷，為此他們經常發生爭吵。

　　法蘭克對史坦的看法則完全不一樣。他欣賞史坦輕鬆、平易近人、無憂無慮的態度和他的友善。法蘭克認為史坦的朋友只是愛玩，他抱著「既然年輕只有一次，就該好好享受」的想法。與要求更多紀律的瑪莉恰恰相反，法蘭克擁護不干涉的養育政策。他唯一擔心的，是史坦在社交場合中很害羞，而且在有成年人現身，特別是老師出現的場合更是如此。

　　史坦的父母不只在對他的管教態度上有所不同，對他的行為也有不同的看法。對孩子行為分歧的看法，往往會產生衝突。瑪莉責備法蘭克忽略了兒子面臨的困難，並指責他是個漠不關心的家長。法蘭克則認為瑪莉忽略了史坦眾多良好的特質，而且過於專制。這對父母陷入了僵局，他們對於彼此的觀點也變得越來越負面，瑪莉認為法蘭克疏忽和不負責任，法蘭克則認為瑪莉是隻「母老虎」。

　　為了了解瑪莉和法蘭克之間的困境，我們必須進一步探討他們各自在意的重點。對瑪莉來說，問題關鍵在於隱藏的恐懼，也就是她很擔心兒子未來可能會惹上嚴重的麻煩。雖然沒有完全意識到這種恐懼，但她

還是被驅使以這種方式對待他，以避免她所害怕的危險發生。當史坦不回應這種教養方式，瑪莉開始用「更負面」的態度看待他：現在史坦在瑪莉眼中不只是軟弱和放縱，還加上固執和叛逆。由於受挫，瑪莉越來越生氣，甚至更嚴格地對待史坦。她加強力道卻適得其反，導致史坦進一步反抗。

立意良善的父母會因為過度用力試圖矯正孩子的某些問題，而破壞彼此的關係。我們可以看見瑪莉和史坦之間的連鎖反應：從隱藏的恐懼到過多的紀律，到挫折再到憤怒。但是，我們要如何解釋最初引發這惡性循環的恐懼呢？

為了了解瑪莉的反應，我們需要探究她過去的歷史。瑪莉的雙親很隨和，甚至讓她逃避她不想要的學習；也因此瑪莉高中時的成績並不好，使得她無法順利進入大學。然而，現在的瑪莉總想，假如當初她的父母對自己要求嚴格一點，她的課業表現就會更好。

而引發瑪莉更大的恐懼是，她的弟弟在青少年時期違反了諸多法規，第一次是交通罰單，再來是持有大量大麻而被逮捕。她將一切歸因於父母的寬鬆教養，導致弟弟陷入這些麻煩。儘管瑪莉的弟弟最終還是回歸正途，但只要她去拜訪他時，就會想起這段家庭祕密。她害怕史坦會陷入相同的模式，所以她下定決心要對他嚴加限制。

法蘭克則來自不同的家庭背景。他的雙親紀律嚴明，而他認為父母嚴格的教養，使他在權威面前變得壓抑和焦慮。法蘭克在年輕時就決定，如果他未來有個兒子，他會以不同的方式對待他；他希望兒子自由自在、不受約束，並決定要「盡可能地給他空間」。法蘭克的主要顧慮是擔心瑪莉的高壓手段，會迫使他們的兒子陷入與他童年一樣的模式。

從這個案例中，我們可以看到**父母雙方從恐懼（源於童年經驗）到減少恐懼採取的措施，最後因為受挫而感到憤怒**的過程。父母對於史坦的看法被各自的恐懼所包圍：瑪莉的恐懼是他軟弱和叛逆；法蘭克則是恐懼他軟弱且被壓抑。他們的養育理論出現威權型（authoritarian）或放

任型（laissezfaire）的對立，是由於這些恐懼而形成的。他們對於兒子的衝突觀點令彼此生氣，並且讓他們以負面的看法去看待彼此，這又進一步惡化了他們因為史坦而產生的衝突。

除此之外，另一個讓父母苦惱的常見因素是「隱藏的懷疑」。舉例來說，一名母親懷疑自己不是一個好媽媽，她的自我懷疑導致她相信，自己是個失敗的父母。而在這種情況下，只要她的孩子表現不好，她就會過度憤怒。

隱藏在孩子的不良行為與母親的過度反應之間的，是另一個「事件」，也就是「他行為不良是我的錯。我害了他」的思維，而這種自我懷疑會迫使她去證明自己是個好媽媽，進而對孩子施加規定以增進自己的「好」形象，同時防止「壞」形象。

當孩子不遵守規則時，她會再次被自己的自我懷疑威脅，並對兒子進行報復，以此強迫他表現出好行為。如果這個時候，她的丈夫責備她太嚴厲，是個壞媽媽的恐懼會再次浮現，因此她會反擊丈夫，試圖消除那個自我懷疑。

由於害怕寵溺或忽略孩子，害怕造成無可彌補的傷害或懷疑自己當父母的能力，相互對立的情況經常會發生；因此痛苦的父母有必要在憤怒的背後，尋找這種恐懼或懷疑的存在。僅僅是知道這些恐懼的存在，就可以放鬆它們的箝制。此外，與自己的伴侶討論，也有助於評估自己的恐懼是否有所根據。如果有，那麼伴侶的協助便能擬出一些具建設性的行動，共同解決問題。

性生活

雖然性結合有時會被吹捧為伴侶關係的頂點，但它往往會逝去於漸漸氾濫的淚水中，或在瞬間的暴怒中破裂。在親密關係中，沒有其他的象徵意義，能比性引起更大的焦慮、失望和憤怒等情緒了。例如一名妻

子可能會對於自己無法滿足丈夫感到失望。她可能擔心發生關係的頻率不夠，所以無法取悅丈夫，而且可能相信（有時候是因為丈夫的影響）自己的性欲低落。同樣的，一名丈夫可能擔心自己的性表現低於平均水準，或妻子可能會貶低他的男性氣概。這種對於表現的擔心，反而會導致性功能障礙。

性的問題通常圍繞著頻率、時間和品質打轉，而以上每一個問題都代表著不同的象徵意義，也受到象徵意義的影響。

伴侶在預設發生性關係的頻率和時間上往往存在著分歧，然而頻率與時間具有強烈的象徵意義。「當我想要就可以做愛」可能對丈夫來說代表著被愛，但對妻子而言「當他想要就給他」可能代表著被丈夫所支配或利用。比起其他伴侶更頻繁地堅持進行性行為，可能暗示了我們之前討論過的、關於日常互動的苛刻期望和權利感。一對伴侶（以萊恩為例）相信他有權按自己的需求來要求進行性行為，可是他的伴侶（哈麗特）期待有個溫暖且溫柔的前戲。

此外，自豪通常與性有關。一名妻子對於自己女人味的概念，以及一名丈夫對於自己男子氣概的看法，通常受到伴侶反應的影響。一名妻子經常在丈夫拒絕她的求歡時感到沮喪，她總是以對男人具有性吸引力而感到自豪，所以丈夫對自己的明顯冷淡被她視為一種侮辱。反之，一名丈夫對妻子缺乏性的熱情和做愛時沒有反應而感到憤怒，因為對他而言，這種行為表現暗示著他「不是個男人」。

大多數的象徵意義是雙向的，如親密感、完全接受和對等的愉悅，可以使一對伴侶性致勃勃；愛、親密和接受度的減少則會削弱激情。因此，如果性欲以及隨之而來的表現「衰退」，可能被解讀為親密感和情感的消失。如此一來，就導致了一個惡性循環：失去親密感導致性吸引力和滿意度下降，如此又進一步破壞了雙方的親密。

在第十八章，將針對性分歧該怎麼解決進行討論。至於現在，伴侶可以開始思考當性頻率、時間或品質不協調時，他們附加在對方身上的

誇大標籤，諸如「過度性愛」、「性冷淡」、「不體貼」和「不關心」。當衝突平靜下來後，他們可以評估那些標籤，以及像是「她用性當作一個武器」，或「那是他唯一在意的事情」之類想法是否合理。

預算問題

由於家庭預算與財務穩定的共同利益有關，所以這是人們希望伴侶能合作的一個重要領域。人們可能以為，預算編列有助於讓伴侶團結起來，將他們的資源集中用在基本生活上，並享受他們的勞動成果。但是在這裡，可以將伴侶連結在一起的東西，往往也會使他們分開。

當我們檢視伴侶花錢的方式，經常會看見「權利感」起了作用：對公平、控制和競爭等先入為主的觀念，以及其他會破壞共同活動的象徵意義。有多少伴侶花費了大量時間，訂定出詳細的預算計畫，結果卻發現被其中一方大肆揮霍！另一方以驚愕和憤慨回應是可以理解的。當伴侶一方，通常是主要的收入製造者，試圖透過定量的零用錢去控制另一方，另一方以過度消費來反抗控制時，常見的衝突事件就會發生。

當伴侶雙方沒有人擔任財務負責人時，會發生另一種問題。事實上，管理家庭財務就像是經營一間小企業，兩人需要相互合作，預測他們的可支配收入。他們必須依照生活所需對花費進行分類，並同意他們可以支付哪些額外的紅利，如娛樂、休閒、度假等，以及儲蓄。

不過額外的支出往往會破壞了預算計畫，變成針鋒相對的遊戲。例如哈麗特報名參加一系列昂貴的藝術課程，所以萊恩藉由訂購一箱十年的蘇格蘭威士忌作為報復。

雙方必須意識到自己如何使用預算和花費，是否是出於限制、反抗或懲罰彼此。找出這些財政權力鬥爭背後的意義（犯罪與懲罰）涉及多種技術的應用，這些技巧會在之後的章節中進一步詳細介紹。

姻親問題

伴侶一方若將全部的情感投注在自己的原生家庭，會使伴侶關係緊張，另一方也會因對方的父母或手足得到許多關注而感到憤慨。我諮商的一對伴侶，面臨與原生家庭過度親密的問題，丈夫的原生家庭離他們兩人的住家不遠，但妻子的父母則大部分時間都待在較遠的佛羅里達。海倫是這樣描述的：

「他似乎認為世界都圍繞著他的親戚們打轉。他堅持每個星期天都去他父母的家，從未詢問過我是否想去，他只是『假設』我會去。當我們到那裡後，他會完全忽略我，就好像我只是個家具一樣。如果我說了什麼，他會瞪我，好像我逾矩了。如果我說我不想去，他就會生氣。」

而當我聽海倫和她的丈夫赫伯特訴說這個故事，不禁懷疑他們是否真的在講述相同事件？赫伯特對於他們的爭論提出了截然不同的描述：

「海倫從來不想拜訪我的父母。她討厭我媽媽，我總是必須逼著她去拜訪他們。當她在那裡時，她會說一些尖酸的話，所以我只能學著忽略它們。我總是把海倫放在第一位，我只是希望每隔一段時間能夠去看看我的父母。」

每對伴侶都會受「隧道視野」（tunnel vision）所苦：沒有一方會從另一方的角度去看待情況。在決定層面上，赫伯特單方面決定去看他父母是錯誤的，但海倫假設「他堅持去看自己的父母」代表她比較不重要，也是錯的。當赫伯特明白海倫反抗的基礎，不是建立在「惡毒」之上時，他感到高興。

當然，父母本身的確會造成他們已婚孩子的問題。父母也可能會像

已婚孩子一樣陷入相同的不公平感、過度類化和象徵性思考。舉例來說，卡爾年邁的母親喜歡定期來拜訪他與蓋兒，但是她抵達時經常是他們雙方都在工作的時間。對卡爾的母親來說，他們之中的其中一人在家幫她開門並幫她安頓下來，具有非常重要的象徵意義。然而，從實際的角度來看，她自己開門進屋其實是很容易的一件事。但是因為這件事對卡爾的母親具有象徵意義：她把沒人在家為她開門解釋為「沒人關心她」的信號，這個抱怨令卡爾和蓋兒感到既愧疚又憤怒。

因此，我們看見象徵的隱藏力量：當某人妄下一個高度個人化、過度類化的結論時，這就代表一個深具價值的象徵性期望被破壞了。

卡爾母親的問題當然造成了卡爾和蓋兒之間的衝突：誰應該回家迎接卡爾的母親呢？卡爾堅持應該是蓋兒，因為她的工作時間比較彈性。蓋兒則聲稱應該是卡爾，因為那是他的母親。

從他們個人的參考框架來看，雙方都是正確的；然而，作為伴侶，只根據自己的觀點去採取立場是沒有建設性的。作為一個團隊，雙方都必須將對方的觀點融入到自己的觀點中。如此一來，可以從共同的角度做出最終決定，在這種情況下，他們會衡量特定行動方案的優點，因為它影響的是這個團隊而非個人。作為一名房地產經紀人，蓋兒可以輕易地找到時間回家幾分鐘，而卡爾的工作是在一間大型醫學實驗室中擔任藥師，所以他沒有什麼自由時間。

既然對蓋兒來說離開工作比較容易，那麼這個情況的解決辦法應該是她回家。而針對其他不同的情況，可能由卡爾來做犧牲會比較適合。此事導致的犧牲和不便，跟伴侶因這樣的問題吵架，而導致的不愉快和對關係的傷害相比，是更可取的。

以下檢核表詳述了一些對伴侶來說互相協調很重要的領域。如果你在這些領域之中遇到問題，這份清單將幫助你找出摩擦點和弱點。使用這種方式，可將普通的抱怨轉換成具體、可解決的問題。你也可以使用這份清單，作為記分卡來記錄你們關係改善的過程。

伴侶關係問題檢核表

請在左邊欄位，根據出現的頻率為該項目評分：0 沒有出現、1 很少出現、2 有時出現、3 經常出現、4 無時無刻。請在右邊欄位，勾選你是否認為該項目是個問題。

做決定（當我們必須討論一個問題或做決定時）

這是個問題

_____ 1. 我們互不同意。   _____

_____ 2. 我的伴侶會生氣。   _____

_____ 3. 我會生氣。   _____

_____ 4. 我讓步。   _____

_____ 5. 我的伴侶讓步。   _____

_____ 6. 我們互不妥協。   _____

_____ 7. 我做決定。   _____

_____ 8. 我的伴侶做決定。   _____

_____ 9. 我們避免做決定。   _____

_____ 10. 我感到受傷。   _____

_____ 11. 我的伴侶感到受傷。   _____

_____ 12. 我們就瑣碎的問題爭論不休。   _____

財務

這是個問題

_____ 1. 我的伴侶過度消費。 _____

_____ 2. 我的伴侶不消費。

_____ 3. 我的伴侶對我的花費感到不滿。 _____

_____ 4. 我們對於每月花費沒有計畫。 _____

_____ 5. 我們對於儲蓄的意見不一致。 _____

_____ 6. 我們不清楚錢花去哪裡。 _____

_____ 7. 我的伴侶隱藏債務和錢的去向。 _____

_____ 8. 我們對於優先順序沒有共識。 _____

_____ 9. 我們對於花費沒有負責。

性關係

這是個問題

_____ 1. 我的伴侶比我對性更感興趣。 _____

_____ 2. 我的伴侶比我對性更不感興趣。 _____

_____ 3. 我發現跟我的伴侶談性有困難。 _____

_____ 4. 我們的性關係並不令人滿意。 _____

_____ 5. 我不想表現得很深情，因為我的伴侶會 _____
變得過於熱情。

_____ 6. 我們偏好的性愛類型有所不同。 _____

_____ 7. 我的伴侶用性來控制或懲罰我。 _____

_____ 8. 我的伴侶對性太有興趣。 _____

_____ 9. 我的伴侶沒有察覺到我的性期待。 _____

_____ 10. 我們對於生育控制的意見不一致。 _____

休閒和娛樂活動

_____ 1.我們沒有像我們希望的那樣一起共度很
　　　多休閒時光。　　　　　　　　　　_____

_____ 2.我的伴侶在他或她自己的休閒活動上花
　　　了太多時間。　　　　　　　　　　_____

_____ 3.我的伴侶沒有時間或精力留給休閒活
　　　動。　　　　　　　　　　　　　　_____

_____ 4.我的伴侶無法與我一起享受娛樂。　_____

_____ 5.我覺得被強迫做我不想做的事情。　_____

_____ 6.我們不喜愛相同的活動。　　　　　_____

_____ 7.我的伴侶沒有足夠的嗜好或娛樂興趣。_____

_____ 8.我們一起共度的休閒時光與個別的休閒
　　　時光之間存在著不平衡。　　　　　_____

_____ 9.我的伴侶在工作與休閒之間無法取得平
　　　衡。　　　　　　　　　　　　　　_____

_____ 10.關於何謂美好的時光，我們有不同的想
　　　　法。　　　　　　　　　　　　　_____

第 7 章

自動化思考

———

- 一名妻子對丈夫提早下班回家感到生氣。當他熱情地回到家時，她卻瞪著他。
- 一名丈夫對妻子感到惱怒，因為她告訴他，她已經幫他把逾期的書還給了圖書館。
- 當一名丈夫在朋友面前稱讚妻子的廚藝有多好時，妻子感到很憤怒。

　　上述每個例子中，每位伴侶的「正面表示」都引起了對方的「憤怒」，為什麼呢？憤怒的一方對於自己的反應感到驚訝，但他們的伴侶更是糊塗了，因為他們期待的是感謝而非攻擊。

　　由於上述案例中，憤怒的伴侶都正在接受認知治療，所以現在他們知道如何解讀這些事件的象徵意義。透過仔細地回顧，每一位都能回憶起由對方的好意所引發的想法。然而，這些想法停留的時間是如此短暫，如果沒有經過練習，憤怒的伴侶無法掌握它們：

- 丈夫提早回家的妻子心想：「為什麼他這麼快就到家？他是不是想要檢查我在幹嘛？」
- 妻子幫他還書的丈夫心想：「她想向我炫耀，她想證明自己比我

會處理事情。」

- 被丈夫稱讚廚藝的妻子心想：「為什麼他要吹噓我的廚藝？我們的朋友一定認為他在為我爭取他人的讚美。」

當我們開始「監控」這些轉瞬即逝的想法時，這種令人費解的反應會變得更清晰。一旦我們可以調整自己的「自動化思考」（我們的「內在獨白」）時，就可以更加了解自己是如何反應，以及為什麼會過度反應了。

乍看之下，其他人不管做什麼似乎都會直接導致我們憤怒、焦慮、悲傷等反應。我們會說（或至少想）類似「你讓我生氣」或「你讓我緊張」這樣的話。但是這些陳述嚴格來說並不正確。它們的真實性只在於，假如對方沒有表現出那樣的行為，我們就不會經歷到特定的情緒（憤怒、焦慮、傷心）。但實際上這個人的行為，只是代表了我們所解釋的事實。**我們的情緒反應來自自己的解釋，而不是來自他人行為本身。**

如果我們一開始沒有先解釋發生了什麼事，我們的反應會很混亂。舉例來說，根據情境的不同，「舉起拳頭」可能是一種威脅、一種團結的召喚或一種成功的手勢。人們是藉由「解讀」這個行為來賦予它適當或不適當的意義。然而，由於偏見、不適當的注意力、疲勞等造成的缺陷，我們太容易誤解其他人的動機，因此做出不適當甚至是具破壞性的反應。而這種誤解在親密關係中尤其常見。

話雖如此，**只要專注於我們的自動化思考，便可以在誤解出現時就意識到它的存在。**當我們準備好識別這些想法，一旦發現它們不切實際，就可以立即檢驗和改正它們，進而避免引發衝突。

由於自動標籤化發生得非常迅速，例如一名妻子可能只是短暫意識到被丈夫冒犯，也許還意識到丈夫一些瞬間、令人厭煩的形象；但她隨後的批評可能沒有反映出實際的「冒犯」，而是反映出她希望反擊回

去。為了揭露「冒犯」的真實意義，她需要精確地確定自己的自動解釋。

為了了解為什麼感到生氣，通常只要抓住自動化思考就足夠了，因為自動化思考往往揭露了該事件對你的真正意義。舉例來說，本章開頭列出的自動化思考的共通點，是伴侶在某些方面感受到委屈的感覺：

- 家庭主婦對丈夫明顯的檢查感到壓力。
- 圖書館事件中，丈夫因為妻子的「挺身而出」而感到委屈。
- 憤怒的妻子認為她丈夫的吹噓，暗示她除了廚藝，其他能力都不太好的意思。

隱藏於憤怒情緒後的威脅想法

在治療過程中會發現，越顯而易見的自動化思考，不一定能完整說明我們真實的想法與感受，而是有其他不容易發現的隱藏意義，促使人們產生強烈的情緒表達，而這種隱藏的意義通常涉及了會引發痛苦感覺（如焦慮或受傷）的威脅。這些隱藏的意義，正是之前所描述的隱藏的恐懼。

我們內心深層的想法及其相關的感受（如焦慮或受傷），往往會迅速被更明顯敵意的表現所取代，進而讓我們忽視了內心最根本的癥結點。在之前的案例裡，一名伴侶憤怒於「他是不是想檢查我在幹嘛？」便快速取代了引起焦慮根源的「他會不會因為屋子一團亂而批評我？」。

我把這類沉默的想法稱為「威脅想法」。在每個轉瞬即逝、產生憤怒的想法背後，都隱藏著一個威脅想法。而這種威脅想法，除非人們有系統地訓練自己，否則很可能會一再錯過，無法明白這才是引發他們怒火的真正關鍵。根據前述的案例，他們隱藏的威脅想法分別是：

- 他會看到我今天都還沒做家事，然後批評我。
- 她不信任我，所以她自己去還書。
- 他們會認為，他覺得我除了煮飯外，其他事情都不在行。

我們可將實際情況與次級想法（憤怒）和最初想法（恐懼）之間的關係，總結如下表：

導致憤怒的情況	次級、外顯的自動化思考（憤怒）	最初、隱晦的自動化思考（恐懼）
1. 丈夫提早回家	他是想檢查我在幹嘛	屋子一團亂，他一定會批評我
2. 妻子去圖書館還書	她使我難堪	她不信任我
3. 丈夫誇耀妻子的廚藝	他想間接得到恭維	他們會覺得我只有廚藝好

可以發現這些情況的共通點為：人們相信他們的公眾形象，會因為一些缺點（無論是真實或想像）的暴露而破滅；而這些假設的威脅使他們感到痛苦，因此覺得委屈和形成想要懲罰對方的念頭。

如何捕捉自動化思考？

你可以使用「填空」技巧，來辨認出自動化思考：**記下你的憤怒，回想在觸發事件與憤怒爆發之間，你的腦中出現了什麼想法**——就像是電視上球賽的即時重播一樣。

可以使用文字、圖像或混合兩者的形式來表現。例如在等待凱倫時，泰德的自動化思考是「她可能發生了意外」，接著腦中就浮現了她因交通意外身亡的影像。而另一邊，凱倫知道自己遲到，想像著泰德滿臉通紅、瞪大眼睛正在罵她。

自動化思考與西格蒙德·佛洛依德（Sigmund Freud）所謂的「前意

識」（preconscious）思考相似。美國臨床心理學家艾伯特·艾利斯（Albert Ellis）將它們稱為「自我陳述」（self-statements）。原則上自動化思考是意識邊緣的短暫爆發。儘管它們的快速性有助於刺激我們採取行動，但同時因為短促亦使我們難以辨識它們。一旦我們的怒氣爆發且開始展開攻擊，就不會再記得是什麼樣的自動化思考激怒了我們，而是會將注意力放在攻擊上。

自動化思考的內容通常一閃而過、簡潔扼要，所以像是「他試圖在所有人面前給我難堪」的想法，可能會在腦海中被壓縮成一種簡略的表達方式：「試圖……讓我難堪……所有人」。然而，當人們捕捉到自己的自動化思考後，他們可以自行重建整段完整的想法。一系列的自動化思考，形成了內心的獨白。

馬丁，一名高大魁梧的男性，總是充滿著自信（他曾是大學的橄欖球明星）。他對於妻子或同事任何明顯的忽視都非常敏感，而且難以理解與控制自己的暴怒。在某次事件中，他隱約覺察到自己一閃而過的怒火，而之後多次他都能夠捕捉到事件與憤怒之間的聯繫：他學會了如何填空。每個事件中，馬丁都感覺被冒犯，卻不知道理由，直到他在腦中重播那些行為，並捕捉到自己的自動化思考。

以某次情況為例。當時他的妻子梅蘭妮在與他爭論兩個孩子讀大學必須提供多少後援之後，梅蘭妮對於他的和解言論沒有任何反應，為此他感到生氣。他的自動（原始）想法為「她在跟我冷戰」，這個想法產生了短暫的傷害，接著他替梅蘭妮的動機提供了解釋：「她試圖要懲罰我」（次級想法）。透過將敵對動機歸咎於梅蘭妮，引發了他自己的憤怒。

另一次事件，是梅蘭妮外出沒有留下紙條告知。馬丁感到受傷，然後生氣，並且想要斥責她。他痛苦的自動化思考為「她不在乎我」，而這個想法馬上被「她不體貼」所取代，而這個次級想法導致了憤怒。

還有另一個事件，馬丁在與一群朋友聊天時被梅蘭妮打斷，馬丁感

到一陣憤怒。他的原始、痛苦的自動化思考為「她不認為我對這場對話能有什麼貢獻」。而他的次級、憤怒的自動化思考為「她總是試圖要我閉嘴，她在貶低我」。

在每個案例中，都可以發現，在馬丁妻子的行為和他的情緒爆發之間都存在著一系列的想法。只要馬丁辨認出自己的原始與次級自動化思考，他就夠了解自己憤怒的來源。這對解開伴侶間的誤解尤其重要，因為**一個不適當或錯誤的自動化思考是有可能被改正的，一旦被改正，其引發的憤怒通常會逐漸消失。**

當然，因為這些想法發生得如此迅速，除非做好準備，否則可能無法一時捕捉到。此外，當辨識出自動化思考後就會發現，它們大多在最初顯得非常有理，但只要開始查看證據後，便能辨別它們是誇大、充滿偏見與錯誤，或是合理且符合現實。

多數情況下，人們一開始都會認為自己的瞬間想法是正確的，因此傾向不去質疑它們，但之後當怒氣褪去，如果他們有一點洞察力，就可以經由反思去了解到，正是自己的自動化思考，誤導了自己。

幸好，馬丁決定檢查他對於梅蘭妮的自動化思考，並從中學到許多東西：

- 他發現梅蘭妮沒有回應他的和解言論（冷戰）的原因，是因為她感動哽咽得說不出話來。
- 他發現梅蘭妮忘記留紙條的「過錯」是無法避免的：因為她約會快遲到了，不得不匆忙出門。
- 他發現梅蘭妮打斷他是為了改變話題，而不是要中斷他的談話：因為他當時無心聊到了一個敏感話題，惹惱了聚會中的一位友人。

每一次的事件，在額外資訊的幫助下，馬丁看出他的憤怒並不合

理，而是基於錯誤的解釋。然而，除非他先辨識出自己的自動化思考，否則他不會明白這一點。即使馬丁過去了解自己在某個情況下的憤怒是不適當的，他也只能在不知道真正原因的情形下道歉，而這個真正的原因，正是他轉瞬即逝的感受與想法。除非他能精準掌握自己的自動化思考，否則當相似情況再次發生時，他還是容易受到不適當的憤怒情緒所影響。

在伴侶間的任何互動中，幾乎每個人都會形成自動化思考，這些想法會影響他們說什麼和他們的說話方式。即使沒有公開表達，自動化思考影響了我們的語氣、臉部表情與手勢。思考以下的對話及其伴隨的內在獨白：

	自動化思考	口語	非口語
馬丁	她太放縱孩子了，他們令我覺得煩躁。	親愛的，你不能讓孩子安靜一下嗎？	尖銳的語氣
梅蘭妮	他又來了，永遠都在抱怨（感到憤怒）。	孩子們玩得很開心。不管如何，他們很快就要上床睡覺了。	臉部肌肉緊繃
馬丁	她反對所有事情，我最好插手處理（感到憤怒）。	我應該帶他們去睡覺嗎？	大聲、緊握拳頭
梅蘭妮	他快失去控制了，他會傷害孩子，我最好妥協（感到挫敗）。	不用，我立刻帶他們去睡覺。	垂頭喪氣

在這個案例中，伴侶雙方維持著客氣的對話，但他們的想法卻表明了真實的摩擦。梅蘭妮正確解讀了馬丁快要發怒的信號，因此她最終決定安撫他。非口語信號，如手勢、面部表情、語氣等，比起文字更能準確反映出他們的自動化思考。自動化思考反映出一則訊息中所隱藏的

「潛在內容」，相對於真實文字所展現的「明顯內容」。以梅蘭妮為例，儘管在文字的選擇上很圓滑，但她的自動化思考卻不自覺地集中去批評馬丁，接著是恐懼，最終是屈服。這些想法也反映在她的感受和肌肉張力上面（從緊張到無力）。

祕密的懷疑

在另一個事件中，當馬丁和梅蘭妮正在交談時，馬丁因為梅蘭妮改變了話題而感到被冒犯。他捕捉到自己陷於一系列自動化思考中：她總是這樣對我→我不能讓她予取予求→她無權這樣對待我。

但實際上，他的憤怒與梅蘭妮的實際「冒犯」不成比例。重播他的思緒流時，馬丁能辨識出在他的批評性想法之前出現的自動化（原始）思維：「她對我說的話不感興趣，她覺得我很無聊。」馬丁也能精準確定在這個自動化思考之後立即體驗到的情緒：傷心，而非生氣。接著，他的批評性（次級）想法隨之而來，並抹去了他的悲傷；他開始在心裡責怪梅蘭妮對他的「冒犯」。

馬丁懷疑自己的表達能力，梅蘭妮的明顯不感興趣或對他所說的話感到不耐煩，則會觸發這種懷疑。然而，他的思路很快就從無聊和不受歡迎的痛苦影響中撤退，轉而關注他妻子是否真的有「惡行」。

如果人們能將自己的注意力，從對伴侶的「不公平」或「不適當」的關注，轉移到之前的隱藏傷害上，大部分的過度反應都能獲得緩減。他們可能會意識到，**自己的憤怒與其說是由伴侶的錯誤所引發，不如說是由自己的敏感而引起的。**他們之後可能會減少反應，並對伴侶做出建設性的回應，而不是責備對方。

另一個常見的場景，說明了伴侶一方對於自己能力的懷疑的痛苦，如何導致了憤怒。麥克與蘇是一對心地善良的年輕夫婦，雙方的背景截然不同。麥克的家庭是愛爾蘭的工人階級，家中的男性全部都是高中畢

業的警察和消防員，蘇的家人則是中上階級的大學畢業生，因此兩人經常發生衝突。

　　麥克與蘇發生了爭論，他認為蘇老是指使他並「恐嚇」他。他最初的想法集中於自己的自卑和脆弱感上。而當他轉移去責備蘇時，他的悲傷被憤怒所取代：

自動化思考	感受
為什麼我要如此卑躬屈膝？她總是占上風、她說話頭頭是道，還威脅我如果我再繼續說，她就要離開。	悲傷
她是個婊子。	憤怒

　　此外，有時隱藏的感受是愧疚，是由自我批評所煽動造成的。以下是麥克在蘇責備他對於孩子過於嚴格時的想法：

自動化思考	感受
她可能是對的，我對她太嚴厲了。	愧疚
為什麼她總是試圖讓我感到難過？她喜歡找我麻煩。	悲傷
她在破壞我跟孩子的關係。	憤怒

　　至於另一種會引發憤怒的常見隱藏想法，是公開表達對伴侶的指責：「你不負責任、你不關心我」。雖然這些想法是針對對方，但是在這之前，有一些往往是針對自己的問題，這些就是典型的「自我批評」或「危言聳聽」的想法。

　　舉例來說，辛蒂與她的戀人傑夫一起參加社交聚會。在派對中，她對他越來越生氣，雖然她不太確定為什麼會這樣。然後，她開始公開批評他。以下順序說明了辛蒂最初的自我批評（「我是怎麼了？」）造成了痛苦，她透過指責傑夫和感到憤怒，來轉移痛苦。

自動化思考	感受
沒有人注意我。我是怎麼了？為什麼我無法像傑夫一樣受歡迎？他和每個人都相處得很愉快。	受傷
沒有人對我感興趣。	更受傷
他應該要注意我。	生氣
他從來都不注意我。	更生氣

最初的自動化思考幾乎沒有被辛蒂注意到，她短暫感到受傷後，接著是長時間的憤怒。她對傑夫的憤怒與敵對想法是如此顯著，以至於她看不見自己最初的「傷口」。之後與傑夫的爭論並沒有減輕她的憤怒或結束她對他的指責，因為爭論並沒有碰觸到她原始的、隱藏痛苦的根源：「沒有人對我感興趣」。

經過練習後，你會發現填空和辨別這些隱藏想法變得比較容易。如果你夠警覺，應該也能指出批評性想法出現之前的受傷想法。關於揭露自動化思考的技術，第十三章會有更全面的討論和介紹。此外，我將告訴你如何矯正這些想法，進而減少或消除那些受傷和憤怒的感受。

對自己與伴侶懷疑的起因

人們所經歷到的懷疑，有些是源自他們曾經聽過父母所陳述的規則（「應該」與「不應該」），以及來自他們的父母如何對待彼此的記憶。他們把這些記憶當作榜樣，並期待自己與伴侶能遵循它們。如果對方達不到父母的榜樣，那麼他們會感覺沮喪、悲傷和憤怒。如果他們本身無法達到父母的標準，便可能會充滿自我懷疑和愧疚。

有一對伴侶的情況正是如此。他們兩人很年輕就結婚了，因此難以擺脫自己父母表現出來的榜樣。溫蒂吸收了她母親的規則：「妻子的角色就是照顧好丈夫」。這種傳統模式塑造出她對丈夫的反應，當她無法

實踐這條規則時，溫蒂感到自己能力不足，且變得非常挑剔自己。

但是溫蒂的丈夫霍及其父母的態度非常不一樣，霍的父親強調完美主義，以至於霍發展出「我永遠不可能把事情做對」的信念。而霍的母親對於男人的貶低態度，更是加劇了他的不安：「男人不會做任何事情，他們就是既軟弱又無助」。對霍來說，當事情出錯時，這些規則會造成他嚴重的自我懷疑。

他們某次重大的衝突，發生在溫蒂注意到霍在辦公室工作了一天後，顯得疲憊不堪：

溫蒂：（如果我不能照顧他，我就是個失敗者。）親愛的，你工作得太認真了。

霍：（我能力不足。我沒有給她足夠的關心，這就是為什麼她在抱怨。）你總是不懂得感謝，好像我什麼都做不好。我做任何事情，你永遠都不滿意（看起來和聽起來都很沮喪）。

溫蒂：（我可能做錯了什麼，也許我不應該對他說任何話，我應該讓他放心。）你做了很多很棒的事。你扶養我們、幫忙做家事。你很成功，你一直是個很好的丈夫。

霍：（她在諷刺。）那你為什麼總是不斷打擾我！

溫蒂：（他對我生氣。他沒有道理這樣，他可能瘋了。）（退縮並開始哭泣。）

霍：（感到愧疚，我失敗了。）該死，你又哭了！

溫蒂：（感到愧疚，我犯了大錯。我不應該令他生氣，儘管我努力過了……我想我是個失敗者。）

溫蒂相信她「打破」了她母親關於不要惹丈夫生氣的規則，她充滿了悔恨與恐懼。同時，霍陷入了內化他父親的完美主義標準的困境，並因為他妻子的難過，而斷言自己失敗了。

神祕的「應該規則」

　　人們很少說出自己的「應該規則」，而這種規則最常以自動化思考出現；相反的，人們更常說出的是「應該規則的結果」：抱怨、斥責和責備。

　　請思考一下，發生在馬克和莎拉間的衝突中這些心理機制的運作。當馬克下班回到家，迎接他的是莎拉向他抱怨自己辛苦的一天。不過，馬克心情不錯，因為他為工作的廣播電台找到了新的廣告客戶，而他很期待告訴莎拉自己美好的一天。他未說出口的期待是「當我分享這個消息，莎拉會很開心」。然而，莎拉的心思被自己的問題所占據，因為她的老闆為了他自己面對客戶時所犯的錯，而責備了她：

	想法	話語
莎拉	（我不**應該**承受這些工作上的困難，馬克**應該**傾聽且同理我。）	我在工作中遇到了糟糕的情況。
馬克	（我不**應該**承擔莎拉的重擔，她**無權**將它們施加在我身上。當我回家時，我**有權**看到一個開心的妻子。她總是要搞砸我的一天。）	我們不能說些其他事情嗎？
莎拉	（當我心情沮喪時，我**應該**能對我的丈夫說，他**應該**要表達支持。）	你總是不願意聽我的問題，你只喜歡告訴我你的問題。
馬克	（我不**應該**忍受她的批評。）	你會做的只有發牢騷和抱怨，如果你做不好工作，為什麼不辭職？
莎拉	（他**無權**對我生氣和批評我。）	當我有問題時，你老是貶低我。你實在是太自我中心了，你無法忍受聽任何人說話。
馬克	（她**無權**攻擊我，我不能忍受。）	如果你要這麼惡毒的話，我要離開這裡（離開家）。

左邊欄位中的「應該」、「有權」都沒有被大聲說出來。但是當自動化思考發生時，它們成為攻擊的心理訊號。這種攻擊始於對伴侶一閃而逝的負面形象，接著促使莎拉和馬克說出各自認為的問題原因，也就是對方的行為。被冒犯的一方在心中對另一方的形象感到憤怒，但他們攻擊的是真實的人。

莎拉的攻擊是她懲罰馬克輕罪（沒有傾聽她的問題和給予支持）的一種方式，但她實際上攻擊的是她心中對馬克的負面形象。然而，「真實」的馬克只希望改變主題，因為他感到痛苦。馬克並不清楚為什麼莎拉要攻擊他，莎拉也不知道真正困擾馬克的是什麼；但是經由反擊，馬克使莎拉認為他冷漠又自我中心的形象，更加可信。

莎拉與馬克都強烈相信他們隱含的請求（馬克：「聽聽我的好消息」；莎拉：「聽聽我的壞消息」）是顯而易見且合理的。因此，雙方都認為自己的伴侶不在意自己的請求是不合理的（確實，兩人的敵意是透過對話所引發）。然而，他們都沒有意識到自己所隱含的請求，是彼此堅持得到對方尊重，但兩人都沒有明說。一旦他們的要求遭受「不合理的」反對，兩人都會想起對方的負面心理形象，並選擇似乎能證明該形象的合理證據。這其中涉及了各種扭曲的運作過程，諸如過度類化、負面歸因（negative attribution），以及「災難化」（關於「災難化」，將在下一章詳述）。

即使當兩人有意善待對方，這種無聲的想法也可能破壞他們的意圖，造成憤怒的誤解。**許多伴侶的爭吵，是因為不明說的期待遭受挫折。因為對方不明白問題的真實來源，所以他們將自己的不舒服歸因於對方的一些負面特質，而不是歸因於彼此的期待不相符。**因為他們的失望，他們開始對另一半有了負面想法（「她將會責備我」、「他應該要支持我」），而這些負面想法促使他們去責罵對方。攻擊招致反擊，從而加強了各自對於對方的負面形象。

如果馬克和莎拉能各退一步以意識到他們的「不同步」，就可以避

免另一次具破壞性的衝突，並提供他們過去所能給予的那種支持。例如他們可以輪流訴說自己的好消息與壞消息。馬克可以傾聽而非試圖改變主題。莎拉可以克制自己想責備馬克，而馬克可以抑制自己反擊的欲望。對其中任何一點進行建設性的介入，都可以阻止這條連鎖反應。可是相反的，他們卻允許自己被「應該規則」及權利受侵犯的感覺所驅使。

在他們的朋友之中，馬克和莎拉是公認的善良與富同理心。當這些朋友想分享自己的成功或問題時，馬克與莎拉皆能展現出高容忍度、彈性和耐心。但是，這些特質在他們雙方的互動中已經萎縮了。他們兩人都相信當自己想被聽見時就有權可以說話，不管對方那時候的擔憂與顧慮，因而使他們在沮喪時變得苛刻、零容忍和不耐煩。

第 8 章
心理騙局

———

法蘭西絲：我真的無法忍受我的丈夫。我只剩下離婚一途……我必須照他的希望做每件事。現在，他的哥哥嫂嫂來訪，我不得不無微不至地伺候他們。

朋友：你可以說一個字：不！

法蘭西絲：我不能這樣做……他會讓我的日子過得很悲慘。

朋友：我還以為你無論如何都要跟他離婚，既然這樣你還怕什麼呢？你說過你不是完全屈服於他，就是離開他，還是你有其他折衷的選擇呢？

法蘭西絲：沒有。

法蘭西絲的反應，說明了一種極端化、全有全無的思考（all-or-nothing thinking），這樣的思考模式，我在許多陷入關係困境的伴侶身上看過。這對伴侶，一人是銷售員，一人是學校老師，他們首次經歷到婚姻的困難，是男方的雇主在六年內將他調職兩次之後發生，雙方都認為他們的情況只適用兩種解決方式之一：不是全好就是全壞，沒有中間地帶。他們對於發生在兩人間的任何問題都有相同的反應：這個問題不是能被輕易解決，就是完全無法解決。以法蘭西絲為例，她無法想出一個合理的解決辦法，即使是她朋友建議的也不行。

這種極端的思考，讓伴侶對彼此及其婚姻抱持著誇大又不快樂的觀點。因為他們無法正確定義他們的問題，而這樣的困難，占據了婚姻生活中的重大比例。此外，因為他們幾乎沒有解決這些看似難以克服的問題，所以他們的無助感與憤怒會逐漸加強，進一步打擊他們想要處理問題的努力。

乍看之下，法蘭西絲似乎是故意誇大她的困境，認為她或許從中得到一些任性的樂趣。但實際情況並非如此。當人們落入這種思考圈套時，反映了他們處理資訊的不自覺認知扭曲，而非他們有意識或無意識的意圖。

思考問題與智力無關。即使在與家人以外的人相處或解決工作中棘手問題時，能展現出高度智慧的人，與另一半相處時，在面對要求、威脅或挫折等壓力下，仍可能會回復到最原始、錯誤的思考模式。當然，扭曲的思考，本身就會使人更加沮喪。

當人們在親密關係中經歷了極端的感受，像是盛怒、驚嚇或絕望，他們非常可能會採取極端的思考方式。的確，有時現實中的情況是極端的，而在這種情況下，強烈的情緒反應可能是適當的。但在多數時候，這些強烈的反應是基於正常思考過程的扭曲：全有全無的思考、讀心術、過度類化。

象徵意義如何扭曲我們的思考？

許多思考問題，都發生在具有特定象徵意義的情況中，因此回顧那些具有象徵性解釋和錯誤解釋的情境，會有所幫助。有些人只要感知到生活中的重要面向（包括安全、保障和親密關係）出現威脅，就會表現出典型的思考錯誤。舉例來說，他們可能會誇大一位家庭成員輕微疾病的結果：認為他或她可能會變成重病或死亡；有些人則可能會放大不按時支付帳單的後果：他們害怕破產；還有一些人在伴侶對他們生氣時會

變得警覺：開始想像關係的終止。

由於他們對這些情況附加了重大的象徵意義，因此認為自己處於生死攸關的位置。這種知覺促使了上述法蘭西絲所展現出來的那種「絕對」的思考方式。

回想一下，泰德要求凱倫要永遠準時。對泰德而言，準時是神聖不可侵犯的。當凱倫讓他等待，即使只是幾分鐘的時間，他都會變得非常心煩。他對於被拋棄有著深層、隱藏的恐懼。凱倫的遲到加重了她可能發生了意外的恐懼，而他將會變成孤單一人。此外，對泰德來說，另一個象徵意義是凱倫不夠關心他的感受，所以沒有準時抵達。因此，當凱倫抵達時，他因為凱倫造成不必要的擔憂而對她生氣。

至於凱倫，則無法徹底了解泰德對於準時的堅持。對她來說，這代表被他限制了行動自由；簡言之，泰德的要求對她來說具有象徵意義。即使凱倫決定配合泰德，她仍舊心懷怨恨。她無法擺脫泰德堅持準時所代表的含義：一名妻子不公平地被她的丈夫所控制。因此，對於大多數伴侶來說，這似乎是一件小事，但是因為隱含的象徵意義，對泰德和凱倫來說就變成是個被高度放大、扭曲和麻煩的問題。

通常，我們自己會更容易識別出伴侶的象徵性反應跡象，像是被一個特定情況所引發出的誇大反應，或是對方違背所有邏輯，頑強地堅持自己對於當下情況的解釋。一旦伴侶一方明白了這點，他們就能考慮到對方的敏感。舉例來說，凱倫知道泰德的擔憂後，她可以更努力試著準時，而不會感覺自己犧牲了自主權。也就是說，**透過一些努力，人們有可能意識到自己何時會對一個具有誇大意義的象徵做出反應，如此一來，便可以採取措施去減少反應的強度。**不過，要改變心理習慣和擺脫象徵性情境的力量，需要相當長的時間與毅力。

以泰德為例，他必須認識到每當凱倫遲到時，他就認為某種災難即將逼近是不適當的想法。將理性和邏輯應用在他的恐懼上，就能減輕這種恐懼，並把凱倫的遲到視為她人格特質的表現，而不是冷漠的徵兆。

凱倫則是要理解努力準時不代表她的自由受到限制，或被泰德所支配。當泰德和凱倫都能掌握象徵意義時，他們的思考模式就會變得更合理，而且會經歷較少的過度反應。他們並非自己就達成這些目標，而是經過數次諮商後，才讓兩人走上正軌。

扭曲想法的擴散

這樣扭曲的想法，會隨著關係中的苦惱越來越多，而開始擴散。一名丈夫以前可能會因為妻子的打擾或責備感到生氣，現在是幾乎妻子所做的每件事都令他心煩，甚至動怒。他對妻子歡迎他回家、準備的餐點和他們的社交聚會，都展現出同樣負面、非黑即白的思考模式。家庭議題，諸如家務、財務、性和休閒時光，都變成了衝突的來源。雖然這些領域的問題可能經由雙方討論一度獲得解決，但它們現在被放大，引發了無助於解決的激烈辯論或互相退縮，又或者兩者兼具。

隨著負面情緒變得更加普遍，伴侶對彼此的看法開始改變。凱倫最初認為泰德善良且富有同情心，之後卻認為他卑鄙和不體貼；泰德之前認為凱倫活潑、深情和善解人意，現在開始覺得她冷漠和反應遲鈍。

一旦彼此陷入了象徵意義，其他原本不是問題的問題，也可能一併發生。兩人可能會開始「類化」或「過度類化」他們對不愉快的婚姻情況所賦予的意義；他們可能會把情況「災難化」，做出誇大的預測，甚至「嚴重化」（awfulize），放大他們的痛苦或無法忍受的挫折。舉例來說，最終結果是一名妻子只要皺個眉頭，她的丈夫就會想：「她不尊重我。她從來沒有尊重我而且永遠不會，這超出我能忍受的程度。」

在真正受到威脅的時候，這些心理過程或許能合理地幫助一個人將注意力集中在威脅之上。但在日常情況下，尤其是在伴侶關係中，這些心理過程可能導致麻煩。我們心智的設計是為了在面對真正危險時，轉變為緊急操作模式（想想在敵方後面的突擊隊員，他在每個人的每個動

作中都看見危險的威脅）。很不幸地，**當危險並非真實、只是象徵性的時候，心智也會進入緊急狀態。**當伴侶彼此難受時，他們會開始表現得像是處在敵人領土，對彼此的看法也會受到這種轉變的支配。

這種轉變不是故意的意志行為。伴侶雙方過度警覺、好鬥等表現，是因為感知到危險，因而自動觸發了原始的心智操作，無論該威脅是真實的抑或只是象徵性的。

儘管如此，即使思考發生了如此深刻的轉變，他們仍可以重新調整自己的想法。然而，這需要雙方先辨識出他們的自動化思考與信念，以判斷這些信念是充滿了多少錯誤。原則上，人類的心智運作在某種程度上像是個自動調溫器：當正確的經驗發生，它便會傾向朝著中立的位置去重新設定自己，如此一來，負面的偏見和一觸即發的扭曲想法就會逐漸消失。

認知扭曲的典型例子

有許多種心理陷阱會使伴侶關係複雜化，但是很難一一列舉出來。因為這些認知扭曲是自動發生的，往往是在幾分之一秒內發生，且在這短短的時間內可以出現的扭曲數量，相當可觀。以下是痛苦的伴侶關係經常會掉入的心理陷阱：

隧道視野（Tunnel Vision）

擁有隧道視野的人，只看見符合他們態度或心理狀態的東西，並忽略不符合的東西。舉例來說，他們可能會抓住單一的小細節，作為他們對一個事件的整體解釋，至於其他重要的細節，則會被刪除、刪改或最小化。

例如一對夫妻決定與他們十二歲的女兒，一同慶祝他們結婚十五週

年，地點是在他們度蜜月的山林小屋。在前往的途中，他們原本正愉快交談著，但在該走哪條路的問題上出現了分歧。這個意見的分歧升級為全面的爭執，一方被指責為完全無能，另一方則被指責為專制蠻橫。

剩下來的旅程都很平順，但是幾天之後，當他們回到家時又發生了另一次爭吵。夫妻雙方一致認為，即使是二度蜜月這樣愉快的場合，他們兩人也無法和平相處，因為他們「整趟旅程都在吵架」。出乎意料地，他們的女兒指出，旅行中發生爭論的時間不到他們當時相處時間的百分之一，而且爭吵過後，他們還是相處得非常融洽。但當他們在爭吵過程中回想那趟旅行時，他們抹殺了所有美好的部分！

這種隧道視野阻止了痛苦的伴侶看見或回想起他們關係中美好的部分；他們所看到的都是糟糕的。因此，他們心中所想到關於兩人的回憶，是預選過的、偏向負面的記憶。這些充滿偏見的記憶最可能發生在爭吵的時候。

當一對伴侶處在痛苦的關係中時，他們會發現很難回想起愉快的時刻，他們能看到的只有一連串不間斷的不愉快。但是當兩人關係變得較平順時，他們就可以比較容易回想起在爭吵生氣當下被遺忘的快樂時光。

舉例來說，在痛苦的伴侶關係中，我有時會發現丈夫無法想出妻子任何一個正面的行為，即使一名公正的旁觀者看見她展現出許多支持、關心和溫暖的例子亦然。而一名抱怨的妻子會回憶起無數次被丈夫批評、潑冷水、侮辱和控制的事例，而遺忘了他善待她的時候。

對於一些神經質的人來說，這些思考上的扭曲已經融入他們的人格特質當中，因此無論生氣與否，批評、指責和貶低他人一直都是他們的慣用手段。然而，關係陷入困境的伴侶也可能會陷入扭曲思考模式中。最初，這種隧道視野只會發生在他們生氣的時候，但是隨著這種態度越來越根深蒂固，它或多或少會持續不斷發生。

選擇性摘要（Selective Abstraction）

這與隧道視野有關，是將一句話或事件從情境中抽離出來，進而得出錯誤的解釋。我們以一名妻子向朋友重述她前往醫院生第四個孩子時的經驗為例；她在講述一個有趣的事件，但其中似乎每件事都出了錯。那天夜晚，雪下得很大，路上塞車。當他們走到車子旁邊時，發現輪胎沒氣了，所以他們改搭計程車，結果計程車司機迷路。他們好不容易抵達醫院時，所有實習醫生和住院醫生都很忙碌，加上由於暴風雪，主治醫師無法趕到醫院。這名妻子最後笑著說：「除了這些事件以外，這次分娩是我最輕鬆的一次。」

但她的丈夫特別關注故事中的一段敘述，並認為她的說明其實是對他的批評，因為「他允許車子的輪胎沒有氣」。由於固著在這個單一的細節上，他忽視了這段有趣故事的所有重點，且得出的結論，還引發了他對妻子的無理憤慨。

然而，人們不會無可避免地陷入他們有偏見的選擇或隧道視野中。只要伴隨一點努力，他們可以把自己的注意力轉換成較平衡的觀點，其中包含了他們在伴侶關係中共同經歷過的許多愉快事件。當他們兩人每天都列出在一起的愉快經驗後，雙方都能注意和回憶起更多相處時的愉快時光。在諮商中，我會請個案每週回顧這些正面的事件。最終，伴侶雙方都會很驚訝地「發現」自己與對方有這麼多快樂的回憶。

武斷推論（Arbitrary inference）

指一個人的偏見非常強烈，以至於即使沒有根據，也會做出不利的判斷。舉例來說，一名妻子無意中聽到丈夫在另一個房間裡唱歌。她心想：「他這樣做只是為了激怒我。」其實，他唱歌是因為他開心。

另一個事件，則是她安靜坐在餐桌旁。她的丈夫想：「她什麼話都

不說，一定是在生我的氣。」事實上，這個一向不在意讓丈夫知道自己在生氣的妻子，只是剛好陷入沉思。

過度類化（Overgeneralization）

最麻煩也是最難以改變的認知扭曲之一，就是過度類化：「他從不稱讚我有頭腦」、「她總是貶低我」。儘管這些絕對的陳述會讓旁觀者覺得很牽強，但對於憤怒的伴侶而言，從單一或少數幾個事件中得出某個行為是典型或普遍的結論，似乎是合理的推斷（當然，過度類化也可以是散發光彩的，如同在熱戀時期那樣）。負面的判斷，會進而導致不利的過度類化，因此，一名偶爾晚回家的丈夫在他妻子眼中「總是遲歸」。相反的，他的妻子偶爾晚餐準備得較晚，也會被她的丈夫指責為「從來沒有準時煮好晚餐」。

過度類化在有憂鬱傾向的伴侶中尤其常見，他們可能會有類似「你永遠不會愛我」、「你永遠不關心我的感受」或「你總是把我看得很糟糕」等想法。有時，負面想法會導致對伴侶關係產生虛無主義的結論，亦即「事情永遠不會改善」、「這段關係有如死水」、「我們沒有任何共通點」、「我總是不開心」。另外，有時負面想法是針對自己的：「作為父母（丈夫、妻子），我是個失敗者」。至於過度類化中的關鍵詞，包括全有全無的語彙，舉凡「從不」、「總是」、「全部」、「每個」和「完全沒有」，如前面例子所示。

在痛苦的伴侶關係中，過度類化和絕對陳述的影響是非常強大的。舉例來說，一名一直努力討好妻子的丈夫不小心說漏了嘴，讓妻子知道自己忘記完成某件她要求的事情。妻子接著斥責他：「你從來沒有為我做任何事情。」該名丈夫感受到不公平的指責，心想：「我做的一切對她來說都不夠好。我永遠無法滿足她。」

極端化思考（Polarized Thinking）

極端化、全有全無的思考模式相當常見，即使是處在快樂關係中的伴侶也會受其影響。如同大多數的認知扭曲，極端化的想法儘管在當時是可信的，但通常過了一陣子就會消失，不會產生持久的不良影響。然而，對於痛苦的伴侶來說，只有兩種極端選擇的觀念根深蒂固，而且不僅決定了他們對於彼此的感覺，還決定了他們的行為表現。

舉例來說，這章開頭的故事中，法蘭西絲一開始認為她不能對丈夫訴說任何關於他強加在她身上的義務，然後就妄下結論，說自己注定要成為她丈夫及其家人的奴隸：「我真的無法忍受我的丈夫。我只剩離婚一途……我必須照他的希望做每件事。現在，他的哥哥與嫂嫂來訪。我不得不無微不至地伺候他們。」

法蘭西絲心目中非此即彼的選擇是「我不是完全屈服，就是離婚」，不得不從如此令人不悅的選擇中做出決定，導致她挫折、憤怒和不快樂：一方面，屈服會造成憂鬱和憤怒；另一方面，爆發會造成離婚。

為什麼法蘭西絲不考慮第三種選擇，如她朋友所提議的，向先生說「不」呢？在壓力之下，人們對複雜問題的思考會傾向熟悉、預先形成的習慣中。這些習慣所代表的「解決辦法」很簡單：屈服或離開、戰鬥或逃跑、大叫或閉嘴。法蘭西絲被限制在這些極端的選擇中還有另一個原因：她從來沒有學會如何向丈夫主張自己的權利，因此無法將拒絕丈夫視為一個可行的選項。在她的婚姻諮商中，她需要有關為自己發聲這方面的幫助。

這些選擇背後的簡單、習慣化的思考模式，把問題分為兩個類別：事情不是好就是壞、不是黑就是白、不是可能就是不可能、不是可取就是不可取。在這種思考方式之下，如果一個人不能被歸類為好，那麼他或她就是壞；如果不開心，那就是不快樂；如果能力不足，那就是無

能。完美主義者的思考模式也與此類似。例如如果一個人表現不完美，那就是充滿瑕疵。在這種非黑即白的思考模式中，沒有中間點，也就是沒有所謂的灰色地帶。

極端化思考部分是童年典型的分類思考模式的延續。[22] 這種思考模式似乎被嵌入類似於電腦程式的心智計畫中。當這種程式在衝突中被啟動時，它會主導伴侶一方對另一方的看法。儘管陷入困境的伴侶仍能清楚思考在他們關係以外的問題，但一旦涉及伴侶關係，他們就會陷入非黑即白的思考模式。極端化思考模式所造成的僵化，解釋了為什麼衝突中的兩人認為妥協很困難，因為在他們心中沒有中間地帶。

放大（Magnification）

所謂的「放大」是誇大另一人，無論是好或是壞的特質，同時透過誇大特定事件結果的嚴重度，使其「災難化」。

這種災難想法往往在威脅情況無法獲得控制時被觸發。舉例來說，當一名妻子在聖誕節禮物的花費超出他們的預算時，丈夫顯得非常生氣。他想像一系列的瘋狂購物，最終導致他們破產，他嚴肅地告訴妻子：「我們最終會依靠社會福利生活。」伴侶一方表現出失控、強烈的情緒時，往往會使另一方產生災難化的想法。梅蘭妮說：「當馬克發脾氣的時候，我會變得很害怕，我害怕他可能會攻擊我或孩子。」之後，當她反思這種恐懼，她明白這是多麼地牽強：馬克一生中從來沒有打過任何人。但在她成長過程中，梅蘭妮觀察到她父親發怒時容易毆打她的母親或其中一個孩子。因此，她將憤怒的口語表達與實際的身體暴力連結了起來。

災難化的想法通常很微妙，往往嵌入在導致憤怒的隱藏恐懼當中。典型的順序為：伴侶一方經歷了伴侶關係中的災難化恐懼，接著很快藉由精神攻擊轉移對方的注意力。舉例來說，一名丈夫對於妻子欺騙他感

到困擾。他有個一閃而逝的想法：「現在，我永遠無法再相信她了。」然後是一陣焦慮。接下來，他的內心被「妻子是個糟糕的人，會欺騙他」所占據。他感到怒火中燒，並反覆思考著可以用什麼方式來譴責妻子。

事實上，所謂的「災難化」，亦即亞伯特・艾利斯所稱的「糟糕化」。有些事件被歸類為糟糕或可怕的，儘管現實中它的影響只有輕微或中等程度。因此，一名丈夫可能會想：「如果我的妻子發現我的錯誤，那就太糟糕了。」另一名妻子可能會想：「可怕的是我的丈夫不同意我。」另一個人可能會想：「我的伴侶對我生氣真是糟糕。」

人們經常會「糟糕化」自己的情緒，可能會想：「我無法忍受這種憤怒」、「我無法忍受時時刻刻都感到挫折」，或「我不能忍受一直被羞辱的感覺」。而艾利斯將這些反應描述為「低挫折容忍力」（low frustration tolerance）。

偏誤解釋（Biased Explanations）

一種「負面歸因」，即為對方的行為尋找不利的解釋，這種思考問題在伴侶關係中很常見。自動假設對方的行為背後存在著卑鄙的動機，這反映出一種更普遍的模式，亦即替事件（不論好或壞）找原因；因為了解事件的原因似乎使它更容易被我們所預測或控制。而這種可預測和控制的感覺提供了更好的安全感。如果知道可以期待什麼，或許就可以事先做好準備，也就可以更好地處理事件，而且如果有必要，甚至能預防這些事情在未來發生。

在不快樂的關係中，當痛苦的伴侶尋找導致他們失望和挫折的原因時，無可避免地會想到一些負面，甚至是惡意的動機，或是令人討厭的人格特質，作為他們解釋對方的「冒犯」行為。舉例來說，一名憂慮的妻子，當丈夫忘記注意一些細節，並將其失誤歸因於疏忽時，她就會責

怪丈夫。或是，一名苦惱的丈夫將婚姻中的困難歸咎於妻子，認為是妻子人格特質中的嚴重缺陷所導致。妻子這麼想：「全都是因為他的疏忽。」然而丈夫卻如此告訴自己：「這是因為她的性格缺陷所造成的。」

根據多篇研究，在相同的情境中，處於痛苦關係中的人更有可能對伴侶做出負面的歸因，而不是對其他人。[23] 負面歸因是伴侶關係的晴雨表。當他們持續把負面的動機，尤其是惡意的動機歸因於對方，兩人的關係就會陷入困境。但這並不是在說狡詐的動機不會發生，而是陷入問題關係中的伴侶一般都會更頻繁和不分青紅皂白地將其歸因於對方。

負面標籤（Negative Labeling）

這個過程源於有偏見的歸因。舉例來說，當一名妻子替丈夫的行為找了一個負面解釋後，她很可能會附上一個批評性的標籤。因此，一個特定的行為變成「不負責任」，犯錯的伴侶是個「卑鄙的傢伙」或「惡霸」。接著，被冒犯的妻子對她給丈夫貼上的標籤做出反應，好像它們是真實的一樣：彷彿稱他為惡霸，他就真的是個惡霸。走到極端，這個過程導致了艾利斯所說的「妖魔化」。在妻子的眼中，她的丈夫頭上幾乎長出了惡魔角。

個人化（Personalization）

許多人習慣相信他人的行為是針對自己。舉例來說，我治療的一位個案，總是認為其他駕駛在和他玩遊戲：加速、減速、超越他，只是為了惹惱他。他對妻子也有相似的反應。如果妻子比他早回到家，她就是試圖向他炫耀，為了證明自己比他對孩子更照顧。如果妻子比他晚回到家，她就是試圖在展現自己是個更認真的工作者。他沒有考慮過人們的

行為除了競爭外，還有別的理由。他似乎是在「生活就是我和其他人的鬥爭，無論發生什麼都以某種方式在針對我」的原則下運作。

讀心術（Mind Reading）

在前面的章節中，已多次敘述過人們都認為自己可以明白伴侶的想法。因為擁有這種信念，他們會陷入圈套，將卑鄙的想法和動機錯誤地歸因於對方。儘管有時，他們的解讀可能是正確的，但是錯誤的機會可能更高，因而損害了雙方的關係。

與此相關的錯誤思考，在之前也有介紹過，就是期待伴侶可以透視自己的內心：「我的妻子應該知道我不喜歡貝殼類的海鮮」，或「我的丈夫應該知道我希望他去拜訪我的父母」。

主觀推理（Subjective Reasoning）

這個過程是這樣的信念，即既然一個人感受到強烈的情緒，它就必須被證明是合理的。大衛・伯恩斯（David Burns）描述了一個相關的概念「情緒推理」（emotional reasoning），意思是如果一個人存在著負面情緒，某人要為此負責。舉例來說，「如果我感覺焦慮，是因為我的伴侶對我很壞。如果我難過，是因為我的伴侶不喜歡我」。[24] 這些錯誤思考中的一部分，是由於過度負責（over-responsibility）所引起的。對家庭福利承擔起全部責任的妻子可能會充滿憤怒，默默指責丈夫不符合她的期望，認為他應該要承擔責任。

行為中的心理扭曲

以一名我諮商個案中的丈夫為例，其敵對心態替前面所描述的多種

錯誤思考提供了肥沃的土壤。

從早上醒來，他就為「事情出了錯」或「人們搞砸了」等負面期望做好了準備。他對妻子為他準備的早餐充滿戒心。他檢查咖啡的溫度，看看是否太燙或太冷；他質疑麥片的味道或雞蛋的口感，尋找「不適當」烹調的跡象。當他妻子的表現達不到他的標準（完美主義），他就會批評。他尋找她的缺點、弱點和錯誤（過度警戒）。如果出現了一些困難，他就會責備妻子（負面歸因）。他心中會出現「她從來無法做對任何事」（過度類化），並認為「這很糟糕」（放大）或「整個婚姻將化為烏有」（災難化）。如果他的妻子批評其他人，他會心想：「她其實是在暗指我」（個人化）。

當丈夫晚上回到家，他只會重述當天的挫折、不幸與失望，而沒有任何正面的事情（選擇性摘要）。再次，他只注意到家中令他不愉快的事情：噪音、孩子不合邏輯的話語或不守規矩的行為，還有他妻子的「不完美」家務，卻忽略了妻子的友善與溫暖（隧道視野）。

當孩子喧鬧時，他心想：「他們永遠不知道何時該停止」（過度類化），然後他立刻讓妻子承擔責任。他會想：「她不知道如何管教他們」（負面歸因）。他根據妻子的人格特質去解釋任何及全部的問題：「她就是軟弱與無能」（負面標籤）。

這位問題纏身的丈夫總是以思考扭曲的「敵對觀點」折磨伴侶。我們或多或少都是這類扭曲思考的受害者，但痛苦的伴侶關係中尤其容易經歷這些問題。他們的脆弱一部分是因為雙方長期緊張累積的影響，一部分則是因為他們人格特質的糾結，還有一部分是因為日常生活的磨擦和數不清的談判所引發的衝突而導致。

心理扭曲可視為對基本生存策略的誤用。過度警戒和隧道視野或許適用於緊急情況，但可能會損害伴侶關係的正常運作。針對令人不安的事件尋找原因的傾向，在有實際損害的情況下是有用的，但是它很容易被扭曲為找碴、責備和對想像的傷害做出反應。強迫要求伴侶為每一次

的挫折與失望負責，而不是去協助補救它們，如此一來會削弱兩人關係的連結。

以一對陷入困境的伴侶為例。盧絲與傑瑞在一起非常不開心，她總是過度警戒，持續監視他，看他是否做了（甚至只是想著）會激怒她的事情。她抓住傑夫所說或所做的任何不當事情（選擇性摘要）。她把這種行為解釋為有意的冒犯（武斷推論）、針對她（個人化），並暗示「他是故意要激怒我」（讀心術）。她也會想：「他從來沒有適當地做任何事情」（過度類化），以及「他完全不體貼——這個卑鄙的傢伙」（負面歸因）。當她思量長期結果時，她心想：「事情會越來越糟糕」（災難化），以及「太糟糕了，我無法忍受」（糟糕化）。

當我們被這些心理騙局擄獲時，雖然它們相當強而有力，但也並非無法改變。只要使用正確的技巧和一些努力，是可以改變它們的，並擺脫伴侶關係的魔咒。第十三章會詳細描述一對伴侶該如何將他們的心智以及伴侶關係，從扭曲思考的暴政中解放出來。

第 9 章
關係中的生死鬥

———

　　想像一下，一對公鹿正準備打架，牠們跺著腳、嘴巴吐出泡沫、互相咆哮、瞪大眼睛，接著正面攻擊。現在，將這個場景，改成一對正在互相大吼大叫的伴侶。他們拳頭緊握、齜牙咧嘴、嘴角噴出唾液、身體準備好進攻。所有身體系統都「蓄勢待發」，儘管他們沒有緊掐住對方的喉嚨，但從肌肉的緊繃程度不難看出他們的身體已經躍躍欲試，彷彿在進行一場生死鬥。

　　雖然這些對手沒有真的交戰，但是他們用雙眼、面部表情和語氣，以及憤怒的文字去攻擊對方。冷峻的眼神、緊抿的嘴唇和輕蔑的咆哮；這些都是他們軍火庫中的武器，隨時可以部署。在激烈的戰鬥中，他們可以像蛇一樣發出嘶嘶聲、像獅子一樣吼叫，還有像鳥兒一樣尖叫。

帶刺的話語

　　即使雙方說著明顯無害的話語，甚至根本沒有說話，但瞪眼、咆哮和噴鼻息等情況，就是一種攻擊的訊號，用來警告對方撤退或迫使對方投降。

　　「尖銳」──威脅的語氣、說話的速度和音量──可能比所說話語的字面意思，更挑釁或更具傷害性。毫不意外，人們對於語氣的反應往

往比對於話語本身的反應更加強烈。經由雙眼、臉部和身體等表達的非口語訊息，比文字更加原始且通常更具有說服力。請看看以下這對伴侶的對話：

> 湯姆：親愛的，你會記得打給水電工嗎？
> 莎莉：如果你用好的語氣問我，我會的。
> 湯姆：我的確用好的語氣問你！
> 莎莉：當你想要我做某件事時，你總是抱怨。
> 湯姆：如果你不想做，為什麼你不直接說！

　　湯姆「有意」用有禮貌的方式來表達請求，但是他對於莎莉過去的不妥協有些怨恨，所以他的請求帶有譴責的語氣。**儘管他的話語是客氣的，但是語氣中夾雜了明顯的負面訊息。當存在著這樣的雙重訊息時，接收者很可能會把非語言的訊號當作主要訊息，然後做出反應**，如同莎莉用訓斥來回應湯姆的語氣。湯姆沒有意識到自己的語氣帶著挑釁，所以他把莎莉的斥責當作拒絕他的請求，因此他以牙還牙。如果湯姆沒有在他的話中加入訓斥的口氣，莎莉很可能願意打通電話給水電工。但是他們兩人皆陷入了責備和報復的心態中，因此他們從未著手去處理實際的問題，即打電話給水電工。

　　當伴侶一方試圖控制另一方，使用威脅或責備的暗示來武裝其請求時，這種嘗試很可能是挑釁而非說服。因此，莎莉被湯姆所隱含的斥責所激怒，而湯姆則把她的反應誤解為反抗，因而促使他進行報復。當兩人因為彼此的敵意而互相懲罰時，他們想要溝通的內容就此消失了。使用帶有敵意的訊息驅使對方遵守共同生活的簡單要求，有時使他們的關係變成一場惡夢。

　　如果湯姆有意識到自己瞬間的想法（在要求莎莉打給水電工之前）會弄巧成拙，他可能就可以使用令人愉快的方式來表達請求。然而，他

的自動化思考替這場衝突搭建了舞台：「她從不關心事情……她很可能會為難我並要我自己去做，即使我根本沒有時間。」湯姆預期會遭到拒絕，不過他以這種方式表達請求，以至於他所害怕的拒絕，終究發生了。

伴侶雙方往往以責備、攻擊或貶低對方的方式，去提出他們的請求（例如「為什麼你不打給水電工？」），隨著對話的進展，話語本身變得越來越不堪入耳。在憤怒交流達到高峰，爭吵的兩人使用了他們所有的武器，包括侮辱，有些人則訴諸終極武器：身體暴力。如果希望維持一段愉快的親密關係，他們必須能將自己的訓斥、威脅與真誠的請求分開。最重要的是，他們必須意識到自己的說話風格具有挑釁的意涵。

先發制人

一般而言，人們多半會害怕若不阻止他人的侵犯行為（無論心理或身體的），自己將會被傷害；因此，我們可能會先攻擊某人作為一種先發制人的戰術。這種情況下，當我們預期自己會被某人攻擊、冒著被傷害的風險前，我們會先生氣並採取攻擊行為。

以雪莉為例，她想與丈夫羅伯特討論一個敏感的話題，一份關於孩子在學校有麻煩的通知書。當她說：「親愛的，我很擔心孩子的情況。」羅伯特開始生氣並說：「你總是擔心孩子。為什麼你不放過他們？如果你繼續這個樣子，你會讓他們變得像你一樣緊張。」雪莉淚眼汪汪地回應：「是你讓我緊張，總是對我大吼大叫。」

然而，羅伯特的原始自動化思考，其實與他的斥責相當不一樣。他想著：「也許他們表現得很糟。她要告訴我，我沒有盡到父親的責任，那樣會使我感到愧疚。」這些最初的想法產了痛苦，他藉由尋找雪莉的過錯來轉移這種痛苦。他透過對雪莉吼叫，一種先發制人戰術，避免自己暴露於自身缺點的痛苦中。正如之前的對話一樣，情感問題經常干

擾了對實際問題的處理，更不用說要解決了。

為了預防這種先發制人，**辨識你的自動化思考很重要，尤其是那些使你感到悲傷、愧疚或焦慮的想法，以及克制想要反擊的衝動。** 雖然先發制人確實能暫時讓你免於一些痛苦，但由於要繼續與伴侶進行不愉快的交流，以及未解決的問題所帶來的不良影響，它最終會導致更多痛苦。抑制這些攻擊可能需要耐心與容忍，但是它會用更好的關係與更成功的問題解決，作為回報。

許多人一想到自己被批評就會馬上反擊，沒有去檢驗該批評是否有根據。透過反擊，他們規避了被批評的痛苦。舉例來說，如果一名丈夫跟妻子說她忽略了孩子，妻子可能會接受他指控的真相、自責並感到難過。但是，在聽進去丈夫的批評之前，她就自動進行反擊，詆毀丈夫，從而使他的批評失去有效性。然而，如此一來，有意義的溝通和問題解決也被迫中斷：如果丈夫說的有些道理，她絕不會花時間去反思；如果丈夫是錯誤的，她也沒有機會糾正他。

利用批評去改變伴侶的行為，可能產生的問題會比解決的更多。正如我們將在之後的章節中看到的，伴侶雙方可以學習各種方法去預防或解決問題，而不需要使用批評、苛求或訴諸先發制人的戰術。

反應過度

當某些帶著敵意的表達是合理的，我們可能會變得非常生氣，以至於我們願意進行一場殊死戰，儘管我們會限制自己只能使用責罵或辱罵。這種在伴侶爭吵中的全面動員，遠遠超出了實際需要的程度，因為它會促使較冷靜的一方，宣稱另一方為「歇斯底里」或「無理」，或因恐懼而退縮。

一個更嚴重的問題是攻擊的全面動員（這種情況也許適合我們在野外生活的原始時代）可能會打破限制，導致身體暴力。許多年前我諮商

的一對伴侶，他們抱怨儘管他們彼此相愛，但總是在吵架。有好幾次，丈夫使用肢體暴力，妻子只好打給警察求救。他們描述了以下事件：

「兩天前，蓋瑞正要出門時，貝芙莉說：『順便告訴你，我打電話請私人垃圾回收業者了，他們會來搬走車庫中的所有垃圾。』蓋瑞什麼話都沒有說，但是他變得越來越生氣，因為他想著貝芙莉所說的話。他最後一拳打在她臉上，貝芙莉跑到電話前報警，直到蓋瑞阻止了她。經過一番掙扎，加上激烈的討論，他們決定來找我諮商。」

根據他們第一次告訴我的故事，蓋瑞的反應令人費解。然而，隨著故事的展開，整起事件變得較容易理解。當我詢問蓋瑞為什麼攻擊貝芙莉時，他說「貝芙莉真的很令我生氣」，好像貝芙莉的挑釁是不言而喻的。在他看來，他打貝芙莉是她的錯，因為貝芙莉講話的方式令他生氣。如果貝芙莉使他生氣，蓋瑞認為他打她是合理的。他未說出口的假設是，儘管貝芙莉的話表面上是無辜的，她其實是在表達，自己無法指望他把車庫中的垃圾清理乾淨、他不負責任，而她在道德上的表現比他優越。

另一方面，貝芙莉堅持自己「只是給予他資訊」，並非指責他。她已經要求蓋瑞清理車庫一段時間了，既然他沒有想要做，那麼她決定自己請垃圾回收業者來處理。

為了取得真實情況的資料，我決定讓這對伴侶在我的辦公室中重演一次事件的發生。我請貝芙莉提供背景，然後向蓋瑞重複她的陳述。當蓋瑞聽到貝芙莉說的話時，他的臉脹得通紅，呼吸開始變得沉重，然後他握緊拳頭，看起來好像又要打她似的。此時，我介入了，並詢問他認知治療的基礎問題：「現在，你的心裡在想什麼？」他仍舊氣得發抖，他回應：「她總是在刺激我，她想要使我難堪。她知道自己這麼做會把我逼入絕境，為什麼她不直接站出來說她的想法——她是聖人，而我不

是個好人？」

　　我懷疑蓋瑞對於貝芙莉陳述的第一個反應（原始自動化思考）是種貶低，他認為自己是個失敗的丈夫，正如他認為貝芙莉在暗示的那樣。然而，藉由關注貝芙莉的「冒犯陳述」，他快速擺脫了這種痛苦的想法。雖然貝芙莉在角色扮演中，是以謹慎的方式向他重述這件事，但我懷疑在真實生活中，她可能帶著一種傲慢或略帶諷刺的語氣。

　　在我的辦公室中，貝芙莉承認當她說話時，的確會帶著一種貶低的想法：「你看，我不能指望你任何事情，我必須自己做所有的事。」儘管她在我的辦公室中沒有表達出來，但如果事發當下不是從她的語氣，那麼就是蓋瑞因為過去的經驗，對這類資訊敏感，所以他可以從中感受到貝芙莉對他的不滿。由此可見，挑釁能被隱藏在看似無辜的文字資訊中。但我們該如何理解蓋瑞反應的強度呢？原因就在於他的人格特質，以及這對伴侶互相指責與報復的婚姻歷史中。

「自尊問題」導致爭吵

　　結婚前，蓋瑞極為自負，並認為自己很成功。他出生於貧窮家庭，靠自己半工半讀完成大學學業，並成為一名工程師。接著，他成立了自己的顧問公司，而且公司的業務從一開始就蒸蒸日上。他對自己有很高的評價，認為自己是個成功、能吃苦耐勞的個人主義者。

　　貝芙莉因為蓋瑞好看的外表與他不羈、獨立的方式而被他吸引。貝芙莉成長於「循規蹈矩的家庭」，父母強調舉止得體和融入社會。貝芙莉自己也有些拘謹，但她被蓋瑞似乎不受社會習俗約束所吸引，而且蓋瑞是一個獨立的思考者，最重要的是，他看起來很堅強。貝芙莉欽佩他成功的事業，並且把他幻想成穿著閃亮盔甲的騎士，總是會照顧她。確實，在他們的交往期間，蓋瑞承擔起訂定休閒娛樂計畫的所有責任，而且因為貝芙莉認為蓋瑞比較優秀，所以對於這種安排感到放心自在。蓋

瑞受貝芙莉吸引是因為她的美麗、依賴和對他的欽佩。此外，貝芙莉也很順從，願意遷就他的願望。

然而他們結婚之後，起初貝芙莉仍會對蓋瑞感到膽怯，但她慢慢發現了蓋瑞的致命弱點：他拖延家務，以及不知道怎麼與孩子相處。隨著時間過去，貝芙莉更加成熟且有自信，而且不再認為自己不如蓋瑞。事實上，她不時從證明自己遠遠不只是一個「完美的洋娃娃」中得到滿足，她發現自己在許多方面都比蓋瑞成熟：她更能注意到細節，是更盡責的父母，而且比蓋瑞更熟練地管理他們的社交生活。

同時，蓋瑞有過短暫的輕微憂鬱，因為他認為自己是個能力不夠的父親和丈夫。在這些情況下，他接受貝芙莉隱含的批評。他對這些批評感到受傷，但是不會反擊回去。然而，當蓋瑞不再憂鬱後，他拒絕「忍受貝芙莉的批評」，而且會對她大發雷霆。

但為什麼蓋瑞會訴諸身體暴力，而不是將他的報復限制於口語攻擊呢？首先，他成長於一個「粗暴的」社區，在那裡衝突經常是透過打架來解決。其次，蓋瑞描述自己的父親是個暴力男人，當他生氣時，他會打蓋瑞的母親、蓋瑞及其手足。顯然，蓋瑞在早期的生命中學到了「當你生氣時，你應該讓其他人承受」。

蓋瑞從來沒有一個榜樣可以學習以非暴力的方式去解決問題。以致發展到後來，他對待生命中的任何人，包括他的員工和客戶，都沒有什麼控制力。如果他感覺被員工激怒，他會開除他們，但後來又試著把他們僱用回來；如果他與客戶在計畫或經費上有衝突，他就會中止談判。

這種缺乏控制，使他擁有專橫的名聲；但是奇怪的是，客戶不但沒有因此卻步，反而被吸引前來。他傳達出終極權威的形象：極度自信、果斷和不容忍反對。簡言之，是一個堅強的人。

儘管他的專制模式用在事業上很成功，但卻不適合婚姻。起初，當貝芙莉試圖反抗他時，他會對貝芙莉大吼大叫，但隨著貝芙莉開始反擊，他也慢慢發展出身體暴力。最終，每當蓋瑞從貝芙莉的聲音中察覺

到嘲弄或貶低的語氣時，就會讓他做出身體攻擊的反應。

我在諮商這對伴侶的過程中，發現「自尊問題」是他們之間最重要的議題。貝芙莉不斷嘗試保護自己的自尊，當蓋瑞告訴她該做什麼的時候，她試著不屈服於他。對於蓋瑞來說，她的反對象徵著她對自己不屑一顧。畢竟，他知道正確的行動方針，就像他的員工和客戶都聽他的話，並且按照他告訴他們的方法做事。因此，她的抵抗對他而言，有著更深層的意義：也許他並不像自己相信的那樣有能力。而這種想法帶來了痛苦，他的憤怒攻擊有部分是為了擺脫這個想法。

在進一步諮商後，則揭露了更多故事。蓋瑞成長過程中，他的哥哥經常嘲笑、折磨他，還幫他取了一個綽號「軟弱」。因此，儘管他擁有成功的事業，卻從來無法完全擺脫自己是個懦弱者的形象。然而，他很少被「我是個容易被打敗的人」的感覺所困擾，因為在他與人打交道的大部分時間裡，他都占上風。

不過和貝芙莉在一起時，事情就不同了，蓋瑞感到脆弱。透過攻擊貝芙莉，他試圖避免自己「軟弱」的一面被暴露的痛苦。如果貝芙莉占了上風，在他心中就提供了一種痛苦的確認，亦即他確實「軟弱」。事實上，有時當貝芙莉批評他時，他會痛苦地想著：「如果她真的尊重我，她就不會這樣和我說話，她一定認為我很軟弱。」

由此可見，他們兩人都試圖透過貶低對方來平衡這段關係。蓋瑞希望維持他的自尊，這是基於他對他人的控制。他的極端化思考「如果我不在頂點，我就是失敗者」，反映出他對被視為弱者的隱藏恐懼。另一方面，貝芙莉的自尊被蓋瑞的威權所傷害，而她試圖把他從神壇上打下來，是恢復自尊的一種方式。她的隱藏恐懼是由於自己的不可靠和壓抑，而被他人支配。

因此，**表面上看似家庭責任分配的爭論，其實是自尊的鬥爭**。誰做什麼和何時做的問題，變成了一個戰場，伴侶雙方在此為了維護良好的自我概念而打鬥。一方贏了，另一方就輸了；一方感覺良好，另一方就

感覺糟糕。他們的相互鬥爭與爭奪控制權，是由於他們需要保護自己的自尊而產生。

在治療上，我採取雙管齊下的方式。第一，建立了溝通上的基本規則。當他們生氣時，貝芙莉和蓋瑞都要避免討論敏感問題，並將這些問題列成清單。第二，必須進行每週一次的疑難排解討論（最初是在我的辦公室，但最終會在家裡進行），在此期間，他們可以輪流提出問題。如果有任何一個問題進入「熱區」，亦即如果他們感到憤怒，並開始批評或攻擊，那麼他們就要轉往另一個不同、較為中立的主題（請參考第十七章，關於「區域」的討論）。如果這樣做仍無法解決問題，他們就必須彼此遠離。例如如果蓋瑞無法立即冷靜下來，他就必須透過散步來「發洩」。

大概在四到五次諮商後，這對伴侶建立起了這套新系統，接著，我開始與他們進行個別諮商。他們都被教導如何「辨識自動化思考」和「使用理性的反應」，來對抗自動化思考（詳見第十三章）。以蓋瑞為例，他學會處理自己的自動化思考。某次，貝芙莉用明顯緊張的語氣說：「你沒有支付上個月有線電視的費用，他們很可能會中斷這項服務。」蓋瑞很生氣，但他試著拿出筆記本和鉛筆，並且寫出以下內容：

自動化思考	理性反應
她試圖貶低我	1.我不知道這是否為事實，她可能只是想告訴我一件事。 2.她說的可能是正確的，我可以專注於這個問題，忽略她的語氣或她可能的想法。 3.她有自己的問題，我不必因為生氣而陷入其中。

幾週後，蓋瑞學會了捕捉自己在憤怒想法和攻擊貝芙莉的衝動之前的最初（原始）想法：

情況	立即想法
她責備我晚回家。 她說：「為什麼你晚回家？」	1.如果她認為可以這樣跟我說話，那她不怎麼尊重我（受傷）。 2.她一定認為我很軟弱（受傷）。 3.我可能真的軟弱，否則她不會這樣和我說話（感到痛苦）。 4.我不能讓她就這樣算了（憤怒：想要打她）。

　　蓋瑞只要一想到被貝芙莉所鄙視，就會引發連鎖反應，而這反應是源於幾十年前與哥哥的爭吵。只要感覺被貝芙莉看輕，蓋瑞就會心想「我不能讓她就這樣算了」，並且感受到想打她的衝動。幸好，他遵循我的指導，亦即：嘗試忽略貝芙莉問題中的任何負面語氣、把自動思維中所表達的意義放到一邊、控制自己想要猛烈反擊她的衝動，以及只專注在她詢問的內容上面。以這種方式，他接受了貝芙莉問題的表面意義。無論伴侶的問題是什麼，他們都可能是真的在尋求資訊，沒有必要對於隱藏的資訊做出反應。當貝芙莉問：「為什麼你晚回家？」蓋瑞回答：「我在辦公室被耽擱了。」

　　隨著婚姻的穩定，至少是暫時的穩定，我們就能專注在每位伴侶深層的脆弱感上面。蓋瑞能透過他童年時對於軟弱和自卑的恐懼，去探索這種脆弱。至於貝芙莉，則能探索自己源於童年時期的壓抑，所造成的無能為力感。經由訓練，她學會在沒有敵意的情況下堅持自己的立場；她可以直接、堅決，但仍然友善地對蓋瑞說話，而不必刺激或貶低他。

爭吵背後的基本信念

　　為了更全面了解為什麼人們會有這樣的行為，必須深入探討其行為背後，亦即越過他們的自動化思考，找出他們的基本信念。基本信念一旦運作，就會影響人們對一種情況的解釋及其會如何行動的方式。某些基本信念接近表面，很容易被觀察到，有一些則深埋在混亂的其他想法

中。但是經由一些反思，人們終究能學會如何識別出它們。

蓋瑞具有以下的基本信念，反映出他視其他人為敵手的傾向：

- 我必須站在頂點，這樣其他人才不會發現我的弱點。
- 如果人們知道我的弱點，他們就會踩到我頭上。
- 我在每種情況下都必須能控制其他人。
- 如果讓我的妻子擊敗我一次，她就永遠不會停止。
- 我的妻子喜歡貶低我。
- 唯一讓她明白她無法得逞的方法就是打她。

至於貝芙莉，則具有以下信念：

- 我過於壓抑。
- 如果我不表達自己，我就會毫無權力。
- 如果我毫無權力，我就什麼都不是。
- 我必須控制蓋瑞，否則他就會藐視我。
- 我唯一可以讓他在家合作的辦法，就是證明他在該工作上表現很失敗。

當我們比較雙方的態度時，就能看見他們無可避免的衝突原因。基本的衝突表現在他們的憤怒與敵意中，這是需要進一步修正的嚴重破壞性元素。

如何控制憤怒？

貝芙莉與蓋瑞的案例，相當類似其他無數處在混亂或破碎關係中的伴侶，但這些伴侶都沒有尋求專業的協助。即使沒有如此嚴重到身體暴

力的問題，建議還是可以謹記以下幾個原則，使激烈爭吵所造成的傷害降到最低。

1. 伴侶雙方在談論家庭管理、孩子養育和其他議題時，可能會存在不必要的挑釁。當他們可以只簡單陳述自己想要什麼時，卻往往會使用刺激、諷刺和批評等方式。

2. 兩人可能時常使用這種說話方式，因為他們認為這些是正確的。很多時候，這些正是他們原生家庭所使用的說話方式。令人驚訝的是，即使這種方法會適得其反，他們仍堅持使用，一方面是因為他們從來沒有考慮過其他方法，另一方面則是他們單純相信這樣是有效的。但是一個明顯的事實是，這些說話方式通常只會造成反效果，導致怨恨、對立與報復。

3. 原始的憤怒和敵意等情緒雖然可能適用於野外，但在不存在「殺或被殺」此議題的家庭生活中並不適用。伴侶雙方需要學習如何控制或減少他們的過度敵意，而不是表達敵意。

4. 控制技術包括忍住對憤怒採取行動、試圖從熱區轉移到溫帶區（詳見第十七章），以及當爭論變得過於激烈時，要求暫停等方法。

5. 當兩人學會識別他們的自動化思考和敵意背後的基本信念之後，就可以對真正的問題提出建設性的解決辦法，而不是不斷重複隱藏的心理問題。

雖然許多人同意表達憤怒是件好事，但他們只考慮到自己獲得的立即解脫與滿足：「現在我擺脫了怒氣，我感覺好多了」，卻沒有考慮到自己的怒氣對伴侶的影響。當蓋瑞和貝芙莉猛烈抨擊對方時，彼此都遭受了真正的痛苦，而此連鎖反應加速，直到最終導致身體暴力。

敵意不是憑空表達的，它必定針對某人（你的伴侶），而那個人一

定會做出反應。此外，為了使敵意「成功」，使憤怒的文字與行動「有效」，你必須知道你的伴侶經歷了痛苦。因此，你可能會持續攻擊對方，直到你看見痛苦的反應。

如果你的敵意起了作用，你的伴侶做了你希望他做的事情，未來你很可能會持續使用這種「策略」去懲罰或控制對方。但有時，你的敵意可能會失去控制，且可能會造成遠遠超過你所預期的傷害。如同國家之間很難限制戰爭一樣，伴侶之間也很難限制彼此的敵意。

雖然表達憤怒已成為伴侶關係中的某種習慣，但我發現它通常是弊大於利。被斥責、輕視和咒罵所累積的傷痛，導致受害者不只把攻擊者視為對手，還會視為敵人。

令人感嘆的是，其實有更多比大吼大叫的有效方法，去處理兩人之間的問題。舉例來說，像貝芙莉這種壓抑的人，可以練習用「直接陳述」的方式說出自己的願望，並使用手腕和解釋而不是攻擊。目前自我主張和解放的潮流，從最壞的意義上來說，的確讓許多人擺脫了他們的束縛，但也讓他們在親密關係中付出了很大的代價。他們不明白其實在表達自我主張時，可以不需要依賴憤怒去助長他們的自信。

壓抑、憤怒與自我主張

許多人在向伴侶有效表達自己時，會經歷困難，這導致了挫折感與憤怒。部分問題是害怕伴侶的報復和擔心傷害伴侶的感受；另一部分的問題是他們無法精確指出挫折感的確切來源。然而，困難的主要部分，在於他們缺乏提出問題以及與伴侶討論衝突的技巧。處理自我主張這個問題的方式在多本書中都有被討論。至於可以用來解決伴侶衝突的具體做法，則會在第十五章到第十七章進一步說明。

有時，「壓抑問題」和「自我主張的困難」是很隱約的，使人根本沒有意識到它的存在，只能意識到輕度的憂鬱、易怒、疲倦等模糊的生

理症狀。然而，有時如同以下的案例，當準確探查到困難之處，就可以迅速解決關係問題：

壓抑妻子的案例

幾年前，我與蘇珊有次非正式的談話。她是我的朋友，她抱怨自己完全沒有精力，而且無法有動機參與一個對自己來說相當重要的藝術項目。她認為自己可能正遭遇到某種「藝術家的瓶頸」。

我們談論她生活的各種面向，然後我開始詢問蘇珊與丈夫的關係。一開始她形容他們的關係很好。談到丈夫時，她顯得熱情洋溢，還補充說他們相處得很好，擁有共同的興趣，而且從未有過任何爭論。

理論上來說，一對伴侶在興趣和信念方面如此相像，而且他們從未有過任何意見分歧，雖然這是有可能的，但機率微乎其微。更有可能的解釋是，伴侶一方（也許雙方）是如此順從對方的願望，以至於他或她沒有意識到自己的願望；或是伴侶一方極力想維持無摩擦的理想化關係，因此他或她不理會任何不同意的感覺，只附和對方的願望。

而在這個案例中，我懷疑蘇珊可能符合這個模式，為了檢測她的觀念，我更仔細地詢問她：

我：最近什麼時候開始感到疲倦感增加？

蘇珊：菲爾和我開車出遊。當我們回到家時，我感覺好像所有元氣都消失了。我感到無力，像條抹布一樣。

我：你們出遊時，發生了什麼事？

蘇珊：沒有什麼不尋常的事發生。

我：是誰開車？

蘇珊：（開始顯得緊張）菲爾。

我：你還記得途中發生了什麼事嗎？

蘇珊：噢，的確有事發生，但不是什麼大事。我覺得風很冷，我請菲爾關上敞篷車車頂，但是他說：「我真的很享受這個冷風。再說，冷空氣對你有好處」。

　　我：你當時感覺怎樣？

　　蘇珊：（顯得更緊張）我猜他是對的。

　　我：你當時有其他想法嗎？

　　蘇珊：（聲音帶有幾分惱怒的語氣）我心想他永遠不會聽我想說的話，他總是希望事情照他的方式進行。

　　蘇珊有些驚訝自己剛才脫口而出的話。她從來沒有意識到自己對菲爾有惱怒的感覺。說完這句話後（她從未跟任何人說過，包括她的丈夫），她開始微笑，而且顯得更有活力。接著，她說：「你知道嗎？我已經感覺好多了。」然後，我們討論她對於婚姻的理想：想要消除任何分歧，為了保持無問題關係的理想而讓自己處於從屬地位。順帶一提，這種理想，符合她青少年時期想要維持無憂無慮生活的願望，而這正是她努力想維持的夢想。

　　當蘇珊開始意識到自己的順從傾向後，她只要有絲毫跡象表明自己不同意菲爾的觀點，她就會試著更堅定地表達出來。然後我們進行角色扮演，由我扮演她的丈夫，我強烈主張自己對於某些領域的看法，而她練習對著我說話：堅持她自己的觀點。角色扮演期間，她對菲爾感到相當憤怒，但同時她也認識到如果自己勇敢面對他，尤其是如果她與菲爾分享自己的特殊問題時，菲爾或許就會合作。

　　經過一段時間，蘇珊在對菲爾表達自我上，相當成功。當菲爾強加自己的願望在她身上時，她會開始感到真實的憤怒，而且會告訴菲爾這一點。在與我談話的期間，她的疲倦感消失了，而當她回到家時，她發現她的「藝術家瓶頸」開始遠離，幾天內就消失得無影無蹤。

剖析憤怒的本質

當我們更詳細了解憤怒的本質，以及它在我們應對威脅時所扮演的角色，就能幫助說明為什麼在多數情況下，我們不需要向敵對的衝動屈服。

憤怒的感覺，包括一種必須做某事的壓力感，有點類似在性興奮時會經歷到的內在壓力。此外，與性興奮一樣，這種壓力往往持續到能緩解它的「終結行動」之後。在憤怒和性這兩種情況下，「終結」不僅帶來一種緩解壓力的感覺，還有整體原始衝動的滿足與消散。就某種意義來說，憤怒和性興奮是促進特定行為的催化劑。然而，感覺是這些行為的前奏，而不是行為的組成部分；如同飢餓可能會驅使我們進食，但是它並非食物的一部分。

「憤怒」這個詞經常被非常廣泛地用於負面情緒、動員戰鬥與打架的整個過程。舉例來說，「他表達他的憤怒」這句話可以用來描述一個場景，其中被冒犯的人攻擊了冒犯者。但是就我們的目的而言，這種憤怒的概念會造成誤導。憤怒這一詞最好只用於特定的「情緒」，而不是與之相關的暴力行為。

針對攻擊的衝動與實際攻擊本身而言，一個更好的描述方式是「敵意」。一個人可以在沒有感覺憤怒的情況下攻擊他人，也可以只有憤怒的情緒，但不會做出攻擊。例如我們可以用拳頭攻擊沙袋或向目標投擲飛鏢，除了使用肌肉力量的樂趣外，沒有其他的情緒。另外，我們可能對另一人刻薄，甚至是殘忍，但卻不是因為出於憤怒，而是因為這給我們帶來施虐狂的快感。正如我們將在這裡使用的字詞「憤怒」，其實是一種感覺，它提醒我們可能需要採取攻擊行為或準備好保護自己。

當一對伴侶發生爭吵時，就會形成一種程序：首先，他們認為自己在某些方面受到了傷害；接著，他們變得憤怒；然後，他們感受到想攻擊對方的衝動；於是，最後進行攻擊。這段程序可以中斷在任何一個階

段：被虐待的想法可以被糾正、憤怒感可以被消除，而攻擊的衝動更可以被抑制。

人們對於憤怒的概念，對他們如何處理憤怒會有直接的影響。舉例來說，若認為憤怒就像是一種逐漸積聚在蓄水池中的物質，便能由此概念催生出許多處理憤怒的方法。美國心理學家喬治・巴赫（George Bach）就提倡伴侶應該要「表達他們的憤怒」，並提供這樣做的具體技巧。[25] 許多其他學者也使用類似的比喻，來證明敵對行為的合理性，像是將憤怒比喻為鍋中沸騰的水，除非你釋放出蒸氣，否則壓力會衝出鍋蓋。

然而，這些方法受到美國心理學家亞伯特・艾利斯和凱若・塔夫里斯（Carol Tavris）等人的批評，他們建議「尋找敵意的認知基礎，而不是用行動來表達」。[26] 我也相信，**在多數情況下，處理憤怒的最佳方法是了解它，而不是對它採取行動**。然而，在某些情況下，對憤怒採取行動可能是生存的必要條件，例如遭受丈夫虐待的妻子可以利用她的憤怒，來啟動有效的自我保護行為。

那麼，憤怒如何表現呢？憤怒情緒本身包含了不舒服和緊張的感覺。這些感覺來自肌肉系統與自主神經系統的動員（血壓上升、脈搏加速、肌肉緊繃）混合了憤怒本身的感覺，而且可能難以區辨它們。身體上的動員讓我們有了振奮的感覺，然而，每當身體動員起來時，無論是競賽、運動或攻擊，就會出現同樣的感覺，而且不一定與憤怒有關。

作為一種演化上的生存策略，憤怒堪比痛苦。其實，憤怒這個詞源於表示「麻煩、苦惱或痛苦」的詞根。與痛苦一樣，憤怒似乎被設計來擾亂我們的平衡狀態，並且提醒我們遇到了麻煩。我們相信兩者皆有助於我們應對威脅或傷害。這種擾亂或訊號提醒我們停止正在做的事情，並將注意力轉移到引發憤怒的問題上。

當我們把注意力集中在似乎應該對憤怒負責的東西上時，就會被刺激去攻擊其原因。因此，憤怒可以被視為一種刺激物，提醒我們注意威

脅。正如我們可以藉由移除引起問題的物體（一根刺、眼睛裡的小異物）來緩解疼痛，我們同樣可以透過消除來源來減輕憤怒。一旦有害物質被驅除或摧毀，憤怒就會消退，然後恢復正常的平衡。

作為原始戰鬥或逃跑反應的一部分，敵意扎根於最基本的生存機制。但是在現代生活，特別是現代的伴侶關係中，對於原始衝動所採取行動足以摧毀關係。儘管憤怒具有迫切性，而且能透過對冒犯者採取敵對行動來緩解憤怒的壓力，但我們仍可不必屈服於攻擊的衝動。因為隨著時間流逝，憤怒及其伴隨的攻擊欲望終將消退。

心理痛苦是如何造成的？

敵意會造成身體或心理上的痛苦。不過身體受傷的感覺與心理受傷的經驗大不相同，它們幾乎是平行的。身體疼痛最初是由周邊神經末梢的刺激所引起，而且局限於那個刺激區域。當我們心理感到痛苦時（如傷心或焦慮），我們無法指出感覺到疼痛的特定區域，但是這種疼痛與身體疼痛一樣真實，而且往往更令人不舒服。

儘管有所不同，身體和心理的疼痛仍有一些相似的影響。舉例來說，一句侮辱的話可以喚起與一巴掌打在臉上一樣的痛苦表情；接收到不好的消息可以產生與身體休克時的相同反應，如血壓突降，甚至昏厥。

當西碧告訴麥克斯她想要離開他時，麥克斯整個身體僵直，就像西碧揍了他一拳。我們經常使用身體的明喻或暗喻去表達心理的創傷（「好像被打了一巴掌」或「就像是肚子被踢了一腳」）。象徵和字面上的一巴掌都傳達出相似的訊息，並且引發了相似的反應。而最重要的，是接收者對於身體或心理創傷所抱持的特定意義。

對傷痛的敏感度

當我們停下來思考自己對於批評、斥責和貶低的言論有多麼敏感時，幾乎可以說，我們的接受器是為了從所有訊息中找出「輕視的訊息」而形成的。或許，我們的大腦中有一個專門的迴路負責接收心理威脅，如同疼痛接受器負責感知身體上的疼痛一樣。這種裝置可以提醒我們注意對自己福祉或安全的威脅，諸如侮辱或責備之類的情況，以上這些可能都是身體被攻擊的前兆。對心理痛苦的立即反應，讓我們能避免身體的傷害。因此，當某人用嘲笑或虐待的話語傷害我們時，我們會透過憤怒展現出良好的適應技巧，並準備好抵禦可能的身體攻擊。

當我們希望他人照我們所說的去做時，造成他們身體上的疼痛可能會比責備或批評來得有效，例如動物透過推擠、抓撓和咆哮其後代，去塑造牠們的行為。然而，人類若從事這些原始行為，如打巴掌或侮辱，對於一段關係反而會產生反作用，往往適得其反。由於我們的身體動員能力更適合叢林戰爭而不是現代生活，因此這種「勸說」反而是危險的，何況口語攻擊總是可能意外地升級為全面的肉搏戰。

無論是身體或心理上的威脅，如美國生理學家 J. B. 卡農（J. B. Cannon）所描述的，反應的經典形式包含了戰鬥或逃避反應，受威脅的動物不是反擊就是逃之夭夭。然而對於人類而言，比起動物多了一些額外的選擇：我們可以默許威脅並服從對方的要求，我們可以退縮，或者我們可以捍衛自己。如果威脅是立即且具壓倒性的，我們可能會「呆住」或昏厥。

以上這些反應，每一種似乎都源自野外的原始模式。無論攻擊是身體或心理的、故意或非故意，我們的防禦反應都包括身體動員或崩潰（如昏倒）。而且無論是身體上的打擊或侮辱，我們都經歷了同樣的肌肉僵硬。

比起理解衝突，更重要的是意識到在對抗期間，我們的腦中發生了

什麼事。我們不僅是身體僵硬，頭腦也是，這是先前提到的「認知僵化」的情況。例如在伴侶的戰爭中，我們對對方的看法變得更冷酷；我們形成了一種負面形象，同時遮蔽了任何對方想要傳達的合理訊息。此外，我們將惡意歸因於對方，認為他或她是卑鄙的。這種對惡意和不良特質的歸因，無可避免地蔓延到攻擊個人的爭論之中，相信對方是惡意的伴侶，會以防禦和憤怒的感覺做出反應。

但是即使伴侶在爭吵期間的確具有惡意，也不代表他或她就是個邪惡的人。話雖如此，無論爭吵是發生在伴侶或仇敵之間，都必須認識到相同的心智和身體裝置會被動員起來。處在敵意的高峰時，伴侶雙方可能會視對方為死敵：他們的五官和表情可能會因憤怒而扭曲，而且他們的確充滿了惡意。

希望減少防禦與憤怒的伴侶，可以試著區辨、評估和修改他們對彼此的負面印象，如此，他們將會發現當討厭的形象改變時，他們的憤怒也會隨之改變。更多達到此目標的方法，可參考第十三章和第十七章。

雖然戰鬥在野外可能是合適的，但是在現代生活中，我們的生存幾乎從未受到威脅。此外，即使是在生氣的時候，我們也完全可以在公共場合採取文明的行動。然而，不幸的是，家庭暴力比起社會中任何其他種類的暴力都更常見。面對伴侶時，我們通常無法或不願意控制自己。但當我們無法抵擋增加的壓力，導致內在的剎車失靈，憤怒可能會發展到需要透過身體攻擊來表達的程度。奇怪的是，我們的「敵人」是自己所愛或曾經愛過的人。

報復與懲罰

一旦爭吵讓伴侶一方感到被拒絕或侮辱時，他或她會自動動員起來去糾正錯誤。雖然我們通常認為懲罰和報復是出於意願的，但反擊的動員是對威脅的自動化反應，就如同眼睛遭到異物入侵時一樣。

當然，報復的動員不一定會導致最終的行動，這只是為了我們的行動做準備。實際上，有一個複雜的內部控制系統作為剎車，所以雖然準備行動是自動的，但行動的控制在很大程度上來說卻是自願的。當我們明白威脅已經消失，像是假使我們發現自己認為被伴侶所批評的信念是錯誤的，那麼報復動員就會解除。

這種報復的動員，經常是由於一個人感知到關係中的破壞或不公平所引發的。因此，伴侶一方感覺到被另一方拒絕可能會採取報復，並相信這種懲罰可以防止未來被拒絕。但是報復在一段關係中，通常是自我挫敗的行為。以泰德為例，他對凱倫大吼大叫以「懲罰」她的遲到。但是泰德不但沒有得到他所期望的道歉，凱倫反而表現出退縮，而這個行為激起泰德對於被拋棄的更大恐懼，以致泰德以威脅要離婚的方式來反應這個痛苦的拒絕。凱倫的反應則是「這是個好主意」，因為她覺得這是讓泰德感到被遺棄的陳述。因此，他試圖懲罰凱倫反而造成反作用，而凱倫的報復也使事情變得更糟糕。

伴侶間通常以「報復性的貶低」來回應察覺到的輕視，這就像那些相信一個侮辱需要以另一個侮辱做反擊的血氣方剛的男孩們。報復往往超出最初的傷害，在犯罪和懲罰的邏輯裡，報復所想達到的目的，往往不僅僅是恢復現狀，因為恢復原狀代表犯罪者沒有失去任何東西，所以報復每每會苛求更多。受害者不僅要求賠償，還施加了額外的處罰。

一旦報復出現，比起我們承受的痛苦，我們必須造成對方「更大痛苦」的邏輯，是導致爭吵升級的原因。「暴力會滋生暴力」這句話通常被用於族群和國家之間的關係，但同樣也適用於人際關係。一個人所表達出來的敵意，本身具有非常強大的力量，幾乎會無可避免地啟動另一人的敵意。因為每一個敵意的表達，都可能會引發更大程度的報復：一開始只是簡單的批評，最終會發展成毆打，即使是相愛的伴侶也一樣。當然，控制這種好戰的反應是有可能的，但需要花費更多努力，因為內在的報復壓力會隨著爭吵變得更加強烈。

這種如此反射性且接近原始生存反應的反應，有時勢必超出一個人可以承受的能力。不過人們仍獲得了控制敵意的技巧：強迫自己安靜一段時間、使自己分心、改變話題或離開房間。雖然這些技巧能有效防止對敵意採取行動，但它們本身並不能阻止敵意模式的最初啟動。

如同我們所看到的，認知治療提供了防患於未然的技術。**敵意被引發的最早期徵兆就是憤怒，而透過讓自己意識到憤怒的早期發作，並立即採取行動去控制它，就能避免後續負面行為的出現**。我們可以進行即時重播，也就是立刻集中注意力在導致憤怒的自動化思考、認知扭曲和基本信念上。透過立即捕捉和糾正這些扭曲，有助於減少我們的敵意，就如同貝芙莉和蓋瑞所學會的。在第十七章，將詳細介紹如何透過精準確認憤怒的根源來阻止伴侶關係中的敵意，並在早期階段（在輕微的怨恨升級為全面戰爭之前）就採取必要的步驟。

第二篇

認知治療的
應用

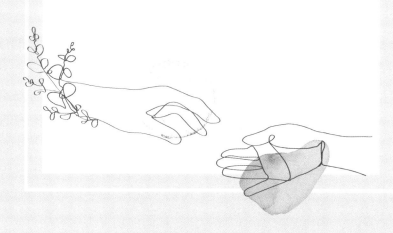

第 10 章

關係眞的可以
改善嗎？

———

在痛苦的伴侶關係中，經常存在著一個問題：對於「關係無法改善」有著強烈的信念。而這種信念阻止了改變，因為它剝奪了你嘗試任何建設性方法和調整自身想法與行為的動機。實際上，根據我的觀察，如果伴侶一方開始做出建設性的改變，不僅有助於兩人的關係，通常還會導致另一方也做出正向改變。

以下章節的順序，正反映了伴侶可以做出改變的進展。第十一章考量到一段堅實關係的基礎：承諾、信任與忠誠。首先應該處理你們關係中的這些元素，看看它們是否需要額外的支持，以強化這些基礎。如果需要，便可以專注在這些支柱的弱點上，試著促進伴侶間的合作、奉獻與信任，並檢視哪些態度或行為可能會破壞它們。例如即使你不信任你的伴侶，至少現在試著表現出你好像可以依靠他或她的合作和忠誠的樣子，如此亦將會有所幫助，直到你有機會實踐我將要說明的一些技巧。

暫時採取建設性、合作的態度之後，即可開始從事一些事情來調整你們之間的關係。舉例來說，可以開始關注你的伴侶令人愉悅的行為，並承認它們。此外，也可以想出一些讓伴侶更加滿意的事情，並間接地加入我會在第十二章詳細描述、屬於你自己的辦法。

一旦創造了一個有利的氛圍，你可能就準備好解決自己無效益的想法了。在第十三章會告訴你如何做到。雖然這一點比起其他我所建議的

任務可能需要花費更多努力，但在減少你的苦惱和幫助你更有效與伴侶相處方面，它可以帶給你很大的回報。緊接著，你應該就準備好嘗試改善你與伴侶的溝通和合作，關於這些會在第十四章到第十六章詳述。當然，如果你的伴侶願意一起努力，結果必會大有幫助，但就算只有你自己，你也可以透過改善自己的清晰度、主動聆聽等技巧來提升對話品質，即使你的伴侶沒有幫忙。

當你從你們的對話中消除了一些指責後，就可以嘗試第十七章所描述的憤怒調適方法。此方法，包括試圖將敵意降低到不再具有破壞力的程度。這個目標能透過當場「控制憤怒」的技巧，以及安排你和伴侶的特殊會議來實現，在這些會議上，伴侶雙方都要表達困擾自己的事情，如有必要，可以發洩你所壓抑的憤怒。此外，還有另一個方法是探索你的憤怒根源，透過調整你放大、「糟糕化」和扭曲的傾向，來減少你的憤怒。

最後，你會發現嘗試一些特別的安排，對於解決伴侶關係中的實際問題和排除「不良」的習慣與模式有所助益。在第十八章，將會提供如何針對特殊問題，諸如與壓力、性和雙薪家庭相關的議題，找出創造性解決方法的提示。

抗拒改變的阻力

當你考慮做出改變時，可能會遇到一些削弱你動機的態度或信念。這些態度，可能會以自動化思考的形式表達出來，如同第七章和第八章的描述。在識別出這些改變的阻力後，便能透過解釋它們為什麼不正確和誇大，來合理地推翻它們。

請閱讀以下問題，並檢視你或你的伴侶，是否抱持著其中任何一個信念：

關於改變的信念

失敗主義者的信念

_____ 我的伴侶無法改變。

_____ 沒有辦法能改善我們的關係。

_____ 事情只會變得更糟。

_____ 人的本性難移,不可能改變。

_____ 我的伴侶是不會合作的,而且沒有他(她)的合作無法完成
　　　任何事。

_____ 我已經夠痛苦了,我沒有精力去做更多嘗試。

_____ 如果我們需要努力,那麼這段關係一定存在著嚴重的錯誤。

_____ 在關係上下工夫,只會使它變得更糟。

_____ 這樣只是延遲無可避免的結果。

_____ 太多傷害已經造成。

_____ 我的婚姻已經名存實亡。

_____ 我感覺自己無法改變。

_____ 如果我們現在處不來,怎能期待未來我們可以處得更好。

_____ 我的伴侶是否開始表現得更積極並不重要,問題在於他
　　　(她)的態度。

自我辯護的信念

_____ 我這樣表現很正常。

_____ 我這樣想,感覺是正確的。

_____ 任何處於我這個位置的人,都會有跟我一樣的反應。

_____ 他(她)傷害了我,他(她)理應被傷害。

互惠爭論

_____ 我不會付出任何努力，除非我的伴侶也有付出努力。

_____ 探戈需要兩個人一起跳，我不明白為什麼我是應該改變的那
個人。

_____ 我必須做所有工作，這不公平。

_____ 在我付出所有努力之後，現在輪到我的伴侶努力了。

_____ 我能從中得到什麼？

_____ 我的伴侶過去傷我很重，所以現在他（她）必須做很多事情
來彌補。

_____ 我怎麼知道我的伴侶是有決心的？

問題出在我的伴侶身上

_____ 如果我們開始探索關係，我的伴侶會變得更糟。

_____ 我沒有任何問題。如果我的伴侶能振作起來，一切都會好起
來的。

_____ 我的伴侶無可救藥。

_____ 我的伴侶瘋了。

_____ 我的伴侶不知道如何成為他（她）以外的人。

_____ 我的伴侶內心充滿了恨，那就是問題所在。

_____ 我的生活中沒有任何問題，直到我們結了婚。

　　回答完以上問題後，如果你持有其中一些信念，那麼就值得去檢驗
它們的真實性。在你考慮改變的當下，這些信念可能會像自動化思考一
樣跳出來。如果是這樣，你可以嘗試使用一些反駁（正是接下來要討論
的），來處理這些自動化思考。

根據我的觀察發現，失敗主義者的信念鮮少是有根據的。當然，某些案例中，假如伴侶一方愛上了其他人，那麼她會不願意改變；或者他已經下定決心要離婚，那麼這種信念可能是真的。如此一來，要挽救這段關係即使不是不可能，也會變得很困難。不過如果伴侶雙方已經決心離婚，那麼也不會尋求改善婚姻的方法了。

然而，對於那些想要恢復關係，以及想要使關係變得更令人滿意的人來說，可以從嘗試反駁自己可能擁有的任何失敗主義者的信念開始。接下來，我將描述幾種典型的失敗主義者態度，讓你了解如何評估和處理它們。

失敗主義者的信念

我的伴侶不可能改變

這句陳述實際上永遠是錯的。透過諮商，即使是最沉重的心理盔甲也可以被穿透。那些看起來對有用的建議完全無動於衷的人，可能會出乎所有人（包括他們自己）的意料之外：突然把這些建議放在心上並往好的方向改變。**你的伴侶是否願意改變是另一回事，但如果你做出一些改變，其本身就可能會促使你的伴侶發生變化，而且經常如此。**此外，你可能會發現你的伴侶不一定要有很大的改變，才能變得更有親和力，或是更容易與你相處。

最重要的，是去認識到人們在其一生中會持續地改變。我們的中樞神經系統會鼓勵我們學習新的以及更好的觀點與策略。一方面增加快樂，另一方面減少痛苦的新的思考或行為模式會得到增強，因而持續下去。因此，如果你和伴侶發展出比舊模式更有利的看待和對待彼此的方式，那麼它們就可以變成你的習慣技能。我將會在之後的章節中提供這種改善的範例。

沒有辦法能改善我們的關係

這個信念可以被測試。其中一個方法就是去定義你們關係中的具體問題，然後選擇一個看似最容易改變的問題，並且應用適當補救方法。這不一定需要「下很大工夫」，可以是簡單計畫每週單獨一起外出吃晚餐，或每天分享一則個人趣聞。這些活動可以引進一些微小、新的滿意因素，進而開始將平衡轉往幸福的方向。

後面的章節將提供許多陷入麻煩的伴侶如何增進彼此關係的具體策略。你也可以嘗試這些技巧去檢驗「沒有辦法能改善我們的關係」這種悲觀態度的真實性。你可以進行實驗，看看哪種方法對你而言最成功。即便我介紹的方法無法產生足夠的效果，但若能搭配來自諮商師的額外協助，便可能在改善關係上獲得很大的功用。

事情只會變得更糟

某些伴侶因為痛苦的衝突而受盡折磨，以至於他們已經感覺麻痺。他們可能不願意為了這段關係再付出更多，因為害怕再次受到傷害。

溫蒂說：「我現在對霍沒有期待。我試了好多次，而他總是令我失望，這讓我感到憂鬱。我不想再次經歷那個過程，如果我抱有希望，我只會受傷。我早該什麼都不奢望了。或許，我將來可能無法享受任何事物，但至少這讓我不會感到憂鬱。」

溫蒂和霍從高中開始交往，大學一畢業就結婚，七年來在不斷升級的痛苦與衝突中，還是堅守在一起。乍看之下，害怕「感覺更糟糕」，似乎是溫蒂不為自己婚姻尋求協助的一個合理理由。然而，儘管溫蒂害怕，仍然有令人信服的理由使她相信，她會因為再次參與其中而受益。

我告訴溫蒂：「過去你多次嘗試想要改善關係，而正如你說的，每一次你都感到失望。但現在你有一些工具可以處理你的苦惱了。」然後我點出了以下幾點：

- 她自己承認，霍大部分時間對她是「好的」。
- 每次憤怒爆發後，霍通常會真誠地說自己很抱歉。
- 當霍冷靜的時候，他願意討論問題。

接下來，我幫助她看清自己在衝突爆發後的誇大想法，以及她可以如何處理自身負面自動化思考（見第八章和第十三章）。例如她回憶起自己在之前的一次衝突中存在的想法：「他又這樣，這實在是很糟糕。我無法忍受。他總是對我使用暴力」。

在檢驗自己的自動化思考後，溫蒂明白它們代表了對實際「戰鬥情況」的扭曲。她意識到自己可以忍受，她具有把事件「糟糕化」的傾向；實際上，那次的衝突並沒有當時看起來那麼糟糕。此外，她也會「過度類化」，霍的憤怒爆發其實只是偶爾發生，大概一個月一到兩次。然後她得出結論，雖然她的情緒退縮是可以理解的，但其實是不必要的。如果她以合理的反應去反駁自己的「糟糕化」和「過度類化」，便能忍受霍偶爾的突然發怒，直到他在減少發怒的問題上取得進展。

溫蒂決定給兩人的關係另一次機會。儘管歷史再度重演，霍的確再度爆發，但溫蒂可以控制自己的負面自動化思考。最終，他們對管理霍的憤怒爆發策略達成了協議（見第十七章），而他們的關係也開始有所改善。這對伴侶使用的技巧包括推遲激烈的討論、識別出霍準備爆發的時刻，以及決定何時提出敏感問題、何時該放棄等。

我的伴侶是不會合作的，
而且沒有他（她）的合作無法完成任何事

茱蒂是才華洋溢的藝術家，她嫁給一名非常忙碌的銷售經理。她不願意參與任何能幫助她婚姻的計畫，因為她害怕失望。她說：「克里夫從來不會注意我的需求。他只是全神貫注在他自己的需求上，因此無法注意到我的。」如同溫蒂般，茱蒂也對丈夫正面的行為具有盲點，她看

不見丈夫確實滿足她需求的時候。一旦茱蒂明白這一點，她會發現當她對於克里夫的自我中心感到惱怒時，她可以辨識出自己的過度類化，因而緩解了痛苦的感覺。針對這點，茱蒂被鼓勵克服自己對於嘗試婚姻協助計畫的抗拒，最終她發現她的婚姻不但沒有像她害怕得那樣變得更糟，反而變得更好了。

即使你的伴侶持懷疑或被動態度，依舊可以起始改變的過程。一般情況下，當不情願或被動的伴侶看見改善的可能性之後，他或她就會擺脫這種惰性狀態。此外，你善意的具體表現，也很可能敦促伴侶做出回應。

我已經夠痛苦了

雖然你可能真的承受了大量痛苦，但是我的任務就是要緩解痛苦。至少在最初，這會需要一點努力。事實上，許多伴侶發現找出新方法去擺脫困境的想法，十分吸引人。我將要提出的方法可以被視為一種挑戰；一種採取措施去減輕你的痛苦和提升你的滿意度的機會。你會發現透過應用這些方法，你將可以控制你的生活。

如果我們需要努力，那麼這段關係一定存在著嚴重的錯誤

即便存在一些品味和個性上的相似，但多數人進入伴侶關係時，在風格、習慣和態度上仍存在著顯著的不同。然而，很少人知道該如何調解這些歧異。他們通常沒有觀察過自己的父母如何從事問題解決，而且他們從未接受過任何類似於職業培訓的「伴侶關係技能教育」。

因此，如果你尚未培養出能更好適應彼此差異的技能，就不能認為你們的關係有缺陷。相反的，你應該可以預期一定會有問題發生。若你認為沒有一對伴侶（無論他們多麼相愛和忠誠）在各方面都能相契合時，那麼付出一些努力去消除困難處並增進滿意度是有道理的。把伴侶關係中的困難看作是這段關係「生病」或「有缺陷」，會使人失去幫助

彼此關係發展的機會。

正是這個信念阻止了許多伴侶改變，甚至使他們不願意嘗試。墜入愛河很容易，但讓一段關係發展和苗壯則需要深思熟慮與勤奮。隨著關係的成熟，他們所需要的許多改變會更自然地發生，但可以透過應用一些原則來加速這個過程。

太多傷害已經造成

我們應該實事求是地去處理伴侶關係中「無法修復」的悲觀看法。確實，許多伴侶在考慮做某些事以挽救他們的關係時，大多為時已晚。但你無法確切知道自己的伴侶關係是否注定失敗，除非你已經嘗試過一些基本的補救方法了。許多伴侶在合作改正缺失，以及鞏固他們關係中的優點後，我經常訝異於一段明顯糟糕的關係，可以得到許多改善。

我的婚姻已經名存實亡

許多伴侶在經歷數年的爭吵或漸行漸遠後，會懷抱著此信念。他們可能嘗試過閱讀婚姻手冊、接受諮商、與牧師談論過，卻仍沒有任何改善。當他們往前看時，只能看到空洞關係的延續。這類伴侶應該要把注意力集中在一個正在運作的自然現象上面：多年來他們似乎形成了一種常態、負面的偏見，導致他們排除了所有關係中現在和未來的所有美好部分。這種偏見使他們的回憶只剩痛苦，沒有任何快樂；一切都是失敗，沒有勝利。當他們被引導重新調整去注意雙方關係中的正面部分時，往往就會認識到這段關係不像自己所想得那樣令人生厭。

即使你過去為改善關係所做的努力沒有成功，這可能是因為你沒有使用適當的方法。後續章節將提供各種建議，而你可能會非常開心地發現，如果按下了正確的按鈕，你們的關係將能起死回生。

在關係上下工夫，只會使它變得更糟

有些伴侶懷有這種恐懼，但我發現這種恐懼是沒有根據的；只要兩人能適當地處理關係，或多或少都會改善。如果你採取適得其反的措施，那麼你會使事情變得更糟的確是真的，例如給伴侶一份他的「過錯」清單，或是威脅說要離開她，除非她改變她的行事方式。指責、威脅和最後通牒，通常會使緊張的情勢惡化。另一方面，如果你使用後續章節中所概述的方法，應該會使事情變得更好而非更糟。

在關係上下工夫只是在推遲「無可避免關係破裂」的想法，這是另一個末日預言。如何打被這種悲觀預言？就是當一名經驗主義者，嘗試我所描述的各種技巧，並測試它們對你的效果如何。唯有在你進行了這種實驗，並嘗試各種方式後，才能確定你們的關係是否可以變得更令人滿意。

自我辯護的信念

此信念構成了一個真正的障礙，因為它們賦予了一種「理性」和「自以為是」的光環，讓你繼續堅持使用自己的方式，而不願意嘗試任何改變。當然，其他人的反應可能會像你對你的伴侶一樣。但你必須做對你最好的事情，而不是被別人的行為所引導。

如果你的反應導致你們的關係陷入僵局，那麼這就是自取滅亡，即使這些反應「感覺」很合理。有些人可能用相同的方式做出反應，但這不能成為讓傷害你的東西永久存在的理由，尤其是當你可以改變它的時候。即使你深信自己是正確的，你的伴侶是錯的，還是有方式可以改變你對伴侶的態度。

因為自己受了傷害，所以就認為有理由採取反效果的行為模式，這種想法只會確保你繼續受傷。「傷害」和「報復」的循環永遠不會終結。必須有人主動打破這個循環，而那個人可能就是你自己。

互惠爭論

你此時可能的自動化思考是：「為什麼我應該是做出改變的那個人？」為了幫助你回應它們，我提供了一些試探性的答案，你可以用來反駁這種想法。

我不會付出任何努力，除非我的伴侶也有付出努力

對於這個想法的答案是：**雙方不需要同時開始。你們之中只需要一人採取行動，在這段關係中注入活水或阻止它繼續崩塌**。一旦動力是朝著正確的方向，那麼你的伴侶很有可能就會在之後加入。即使你的伴侶沒有主動參與，但你可能也會發現當你做出改變，這對你的伴侶也會造成正面影響。

我必須做所有工作，這不公平

你可能覺得你所做的事不符合公平原則。你們無法齊心協力的最可能原因，是雙方的動機、對問題的認識和做出改變的能力有所不同。舉例來說，你可能比你的伴侶更有資格採取行動，因為你更樂觀。或者你可能經歷更多痛苦，這讓你比你的伴侶更有動機。不管是哪種情況，你肯定會從你的努力帶來的任何改善中獲益。隨著關係的改善，你的伴侶也可能會採取更主動的角色。

伴侶雙方並非絕對有必要同時對關係進行努力。我諮商過的好幾位個案，其伴侶無法或不願意嘗試伴侶關係治療，然而，這些人仍能憑藉自己從治療中獲得的好處，使他們的伴侶產生有利的改變。對那些一開始被壓抑、不知道如何主張自己想法的人來說更是如此。在接受自我肯定的指導後，被壓抑的一方都能讓其伴侶發生顯著的改變。

從本質上講，「這樣不公平」的爭論會產生不良後果，因為它忽略了伴侶間差異的現實。幾乎總是會有一方比另一方更能準備好開始改

變。如果準備好的一方一定要等到另一方同樣準備好，那麼恰當的時刻可能永遠不會到來。接受「不平等」並試著取得一些成就，遠比堅持公平的抽象原則並看著關係繼續破裂要好得多。

問題出在我的伴侶身上

我沒有任何問題。如果我的伴侶能振作起來，一切都會好起來的

關注伴侶的過錯，本身就是破壞關係的症狀。根據研究指出。當伴侶雙方持續且不切實際地責備彼此，他們的關係只會更加痛苦。[27] 更好的方法，不是裁定誰對誰錯，而是發展有助於關係的新策略。

即使你認為你的伴侶在很大程度上要為你的問題負責，你可以透過改善這段關係來彌補（而不是逆轉）他或她一些不討人喜歡的特質。舉例來說，如果因為溝通不良而有大量摩擦，你的伴侶可能會以乖戾或暴躁的方式反應，這便會對你造成了痛苦。然而，如果你採取措施去改善溝通，伴侶令人不悅的反應方式，便可能會被更令人愉快的方式所取代。

我的伴侶瘋了

諸如「我的伴侶無可救藥」或「我的伴侶有病」等貶抑的想法，可能比客觀評價更能反映出你的看法。雖然當人們感到極度痛苦或暴怒時，有時似乎會顯得無理，但這並不代表他們「瘋了」。**你看到的任何不理性，可能是他們焦慮的結果、一種混亂的徵兆。**在家庭爭吵中，互相叫嚷的伴侶通常可以完全理性地對待其他人。因此，最好的辦法是忽略這種不理性（至少在一開始），然後專注在你可以做的事情上，以減少這種混亂：專注於原因，而非結果。反過來，改變原因可以使你的伴侶變得更理性。

另一個要記住的事實，如第八章所述，你認為伴侶令人討厭的看法可能會被過度放大或扭曲。在許多情況下，被公正的旁觀者歸類為只是有點奇特或另類的行為，在你眼中卻可能是怪誕或古怪。

我的伴侶無可救藥

你認為伴侶無可救藥的信念，可能只是反映出你們之間正在發生鬥爭。當人們處於戰鬥中，且雙方都不讓步時，他們在對方眼中都是無可救藥。但是當你解決了這僵局後，很可能會發現伴侶遠比你所認為的更靈活且理性。當然，我曾看過某些伴侶，他們的內在衝突或人格特質使他們難以共同生活。這類人通常會受益於心理治療。**然而，判斷你的伴侶是否屬於這類人應該是由專業來決定，而不是你**。無論如何，努力改變伴侶關係，能確定你認為伴侶無法改變的看法是否正確。

什麼應該被改變？

一旦決定嘗試改變，首先可能會納悶「要改變什麼」：思考模式還是行為？當我在為伴侶進行治療時，我最初會專注在他們的行為上。改變具體的行為或是引進新的行為，都比改變思考模式要容易許多。此外，當行為改變，通常會伴隨一個立即的獎賞，如伴侶一方對於另一方做出一些令人愉快的事或停止做出令人惱怒的事，表示讚賞。

而當你開始改變思考模式時，獎賞可能來得比較慢。舉例來說，你可能會感到不那麼憤怒、悲傷，或沒那麼想要報復，但是你不會像你的伴侶用微笑或親吻來認可你的正向行為時那樣，感到對關係有所控制。然而，長期來看，減少自己的惱怒程度也會降低伴侶的爆發程度，因此當你惱怒時，對方更可能以友善、同理的方式做出反應。

另一個相關的問題是：「增加正向行為」和「消除負向行為」哪一個更重要？儘管伴侶關係中的負向行為通常出現頻率會比正向行為少，

但它們卻對幸福程度有很大的影響。有時，一個負向行為（如責罵）的影響，似乎會超過許多個友善或好意的行為。

因此，消除負向行為好像應該優先於強調正向行為。然而，實際上，如果一開始就關注伴侶的惱人習慣，你可能看起來是在指責或批評，反而會讓事情變得更糟糕。因此一開始，最好努力讓事情顯得更正向。之後，當你們以一個團隊合作時，就可以處理你希望看到改變的行為了（見第十六章）。

問題在於關係本身

「他是個卑鄙的傢伙。」

「她好嘮叨。」

「他從來沒有做任何事情來幫助我。」

「她總是在我背後說閒話。」

當問題沒有被定義為問題，而是被定義為伴侶的廣泛特質或誇張描述時，伴侶關係要改變就會出現障礙；因為關係中的問題，好像都是伴侶的錯。如果把伴侶視為問題，就可能會得出你無能為力的結論；更糟糕的是，還可能會過度放大問題，使它看來似乎不可能改善，即使只是嘗試解決，都會顯得徒勞無功。

從前面列出的那些抱怨（「他是個卑鄙的傢伙」、「她好嘮叨」）可看出，人們似乎已經被一種負面的看法定型了（見第三章）。儘管最初的困難可能是伴侶不在乎、退縮或抱怨很多，但這些負面特質被誇大了，以至於如果屬實，它們將無法解決。事實上，**伴侶這些所謂的「特徵」是兩人之間相互作用的結果**。假設你的伴侶行為特別討人厭，因此你以一種令伴侶不愉快的方式來回應，而對方也立刻以負面的方式做出反應；由此可見，問題不在於伴侶任一方，而是在關係本身。

在痛苦的伴侶關係中，改變的主要障礙是兩人傾向將所有的不愉快歸因於彼此的負面人格特質（如自私、傲慢和冷酷），並詆毀彼此的正面行為。一些關於親密關係的書籍討論了這種一概而論的傾向。如同這些書籍所描述的，問題是建立在不同性別的人格特質當中：「恨女人的男人」或「愛得太深的女人」。這種觀念會造成誤導，進而阻止伴侶試圖改善兩人之間的關係。

一個更實際的觀點是某些人擁有某些習慣和敏感性，使得他們脆弱或導致他們去傷害其他人。從更深的層面來看，他們的態度是以「自我挫敗」的方式表達的。例如執著的妻子強烈懷疑自己的接受度、價值或能力，由於她不切實際的態度，導致她過於在乎自己。或者，充滿憎恨的丈夫不切實際地恐懼被支配或被困住，為了防止自己被控制或操弄，而猛烈攻擊他人。

另外，伴侶彼此的人格特質是否相互協調，會決定他們的特質是被用正面或負面的眼光來看待。如果一名渴望親密的女性搭配一名喜歡照顧人的男性，那麼通常不會有問題。或者，一名自主的丈夫，搭配一名平易近人、自給自足的妻子，兩人也可以相處得很好。當伴侶雙方的人格特質並不互補時，那麼問題就會產生。[28] 然而，即使是這種情況，問題也可以被追溯至伴侶的關係和互動，而不是任何個人的缺點。

如果能改變等式的一邊，那麼另一邊也會產生變化。以前面介紹過的霍和溫蒂為例。霍對溫蒂的說話方式讓她感覺「被貶低」。而實際上，這種略顯傲慢的說話方式，是模仿自他父親對母親的說話方式，以及他的兄長對其妻子的說話方式。但是霍沒有意識到自己以居高臨下的方式對溫蒂講話，也不知道這件事困擾著溫蒂。當我提出這個問題時，他起初無法置信，然後他請溫蒂點出他這樣說話的時刻。當霍學會辨識自己語氣中的傲慢後，無論何時，他都能馬上捕捉到這種語氣出現在自己的言談之中。

霍的語氣可能不會對大多數人造成困擾，但是由於溫蒂的敏感，它

令溫蒂惱怒。正如溫蒂所說：「他讓我失去理智！」雖然霍的兄長採用相同的語氣，但是他們的妻子並沒有因此感到困擾，這是溫蒂詢問妯娌後的驚訝發現。

同樣的，溫蒂沒有意識到自己有個習慣，就是「在詢問時帶有責備的語氣」，而這使霍感到愧疚。舉例來說，如果霍從機場回來時有點延遲，她會問：「你為什麼不打電話？」而不只是說她很開心見到他回家。霍和溫蒂雙方都試著做出改變：霍改掉他傲慢的語氣，溫蒂則是軟化了她在問題中注入的斥責。

重新定義問題

當一個問題只是被模糊地表達出來，或是透過謾罵，或是作為伴侶一種無法改變的特徵來表達時，任何試圖改變的嘗試都將顯得毫無意義。更糟糕的是，攻擊一個人的特徵會激發更多對立的反擊與敵意。

例如當溫蒂說「他是個徹頭徹尾的懶鬼」，或者霍說「她讓孩子予取予求的能力世界第一，孩子都不聽話」，這些問題在當時看起來都無法克服。但是只要把這種抱怨轉譯成可以解決的問題，就可以採取特定、具體的行為去解決它們。霍最初的改變是把他的髒衣服放入籃子中，而不是留在椅子或地板上；溫蒂則試著堅定地為孩子設定就寢時間。

這類簡單的行為會對另一方產生明顯的影響。它可能會把一個絕望的態度轉變成更適中的態度：「如果他想，他可以改變」，或是「她並不只會讓步」。因此，**如果你盡可能以具體的名稱去界定關係問題，即使只是微小的改變，都可以提供改善關係的動力**。這個方法在第十六章將有完整的討論。

人如何改變？

改變如何發生呢？假使伴侶雙方願意改變，但如何保證他們能做到呢？為了回答這些問題，我們必須探究理論。有許多伴侶關係的技巧相對來說容易學習，但有些，尤其是放棄以根深蒂固的方式來解釋伴侶的行為，則比較困難。舉例來說，比較容易的是採取新的說話方式，像是針對伴侶的問題給予更完整的答案；比較困難的，則是停止把伴侶的建議解釋為控制的意圖。

隨著我們長大，我們養成了解釋、與他人打交道，以及與他人相處的習慣，包括如何回應對方友善的表示、如何忽略隱含的輕視，以及如何處理要求。隨著時間經過，這些習慣會逐漸完善，組成了我們所謂的「社交技巧庫」（repertoire of social skills）。具有這些技巧的人，通常會被形容為處事圓滑、善於社交等。

但對於我們大部分人而言，社交技巧可能沒有如此靈活或靈敏。如果我們對他人做出了錯誤的結論，如誇大他們的好特質或放大他們的錯誤，就可能進而太信任或太悲觀。同樣的，如果我們過於唐突或逾越界線，也可能會傷害或疏遠他人；或者我們過於壓抑或順從，因而得不到應有的權益。

如同第一章所描述的，我們的編碼系統會自動對一個特定事件解碼，像是鬼臉、微笑或面無表情。就如我們學到某些解釋事件的方式一樣，我們也學到如何誤解它們。在成長的過程中，我們的父母、手足和身邊其他人，傾向對他人或我們做出嚴重誇大的陳述，並貼上不正確的標籤。身為孩子，我們接受了那些誇張的描述，並將其納入自己的編碼系統內。

我們對一個事件的解釋，涉及該事件與編碼之間的微妙配合。如果我們的編碼是奇怪的，那麼我們的解釋就會是奇怪的。例如某位男性相信女人總會拒絕他，因此把妻子的喜怒無常，解釋為是她已經不愛他的

跡象；另一位女性相信男人總是善於操弄，因此她得出丈夫想要發生性行為，就是在利用她的結論。

這些解釋或與他人相處的方法，最終都會被建立為習慣模式。它們的起源太過複雜，在此不適合進行過於詳細的討論，只需知這些模式是從觀察重要他人（如我們的父母或年長手足），以及從被動的經驗中（如閱讀或觀看電視與電影）獲得的就夠了。最後，涉及我們「社會環境」中任何人（如我們的家庭成員、同儕團體、老師等人）所經驗過的特定經歷，也可能會植入某些信念與態度，而它們會被帶入我們的成年生活中。

過去的具體經驗，會導致我們發展出與其他人不同（至少在程度上不同）的態度與思考模式。因此，一個小時候經常被姊姊嘲笑和戲弄的男孩，當他長大成人後，由於害怕被嘲笑，他對於約會對象及妻子都會採取過度謹慎和壓抑的態度。他的規則是「女人容易瞧不起和挑剔別人」。某位女性對自己身為職業軍人的專制父親表現出叛逆，傾向認為所有與她約會的男性都是專橫的。她最終嫁給了一位年長她多歲的丈夫，並發現自己不斷拒絕丈夫的建議，好像它們全都是直接的命令或無法協商的要求。經過幾次諮商後，她認識到原來自己把父親的形象投射到丈夫身上了，丈夫其實是和善的。

雖然這些反應的習慣模式感覺起來很自然，但這些非常可能造成伴侶關係的問題。源於早年、脆弱歲月所經歷的痛苦事件，會讓一個人留下特別持久的印象。而對於被拒絕、控制或挫折特別敏感的人，會建立起自我保護的習慣以防止自己受到傷害。

這種保護模式——因為害怕失去尊嚴而過度警戒和壓抑的年輕男性、害怕被支配而反抗的女性——遠比只基於模仿父母的模式來得強烈。最強烈的模式是結合了童年時期重要他人的態度以及痛苦的經驗。舉例來說，蓋瑞（如第九章所描述的對妻子家暴）對他哥哥霸凌行為的反應是，將其認定為這就是家庭中男人的角色，然後把自己也變成一個

霸凌者。

這樣的情感不容易完全擺脫，但可以藉由識別和矯正它們的誤解與誇大形式，來加以控制。在第十三章，我們將討論如何捕捉和修正自動化思考的方法，這將有助於削弱它們的力量。然而，如果你的模式特別強烈或棘手，那麼除了執行自助工作外，尋求心理治療師的諮商可能是必要的。

回到人們能否改變的問題：可以，或至少可以調整自己的反應，只要他們有足夠的動機並使用適當的技術。有些改變相對來說較容易，像是如果你會晚回家，記得打電話給你的伴侶；幫助伴侶做家務；或是當伴侶想和你說話時要抽出時間。至於其他改變，則需要花費較多時間且較困難，像是當伴侶試圖糾正你時，不要發火；或是當伴侶與其他人說話時，不要忌妒。

在適當技巧的幫助下，便能透過各種方式帶來基本的改變。舉例來說，如果你發現伴侶對批評很敏感，你可以淡化你的批評意見，甚至是可能被視為批評的建議；如果你知道特別的日子（生日、週年紀念日）對伴侶來說很重要，則可以使用某種標記來記得這些日子。只要你練習這些技巧，它們就會內化成習慣。

然而，改變你的內在敏感性、態度和模式，則需要更多練習。部分改變發生於與潛在信念相矛盾的糾正經驗中。例如假設你害怕展現缺點而被伴侶輕視，因而對伴侶守口如瓶。如果你向伴侶敞開心房，且伴侶對你的坦承感到喜悅，那麼這個經驗會導致一種新的態度，像是「我的伴侶接受我和我的缺點」。這種新的態度可以與現有的信念「如果她知道真正的我，她會輕視我」相競爭。同樣的，當你學會捕捉自己的誤解或誇大解釋後（見第十三章），就能夠開始調整自己的編碼系統。

改變的計畫

考慮到你希望在關係中看到什麼改善，**你要決定自己應該首先嘗試哪些改變**。如果你是自己閱讀本書而伴侶尚未參與其中，你最好持續看完剩餘章節，然後由改變自身的誤解和反應模式開始（第十三章）。如果你的伴侶正與你一同合作，你們可能會希望從改變溝通（第十四和十五章）、減少憤怒（第十七章）和引進新的問題解決方式（第十六章）開始。如果你們能合作以更精準地確定對方想要或不想要什麼、喜歡或不喜歡什麼，那麼你們就能更好地做出這些改變（第十二章和十六章）。

我提倡的計畫不是設計來為了改變而產生改變，而是為你的伴侶關係帶來更多滿意和愉悅，同時盡量減輕不必要的痛苦和不愉快。為了達到這一點需要以下步驟：

首先，你需要處於適當的心理狀態，亦即你願意敞開心胸學習這些章節所提供的東西。如果你的心已經準備好了，才能透過更客觀的觀察發現可能出錯的地方，並找出原因。你將能與伴侶一同從經驗（即使是痛苦的經驗亦然）中獲益。此外，也更能看見伴侶討喜的一面，這會替未來的改變提供基礎。

其次，你需要有動機去應用本書中的原則。這不代表你需要非常樂觀或感到有動力，才能去改變自己或關係的本質。只要願意嘗試一些書中的技巧並檢視它們的結果，就已經足夠了。當你開始看見努力所帶來的實際結果，自然而然會變得更樂觀，因而渴望付出更多努力。當你從努力中得到更多回報時，你應該就會進展得更順利。

第 11 章
強化關係的基礎

————

　　愛、感情和溫柔，這些能給關係帶來愉悅、狂喜與充實的元素，會隨著時間的推移產生波動。一對伴侶即使在熱戀期承諾對彼此不朽的忠誠，相信兩人的愛情會天長地久，但愛會開始減弱，而他們的忠誠也會逐漸消失。

　　當然，熱情把雙方吸引在一起，並創造出一種持久穩定關係的氛圍。此外，愛和感情能緩和伴侶間許多的緊張，而且可以凌駕於不時出現的天生自我中心。儘管如此，只有愛並不足以提供一段關係的穩固。強化伴侶關係並確保關係持久的其他基本特質，會逐漸自發地出現，才有辦法真正穩固一段關係。如果它們沒有發展出來，伴侶雙方必須努力將它們建立於兩人的關係中。

　　一旦這些特質發展出來了，承諾、忠誠、信任的力量，就會保護伴侶間的親密和安全。例如了解到你的伴侶永遠不會拋棄你，能提供你在關係中的安全感與信心。

　　雖然迷戀是把兩人吸引在一起的強力磁鐵，但它也具備了使他們分開的核心力量。在迷戀的魔咒下，許多人誇大了伴侶的良好特質或看見了根本不存在的潛力，因此，當他們後來發現自己的錯誤後，這個幻想就破滅了。

　　起初，伴侶雙方會期待他們能一起度過快樂的時光，而他們的伴侶

也將永遠忠誠和自我犧牲。但經過一連串大大小小的衝擊之後，他們會發現這些期望毫無根據。舉例來說，敏感、喜怒無常和不同的做愛節奏，都可以造成挫折和責備的循環。

許多伴侶發現有無數的需求有待共同解決，但他們卻缺乏共同解決這些問題的經驗和能力。注意到實際的細節也可能導致心理問題。舉例來說，當他們做決定時，伴侶一方可能居於主導地位，另一方就需要順從；主導方可能會抱怨必須承擔每件事的責任，而順從方則是抗議自己總是處於部屬的地位。

雖然愛與感情本身無法解決這種困難，但是它們可以提供伴侶強大的動機去找出克服困難的方法。以下列出構成伴侶關係的一些基礎要素。當檢視它們時，你可能會評估它們是如何有效建立在你的關係中。或許你會驚訝地發現這些重要的價值，比你所意識到的還要強大。另一方面，你可能會發現你需要再加強的地方。

1. **合作**：努力實現你們作為伴侶和家庭的共同目標。基本態度：「我們將共同努力做出決定」、「我們將同心協力，以最好的合作方式共同進行活動」、「我們都將履行自己的責任範圍」。

2. **承諾**：無論發生什麼困難，你都會留在伴侶關係中。你不會質疑伴侶關係的持續，就像你不會質疑你與孩子、父母或手足關係的永久性一樣。基本態度：「如果我們有麻煩，我會與伴侶一同解決」、「當事情變得困難，我不會從伴侶的身邊逃離」。

3. **基本信任**：假設自己的伴侶是可依賴和在身邊的。基本態度：「我能依賴伴侶來保護我的最佳利益」、「我知道伴侶不會故意傷害我」、「我知道在一般或緊急情況發生時，我能求助於伴侶」、「我知道當我需要時，伴侶會在身旁」、「我可以假設伴侶抱持著善意」。

4. **忠誠**：致力於伴侶的利益。在受到脅迫時，你會支持伴侶。基本

態度：「我把伴侶的最佳利益放在首要位置」、「我會像個盟友一樣支持伴侶」、「我會對伴侶相挺」。

5. **忠貞**：性忠誠與忠實。基本態度：「我不會擁有伴侶以外的性關係」。

合作

當伴侶雙方陷入衝突、對彼此擁有僵化的負面印象且充滿敵意的情況下，我們如何期待一段關係可以發生任何改善呢？當關係滿布荊棘，痛苦的伴侶會需要專業婚姻諮商師的協助。但這些人，甚至那些問題比較不嚴重的伴侶，都可以將閱讀本書所獲得的見解，應用於其關係問題中，並從中獲益。

首先，我們需要考量到真正的合作障礙。有鑑於自利偏誤、自我中心和敵意的力量，我們如何期待根本性的改變呢？幸好，人類與生俱來的不僅只有自我中心的傾向，還有合作與犧牲的能力。我們在親子關係中清楚看到了同理心，除了少數的例外，基本上父母都會自然而然對於嬰兒的需求給予關愛。此外，在早期階段，大多數伴侶在建立關係方面都會表現出熱情的合作。來自團結的滿足感在人類事務中是一股強大的約束力，無論組織是只由兩個人組成，如伴侶關係，或是包括許多人，如一個團隊或社交俱樂部。

成熟伴侶關係的合作與浪漫熱戀時期不同，後者的自我否定與利益融合尤其顯著。與此相對，在成熟的伴侶關係中，兩人的利益與目標可能相異，但為了實現他們的長期目標——一段快樂、穩定的關係，伴侶雙方可以協商或者把自身的特定利益擱置一旁，共同解決諸如家務分工或對於教養孩子態度不同等問題。

當然，他們也會得到立即的獎賞。合作精神、取悅對方和解決問題，在本質上是令人滿意的。許多伴侶彼此認同，所以一方的喜悅會與

另一方分享、一方的痛苦會被另一方感受到。如果一對伴侶想克服由利益衝突、觀點衝突和累積的敵意所產生的分歧，就必須將這些正面的力量付諸行動。

承諾

最初的迷戀過後，隨著熱情消退，對彼此福祉和幸福的奉獻，會成為關係中的主要約束力。這些感覺或多或少也會出現在婚姻和之後成為父母角色時。「無論甘苦、無論貧富、無論病痛健康……」，彼此會為對方承擔起責任。「責任」是承諾的標誌，提供伴侶雙方衡量自己與對方的標準。

儘管某些伴侶最初或許相信他們能全心致力於這段關係，但他們的承諾也可能不足以抵擋關係中無可避免的風暴。有些人則可能認為他們的承諾很堅定，但仍然抱持著更強烈的保留，這種保留可能持續數十年，甚至貫穿整段關係。

這些對完全承諾的「抵抗」，可能導致失去一些具重要價值的東西。例如他們可能會對婚姻中的缺陷保持警戒，因為害怕自己會被永遠困住。或者，他們可能因為害怕伴侶的拒絕，而使自己遠離情感上的親密。還有一些人雖然想要獲得親密關係的好處，卻不願意全心全意付出確保關係的延續與發展。

不完全的承諾可能帶來的不幸福，可以從結婚數年後來尋求我協助的瑪喬麗（個案的故事請見前言）身上得到說明。她曾經歷過不快樂的童年，主因是父母親之間的不斷交戰。她的父親有專橫跋扈、挑剔和暴躁的傾向，她的母親對父親有些許批評，是他攻擊下的受害者。瑪喬麗認同她的母親，並且開始擔心如果自己結婚，也會受到與她母親相同的虐待。在一段衝動的戀愛之後，瑪喬麗嫁給了肯，一名前大學運動員。儘管肯對她相當忠誠，她仍總是擔心肯有天可能會開始表現得像自己的

父親。

在他們結婚之前，瑪喬麗向肯要求了一個保證：如果她想離婚，肯就會同意，而為了「迎合」瑪喬麗，肯同意了。肯滿心期待瑪喬麗會快樂，但她只是對於生活即將發生重大的改變而感到緊張。然而，瑪喬麗從來沒有對婚姻許下完全的承諾。她總是提供自己一個「出口」，所以她永遠不可能完全「進入」一段關係。瑪喬麗對婚姻有所保留，多年來她一直在注意肯的缺點。因為她害怕肯的一個小缺點將會轉變成重大的缺陷，瑪喬麗以「顯微鏡的角度」去檢視肯最細微的過錯，因而放大了那些錯誤。因此，她對於自己發現的缺失，時時刻刻保持警惕並默默地批評。肯將瑪喬麗的沉默批評解釋為冷漠的跡象，因而責備她，但這個行為反過來被瑪喬麗解釋為證實了肯的基本敵意。

這對伴侶前來諮商時，很明顯地，一個最迫切的問題就是瑪喬麗的吹毛求疵。我能辨識出她搖擺不定的承諾及其背後的恐懼，因此，我為瑪喬麗設定了一張平衡表，在兩個欄位中分別列出不做出完全承諾的利與弊：

贊成不完全承諾	反對不完全承諾
1. 如果我的丈夫表現不佳，我比較不會受到傷害。 2. 我將能更輕易地離開這段婚姻。 3. 我可以更獨立。	1. 我可能更加挑剔肯的行為。 2. 我更有可能因為他的「小過錯」而憤怒。 3. 我會經歷較少的親密，因此較不滿意。 4. 我總是很緊張，害怕肯會離開我。

當然，對瑪喬麗來說，要確定許下完全承諾的優點是有難度的，畢竟她從未踏出過這一步。然而，作為一種激勵，我們列出了一些潛在的優點，像是她的安全感會增加，以及可以參與一段付出更多的關係。直到她不完全承諾的利與弊被公開後，瑪喬麗才意識到她的有所保留讓她

失去了多少東西。

　　瑪喬麗和我回顧了這段關係能持續下去的所有過往證據：他們一起度過了許多危機、他們如何作為一個團隊共同撫養孩子。在仔細衡量事實和肯的表現後，她相信他們的婚姻是穩固的。瑪喬麗也明白雖然肯偶爾會生氣，但肯並沒有她父親的那種暴躁性情。她發現只要對自己反覆述說：「這段關係將會持續下去」，她的不安全感就可以得到一些緩解。

　　然而，為了加強這個信念，瑪喬麗必須改變自己關注丈夫缺點的習慣。肯畢竟是一個平凡人，他偶爾也會批評，有時也會忽略兌現自己的諾言，而且經常拖延。但是瑪喬麗不再一直想著那些過錯，而是讓自己專注於每個代表他們擁有一段穩定、幸福婚姻的象徵：他對她表達的忠誠、他關心她的幸福，以及他渴望改善他們的關係。不久後，瑪喬麗漸漸能讓自己不再吹毛求疵並信任肯，而回報的產生幾乎是立即的。她發現自己感覺更自主且能付出更多，同時也從這段關係中獲得更多。而隨著她的放鬆，肯也變得更加深情與體貼。

　　在分析發生這種深刻變化時，我觀察到瑪喬麗能專注於她婚姻中的正面特性，而不是注意其缺陷的能力，使她對自己與丈夫有了更平衡的觀點。這種觀點上的改變，淡化了肯某天會與她父親類似的恐懼。隨著她觀點的改變，以及恐懼的消退，她終於能致力於使這段關係正常運作，並計畫繼續維持婚姻，而不是離開婚姻。

　　從這個案例中可以擷取到一個重要的規則：**恐懼會阻止人們許下承諾，而有所保留也會使恐懼持續存在**。這條規則告訴我們：抓住機會，允許自己信任和依賴伴侶，兩人一開始可能會覺得脆弱感增加，但最終他們會學到這件事值得去冒險。

　　過去，瑪喬麗把冷漠視為一種讓肯遵守規則和保護自己的方法。因此我在進行諮商時，有一部分涉及解決她對於承擔風險的恐懼：

我：為什麼你不願意做出承諾？

瑪喬麗：我不確定自己可以信任他。

我：假設你發現他不可信任，那麼會怎樣呢？

瑪喬麗：他可能會傷害我。

我：這樣會發生什麼事？

瑪喬麗：如果他傷害我，我真的會感覺很悲慘。

我：那麼你將會怎麼做呢？

瑪喬麗：我會考慮離婚。

我：但你從結婚那天起就已經一直在考慮離開了啊。如果你做出承諾，而且成功了，那麼你實際上會失去什麼呢？

瑪喬麗：我想我會發現自己不能信任他。

我：所以你只要發現一次，就代表肯無法信任嗎？那麼假設你全心投入，而他通過了測試呢？

瑪喬麗：我想我會發現他沒問題……而且我猜我會感覺更安全。

　　我和瑪喬麗設計了一個為期三個月的實驗，讓她測試以下假設：「如果我對這段關係做出完全承諾，尋找正面而非負面的地方，我將感覺更安全。」三個月後，她發現確實她更有安全感，而且越來越少想到要離婚。

　　這個案例說明了質疑一個人根深蒂固的假設的重要性，例如有人覺得永遠不應該允許自己感到脆弱。透過試圖避免一個不確定的風險，像是被困在一段不快樂的婚姻中，瑪喬麗付出了明確的代價，亦即從未感到完全的快樂或安全。她讓自己陷入了一個惡性循環：為了「保護」自己，永遠在尋找退路，因此她創造了一段不穩定的關係；而這種不確定導致她進一步的不安全感，增加了她自我保護的需求。**永遠保持警戒的代價是持續的不安全感。**

　　同樣的，瑪喬麗害怕對她的工作或朋友做出堅定的承諾，因為她害

怕被拒絕而受到傷害。她的脆弱感和保護自己免於承受風險的需求，也表現在她堅持在銀行帳戶中儲蓄大量的儲備金，即使這筆錢若投資到其他方面會得到更好的回報也一樣，以及她購買了高額的失能險。從某種意義上來說，瑪喬麗的婚姻策略說明了她認為在婚姻中，進行更實質性投資的價值超過大量情感儲備的價值。

從承諾到忠貞

通常一個人不願意對一件事做出完全的承諾，是因為如此一來必須放棄某些事情。例如有些人享受婚姻，但不願意為了婚姻做出任何犧牲。他們想要兩全其美，像是擁有婚姻提供的安全感與持續的愛，但是也想要保有單身時的自由和較少的責任感。

泰瑞與露絲是一對似乎擁有一切的伴侶，他們因為露絲懷疑泰瑞不忠而前來找我諮商。泰瑞是非常忙碌的專業人士（他是系統分析師），經常需要出差，而露絲擔心泰瑞會在這些旅程中與其他女性見面，令她感到十分痛苦。

當我單獨與泰瑞會談時，我發現他的確在離家時與其他女性有過親密關係。正如他所說的：「我想要魚與熊掌兼得。」他非常自我放縱，而且不明白為什麼他應該剝奪自己的滿足感，即使他知道缺乏自制會傷害妻子並破壞他們之間的關係。

如同我要求瑪喬麗做的，我也教泰瑞使用評估利與弊的雙欄位技巧。最初，他聲稱「世界上任何事情都比不過他想要與妻子維持關係」。但是當他衡量過一切隨心所欲的優點與潛在的危險後，他卻覺得自己被剝奪了「應有」的權益。我向他指出，為了確保持久的關係，一個人必須將滿足感限制在與婚姻相容的事物上，並放棄那些會威脅關係的事情。在這種情況下，未承諾的伴侶必須認真考慮自己如果不做出犧牲，實際上會失去多少東西。泰瑞和我曾有過以下對話：

我：你似乎在追求一個夢想，透過抓住一切，你就能擁有一切。

泰瑞：沒錯。這樣有錯嗎？

我：但是你真的擁有一切嗎？我猜露絲威脅要離開你。

泰瑞：我不認為她會。

我：但是假設她會，那麼你會擁有什麼？

泰瑞：我猜我會再娶一個妻子。

我：你真的想要那樣嗎？

泰瑞：不。

我：就重要性的順序來看，哪一個對你而言更重要：你的一時放縱？還是你的婚姻？

泰瑞：當然是我的婚姻。

我：如果你必須選擇，你會選哪一個？

泰瑞：我已經告訴你了。

我：那麼如果你放棄流連於花叢，會失去什麼呢？

泰瑞：我的旅途中會減少很多樂趣。

我：那你會得到什麼？

泰瑞：我猜我的妻子就不會再批評我。

在對話中，我向泰瑞指出明顯的事實是必要的：他必須放棄某些事情以保有婚姻，但如果他繼續試圖得到一切想要的東西，那麼他會失去更多。泰瑞從來沒有面對自己必須做出選擇的事實。確實，他一生大部分的時間裡，都能得到自己想要的東西，而且不會受罰。這是他第一次面對到這種「擁有一切」的生活態度是站不住腳的事實。經過深思熟慮後，泰瑞開始看到儘管有其他樂趣的誘惑，但他的婚姻才是最重要的一件事。

當然，消除單一問題本身並不能促進承諾。一個真正的承諾需要更多條件：雙方必須沉浸在關係中，並從經驗中學到以一個單位、一對伴

侶共同生活的滿足感，而不只是兩個人同住一個屋簷下。

承諾的一個主要層面（許多人相信近幾十年來已經變得越來越稀有），是即使經歷了困難、失望與幻想破滅，仍決心維持這段關係。一個不爭的事實為，如果伴侶雙方將他們的精力用於解決兩人之間的問題，而不是逃避它們，那麼更多婚姻是可以得到挽救和改善的。後續章節將會提供尋找解決之道的指引。

基本信任

即使對於婚姻許下承諾，伴侶雙方或許還是無法發展出堅實的信任感。舉例來說，某位妻子的信任包含丈夫會把她的最佳利益放在心裡，不會故意傷害她，以及當她需要丈夫時會陪在她身邊等堅定的信念。但是持久且持續的信任很難形成，而且很容易動搖。

根據許多學者的看法，基本信任的根基早在結婚前就已建立。例如艾瑞克·艾瑞克森（Erik Erikson）指出，這種態度是從兒童跟家庭中重要他人的互動經驗中發展出來的。[29]這種信任超越了嬰兒期的盲目依賴，從兒童期對於父母和手足的感覺中開始萌芽。孩子的基本信任包括了以下主題：

1. 無論發生什麼事，當我需要家人時我都可以依賴他們。
2. 外人可能會傷害我，但是我的家人尊重且會保護我。
3. 我生命中重要的人不會越界、不會占我便宜或故意傷害我。

這種早期的信任可能不會延續到同儕關係中。一名充滿信任感的孩童可能會發現其他孩子是殘忍、欺騙和不可靠的。而隨著長大成熟，他或她可能會認為他人善於操弄、剝削和無法信任。這種潛在的不信任態度可能會被帶入婚姻，儘管被愛情所掩蓋。就算其伴侶可能是可依靠與

值得信賴的，但是這種不信任的「暗流」仍然可能持續下去，然後在某個事件後浮出水面。

許多伴侶在部分時間會信任對方，但不會所有時間都信任。在某些方面，他們可能會對對方感到不信任，例如在花錢上、與姻親的關係或是不在家時。伴侶一方可能會感受到另一方的缺乏信任並感覺受傷。或者，這種不信任可能會導致他們反抗和衝動行事，既然已不被信任，那就一不做二不休。

透過了解關係中的核心領域，以及自己傾向以絕對的方式來思考，那麼伴侶雙方對於不信任就能有更好的理解。例如如果一名妻子某次不誠實，她的丈夫可能會想：「我永遠不能相信她」；如果一名丈夫違背諾言，他的妻子可能會得出「他不可信賴」的結論。當然，對於伴侶來說，**最好把真實性和可靠性等特質視為一種連續體，而不是一種絕對；將它們視為刻度尺上的刻度，而不是一個固定的類別。**例如一名受傷的妻子可以把丈夫的小謊言，重新定義為他不完美的徵象，亦即他不是一個誠實的男人，但也不是一個慢性說謊者；一名喜歡統計的丈夫，可以把妻子評為只有 75% 的可靠性，但並不是一直無法依靠。

畢竟「偶然」必定會發生，沒有人能永遠完全誠實，另一方面，世界上沒有絕對的真理。基本上，一種情況有許多面向，以至於在誠實回答一個問題時，人們不得不選擇一些方面，然後排除其他方面。舉例來說，當我們試圖對自己的動機提供一個誠實的評價時，必須認識到它們往往是混雜多種因素的，不可能完全客觀地將它們分開。此外，我們的感覺和態度可能無時無刻在改變。生氣時所堅信的某件事情，幾分鐘後平靜下來時，可能就不那樣認為了。而且，一些令人不愉快的事實可以用機智和敏銳來掩蓋。

假設的善意

即使伴侶雙方都有良好的意圖，都希望彼此幫助與仁慈，但錯誤的溝通和讀心術可能導致這些良好的意圖被打折，使得伴侶一方推論出另一方別有用心。例如一旦丈夫假設他的妻子只受狹隘的自我利益所驅使，那麼他對她的觀察就會以這種假設為前提。

然而，一名被冒犯的妻子可以對自己說：「即使我丈夫的行為可能被誤導並傷害了我，但是我假設他的意圖是好的，他並不想要傷害我」。這種承認能幫助她以不同的觀點去看待丈夫的行為，藉由比對這個觀點與她對丈夫的負面判斷，這名妻子或許能對丈夫看似惡意的行為，作出更善意的解釋。

當然，假設意圖良好不能被視為理所當然，因為並非所有意圖都是好的。事實上，一名妻子或許能提出她丈夫表現出自私或敵意行為的例子，但透過檢視所有丈夫過去的「好」（關心和無私）與「壞」（冷漠和自私）行為，她將能獲得一個更平衡的綜述。

如果一對伴侶正好處在攻擊和反擊、爭奪主導地位的循環中，那麼他們的敵意必須先進行解決。第十七章所描述的策略可能在一開始會有用。一旦敵意有所平息，兩人接著可能會同意至少一個假設：他們的確對彼此抱有基本的善意，如果他們將這種善意歸於彼此，就可以相處得更好。這個假設有助於消除因為惡意的相互歸因而產生的敵意，這經常在痛苦的伴侶關係中發生。

姑且相信對方

進入伴侶關係中的雙方，會開始了解對方特別在意的面向，並且了解到必須尊重它們，以免造成不必要的惱怒。然而，如果你的伴侶行為可疑呢？假設一名妻子，回家的時間遠比她告訴丈夫的晚了許多。當她

到家後，她的解釋是她必須去銀行領錢；即便聽起來十分虛假，但這個解釋也可能是真的，然而對她丈夫來說這並不合情理。他懷疑妻子是去拜訪她母親，這是過去他們曾爆發衝突的一個事件。

這名丈夫有兩個選擇：他可以姑且相信妻子，或者他可以用他的懷疑去與妻子對質。他應該怎麼做呢？一般而言，他最好是接受妻子的解釋，不再著墨於此事。如果妻子的解釋是真的，那麼懷疑只會耗盡兩人之間的善意，並且讓妻子感到被不公平地指責。如果真相是妻子的確去看自己的母親，那麼他最好仍讓這件事成為一個祕密，因為妻子非常可能是用一個善意的謊言來避免可能發生的衝突對立。因此，他應該接受妻子的解釋，即使這樣會讓妻子有逃離懲罰的機會。

在兩個可能犯錯的人之間，期望完全誠實是會產生不良後果的，因為雙方都會被敏感、驕傲和防衛心所困擾。當然，人們做事情的動機往往是複雜的，且不是所有的動機都那麼良善，但伴侶間的動機通常比表面上看起來更加無害。透過對妻子的遲歸採取更善意的解釋，這位丈夫更有可能感受到妻子的溫暖。

一個人「姑且相信」自己的伴侶，適用於他或她可能有罪，也可能沒有罪的各種情況。一名丈夫可能忘記去跑腿，因為他的心思被業務問題所占據，而不是因為他不在乎。他的妻子可能邀請了一些新朋友來家中作客，但是沒有事先詢問他，這是出於感覺丈夫會喜歡他們，而不是「不體貼」。

說了這麼多，我必須承認在理想的伴侶關係中，伴侶雙方應該可以隨意說出他們的懷疑，甚至質疑彼此的動機。然而，這種理想很難實現，而且不應該被用來貶低原本有益的關係。

忠誠與忠貞

忠誠和忠貞與承諾的不同處在於，有人可能專心致力於維持一段伴

侶關係，而且事實上可能為關係投入了大量熱情和資源，但仍然不忠誠。從這個意義上來說，忠誠是指伴侶將對方利益置於他人利益之上。例如當一名丈夫被批評時，他期待妻子會堅持與他站在同一邊，換言之，忠誠的意義包含不與他人站在同一邊去反對自己的伴侶。

有時，伴侶對於忠誠的期待可能會變得極端，因此，伴侶一方明瞭另一方對於忠誠的定義並考慮到這一點是很重要的。舉例來說，一名妻子因為與姊娌打交道而顯得非常心煩。她和小姑為了家務服務做了一些安排，結果因為一場誤解導致了爭吵。妻子認為她的丈夫應該站在她這一邊，所以當丈夫試圖保持中立時，她指責他不忠誠。如同她所說的：「我需要一位盟友，而你卻把自己當成我的法官。」

在關係中，同盟的感覺具有很大的象徵意義。「我的妻子（或丈夫）……對或錯」，意味著伴侶一方總是可以依靠另一方的保護與支持，而這保護與支持不是取決於是對或錯的判斷。在親密關係中，中立通常被視為不忠誠。在相同條件下，一般來說，站在忠誠的一邊比站在公正的一邊更好。

忠誠的議題通常在公共場合發生。例如一名丈夫可能會接受妻子私底下對他的批評，但是如果妻子在其他人面前批評他，他會極為震驚。這種公開批評的更大含意是「她不是我的支持者」。丈夫會因為妻子的「不忠誠」而感覺受傷。

根據某種原始邏輯，如果他所謂的盟友認為適合在公開場合批評他，那就等於允許他人也這麼做。此外，他很可能把妻子公開批評自己的行為解釋成公開承認他們兩人無法相處。因此，他對於公開暴露自己的尷尬、羞恥和羞辱的恐懼全部都湧現了出來。

被自己的伴侶公開挑戰往往會被解釋為一種背叛。有時，一名丈夫會堅持精確，並反駁妻子的每個小錯誤。如果妻子試著給人留下好印象，那麼她很可能會認為自己「被人從背後捅了一刀」。

以泰德和凱倫為例，他們有一次在海灘渡假村與另一對伴侶聊天。

當他們被詢問時，凱倫回答：「我們喜歡這裡。我們在這裡度過快樂的時光，所以我們時常來這邊度假。」泰德認為這段陳述是不正確的，他補充說這只是他們第二次來訪。凱倫繼續告訴那對伴侶他們喜歡來這個度假村的另一個原因，是因為與機票一起購買的方案很划算。泰德再次糾正凱倫，他說：「那不是我們真正來這裡的理由。無論如何我們都想要來，而且願意負擔全額。只是剛好我的旅遊業務能給予我們很好的折扣。」凱倫覺得泰德的糾正，對她在另一對伴侶眼中的可信度造成了傷害。

泰德是個堅持精確的人，而且不希望被其他人抓到自己做了不正確的陳述。他害怕錯誤被曝光，所以促使他糾正凱倫的「錯誤」。另一方面，凱倫喜歡自發地述說自己的故事，而且不在意每個細節的精確度。此外，她與他人交談時想和泰德保持同一戰線，以營造他們兩人處得很好的印象。對她來說，泰德公開表示不同的意見會破壞她的信譽，她因此認為泰德不忠誠。

出軌（不忠）

在有些婚姻中，雙方可能願意接受伴侶的出軌；而在有些婚姻中，出軌或許可以被默默忍受，不過仍是個痛苦的來源；但在大部分婚姻中，出軌被視為不忠誠的頂點，不僅無法被接受，還會造成永久性的裂痕，導致離婚。在一方出軌後，即使這段關係仍存活下來，但傷害可能會永遠持續下去。我時常發現即使出軌的事實發生在多年以前，受傷的伴侶在幾十年後，仍會對該事件做出帶刺的影射。

為什麼出軌對婚姻具有如此的破壞力呢？為了理解婚外情的巨大影響，我們必須回到象徵意義的主題。對於犯錯的伴侶來說，出軌可能只是意味著享受婚前的「多采多姿」；但對於另一方來說，出軌是對於關係本身的攻擊，是對理當相互承諾的一種嘲諷。

以泰瑞為例，他想要持續擁有婚外情。他的論點是，這些事情與他和妻子的關係沒有任何相關。他說：「我愛她，無論我是否有婚外情。」但是他也確實認為他的婚外情會令露絲生氣，所以最好不要讓她知道。他遵循「她不知道的事情就不會傷害她」這個老舊的格言。由於他知道其他這些關係都是短暫的，而且不涉及他的任何承諾，因此他看不出放棄它們的理由，也看不出它們對他的婚姻所造成的威脅。

他沒有意識到的是，這其中涉及了基本信任的重要議題。他的妻子把他的行為解釋成他不值得信任、沒有對她做出真正的承諾，以及他並非真正愛她的表示。

除了道德的影響外，出軌的行為會深深切斷一段關係、傷害伴侶的自我形象與信任感，即使是一段原本穩固的關係也會遭受破壞。而在一段已經不穩固的關係中，出軌可能聽起來就像是喪鐘。伴侶出軌的處理十分複雜，將於第十八章特別描述此部分。

第 12 章
關係的調節

———

　　你可能還記得，凱倫是個浪漫主義者，她喜歡衝動行事；她的丈夫泰德則相反，是個有條理且理性的人。我在治療的早期計畫中，鼓勵他們觀察關係中令人愉快的部分，試著重新找回他們曾經在彼此身上發現的可愛之處。我也建議如果可能，他們應嘗試感受彼此的需要並滿足它。這個計畫背後的部分邏輯，是伴侶在經歷困難的時候，會遺忘他們所喜歡對方的特質。

　　而事實證明，泰德比凱倫更善於執行關於取悅伴侶的建議。在下一次諮商時，凱倫向我報告：「泰德過去一個禮拜表現得好貼心。他打給我媽好幾次，並且與她聊了很久……這讓我覺得他很柔軟又溫柔」。

　　凱倫發現對她來說，要打電話給她的母親很困難，因為她的母親罹患了嚴重的疾病，當凱倫打給她時，有時候自己會忍不住崩潰和哭泣。當凱倫哽咽時，她的母親也會開始感到難過，交談對她們而言變得非常困難。所以當泰德主動打給她母親時，凱倫覺得十分感激。

　　這一個插曲至關重要。泰德的舉動讓凱倫感受到過去泰德給的溫暖。凱倫原本「已忘記了愛泰德的感覺是什麼樣子」，她因此再次把泰德看成是一個穩定、可信賴的人，她可以依賴他得到幫助和支持。她告訴我：「我知道我很輕浮，而且有時真的很軟弱。但泰德就像一棵大樹，我知道當我需要他時，我可以去找他。」然而，當他們處於暴風雨

中時，泰德這個特質卻早已從她的眼中消失了。

泰德的致電有著明顯的象徵意義。凱倫認為「他是為了我這樣做的」，並且認為這個表示是一個巨大的善意，特別是她並沒有特別要求泰德做這件事。凱倫明白泰德能察覺到她的需求，並在她沒有要求的情況下做出反應，代表泰德真的關心她。對泰德來說，這不是什麼了不起的任務。他喜歡凱倫的母親，而且很高興幫凱倫這個忙。

由此可見，一個重要的原則是，**如果你察覺到伴侶的需求，並且以某些方式滿足它們，就可以大大地提升關係**。滿足伴侶的需求通常只需要少許的努力，儘管察覺需求可能有些困難。會這樣的一個原因是：許多人沒有發展出讓伴侶具體知道他們的需求的方法，或是他們偏好讓伴侶在沒有提示的情況下，自行去發現他們的需求。

凱倫因為泰德的行為而感動，而這同樣使泰德感到欣慰。他很開心自己可以做一些事情去取悅凱倫，而且凱倫也為此感謝他。但是對泰德來說，更重要的是凱倫之後表現出的溫柔與深情。

即使泰德明白自己是為了向凱倫展現他能察覺到她的感受，因此付出了額外的努力，但是他這麼做的動機是真誠的。在他們頻繁爭吵前的那段時期，他就經常做出取悅凱倫的事情，而一旦他察覺到凱倫想要什麼的信號，他就會積極試著去完成。

當然，關係不會一夕轉變，但是這個插曲是讓他們朝正確方向前進的關鍵。儘管如此，有段時間他們雙方都小心翼翼且害怕被傷害，無法完全信任對方。凱倫害怕被泰德所控制，而泰德則對可能被凱倫拒絕而敏感。

作為治療的一部分，我要求他們談談在關係早期中，彼此喜歡對方哪些地方。凱倫描述了與泰德一時興起所做的事情的樂趣，泰德則講述了與凱倫進行廣泛討論的樂趣。再下一次的諮商，他們報告了進展。凱倫講述她很享受那一週與泰德一起的長途散步，這是他們已經好幾年沒做過的事情。他們散步時，凱倫問泰德他最近讀了些什麼。他熱情洋溢

地講述，分析了他閱讀到的政經局勢。凱倫欽佩泰德的頭腦，並且享受聽他說話，而她的欽佩也同時取悅了泰德。

許多痛苦的伴侶都看不見關係中美好的事物。由於他們只看到不喜歡的事情，所以不知道如何促進他們喜歡的事情持續發生。如果你的伴侶關係遭遇困難，那麼本章最後的檢測將會有所幫助。請記住，如果你們的關係障礙重重，可能會因為存在著負面偏見而低估了一些正向的方面，這可能會使你看不見關係中運作良好的部分，或是讓你看不見你喜歡伴侶的哪些地方（即使沒有負面偏見，也很容易因為生活的現實面而陷入困境，如平衡預算、照顧孩子、處理家務，這些種種都會讓你忽視在關係中的愉快和樂趣）。為了抵銷所有的負面偏見，你可以嘗試尋找正面的事物，然後將其列出來，持續執行一到兩週。

某些人有一種強烈的傾向，就是會根據一些負面的因素，排除了伴侶的一切美好優點。例如一名丈夫抱怨：「我可以做對十件事……但是我只要忘記做一件事，她就那麼『剛好』會在我身後。那一件事會抹去所有發生的好事。」單一不愉快的事件，有足以抹去許多正面事件的力量，這是導致誤解、溝通不良和憤怒等問題的重要原則。之後的章節將會有進一步的討論。

愛與被愛

由於許多伴侶似乎都忘記了穩固的婚姻基石為何，因此我必須把它們說清楚。擁有更準確的資訊，可避免那些抱怨的丈夫再說出這種話：「我完全不知道我的妻子想要什麼。她說我應該更加關心與理解她，但是我已經是那樣了。她到底還想要什麼？她到底在吵什麼呢？」

在長期的伴侶關係中，迷戀的情感可以發展為成熟的愛。妻子在說「我愛你」時會顯得光彩奪目，丈夫聽到這句話會感到興奮，因為情感和相互吸引融入到忠誠、信任和忠貞的結構中，進而創造出一種更強

烈、更深層的愛。而成熟的愛包含了幾種基本要素：

溫暖的感覺

隨著時間的推移，溫暖的感覺取代了迷戀的強度（對所愛之人的執著思念、理想化、渴望在一起的強烈欲望、心情的高低起伏，以及相聚時的興奮和分開時的絕望）。但除非被擾亂，否則愛的連結會持續存在。結縭超過四十年的一對伴侶曾經告訴過我，當他們見到彼此時，會感到情緒激動，就像幾十年前一樣。

關心

表示信任，並讓伴侶知道：「你對我很重要，我在乎發生在你身上的事，我會照顧你。」關心的兩個主要方面是關心伴侶的福祉，並準備採取行動幫助或保護對方。幫助伴侶是出於一種承諾和感覺，不像受僱的看護或管家是一種工作。因此，掛念與愛是關心的主要元素。

情感的表達

情感的表達是讓伴侶感到溫暖最明顯的方式，以至於討論它們似乎是多餘的。然而，隨著伴侶關係的進展，情感的表示，像是環抱伴侶、擁抱，以及低聲的情話，越來越局限於臥室。而在痛苦的伴侶關係中，它們更可能會消失得無影無蹤。

泰德和凱倫在交往期間及婚後第一年都深愛著對方。但是隨著緊張情緒的發展，他們的撫觸、愛意、微笑和私語的情話變得稀少。然而，幾次諮商過後，他們明白一句溫柔的話或喜悅的微笑，就可以打破雙方之間的緊張，所以當他們真正感受到愛意時，就會再次開始表達他們的

情感。

接受

在一個成熟的愛情關係中，「接受」傾向是無條件的。你可以承認你們對於宗教、政治和人物的看法上有所分歧，而且不會批評彼此；你可以接受伴侶的無能或弱點，而不會做出評斷。這種接受深深令人感到寬慰。它賦予伴侶一種接受自己的感覺。如果他們的伴侶可以完全接受自己所有的瑕疵和缺點，那麼他們就能放鬆和卸下自己的防衛。

隨著泰德和凱倫關係的改善，泰德描述了接受的感覺：「我和凱倫在一起可以做自己。我不必留給她深刻的印象，她接受我就是我。」凱倫接受的態度與泰德的父母形成對比，儘管他們稱讚泰德的智力成就，卻批評他任何其他的失誤。

當然，接受不代表對伴侶的缺點視而不見，而是在一個接受的氛圍中，你可以和伴侶一起對抗任何會干擾你們親近彼此的事情。請注意，如果你的愛是以對方表現出「好的行為」為條件，那麼你們永遠不可能達到親密無間的程度；當你已付出愛，而「好的行為」是你們共同的目標時，親密無間才有可能。

同理心

這是一種共感伴侶感受的能力，某種程度上，是經歷對方的痛苦或愉悅、苦惱或欣喜。當人們受憂慮所困擾或被情緒席捲時，無論是悲傷或狂喜，都可能會暫時失去同理心的能力。在本書開始的故事中，泰德如此專注於自己的業務問題，因而忽略了凱倫爭取到一個新客戶的高昂情緒。但是凱倫沉浸在愉快的心情中，也同樣不夠敏銳，沒有意識到泰德的痛苦與需要安慰。

諮商後，凱倫變得更能準確意識到泰德的擔憂，尤其是他對於被拒絕和被拋棄的恐懼。因此她努力不讓泰德等待，或者如果她會遲到也會先打電話通知泰德。另一方面，泰德更加意識到凱倫對於自由靈魂的渴望，因此他會克制自己將他們的生活安排得井井有條的衝動。他嘗試放鬆一點，這樣他就可以更自發地回應凱倫的即興建議。

敏銳度

如果想要減少伴侶不必要的痛苦和苦惱，那麼你需要對伴侶在意的問題和脆弱點有敏感度，就像泰德對於被拋棄、凱倫對於被控制的恐懼。雖然有些人天生就比其他人更敏銳，但事實上這是可以被培養的一種特質。例如如果伴侶對你所做的某些事情過度反應，便可以停下來思考，背後的問題可能是什麼，而不是批評或防禦。溫柔地與伴侶探索其祕密恐懼或擔憂，不要將伴侶的任何過度反應歸因於他們某些不討喜的特質，如強迫症或控制狂，而是要意識到那種過度反應所隱藏的脆弱。

以凱倫為例，她學到泰德堅持準時是因為害怕她會發生可怕的意外。而泰德發現，凱倫對於他企圖安排她的生活會引發被控制的恐懼。

認識你的「障礙」不代表它們無法被修改。事實上，在諮商的過程中，泰德大大地克服了他對於凱倫拒絕或拋棄他的恐懼。凱倫則是能擺脫她的信念，讓自己適應泰德某些會導致她失去自由與自主性的限制。

理解

理解類似於敏銳度，不過是一個更能被展現的特質。例如當你告訴伴侶一個問題時，你可以感到被理解，而不需要詳細說明每個細節。此外，理解代表能透過對方的眼睛去看事情。例如當凱倫對令人討厭的客戶感到心煩時，泰德能讓自己以凱倫的觀點去看待這個困難；即使他本

人不一定是這樣認為。

　　無法相互理解，是導致伴侶吵架的主要原因；爭吵的結束通常會以「我就是不明白為什麼他（或她）會有那種行為」的感嘆收尾。造成彼此無法理解的部分原因在於，痛苦的伴侶其行為方式與他們相愛時並不相符：例如他們會採取強硬的立場，或者他們會試圖以智取勝或欺騙對方。

　　另一個更嚴重的問題是，隨著衝突升溫，他們變得更容易誤解對方行為的意義。很快地，累積起來的誤解就會徹底瓦解他們對彼此真實動機的理解。然而，有多種方式能防止這種誤解。其中一種是檢驗你對於伴侶的自動化思考，以明白它們是否合理、符合邏輯和有效（見第十三章）。另一個方法，則是檢查你對於伴侶意圖的讀心術是否正確，如同第八章的描述。

陪伴

　　陪伴在關係的初期是被重視的，但隨著時間的流逝，在許多伴侶關係中，這個要素似乎逐漸消失。當一對伴侶變得更注意諸如賺取家庭收入、照顧孩子或管理家庭事務時，他們會傾向花較少的時間相處，且相處的品質也會變差。在第十四章，你將會看到克里夫和茱蒂的故事，克里夫對工作的高參與度削弱了他對妻子的陪伴。當評估工作對他的婚姻所造成的損失時，克里夫才了解嚴重性，並再度點燃他們關係中已經熄滅的火花。

　　在良好的伴侶關係中，陪伴是只要經過計畫就可以改善的。可以找出雙方都喜歡的活動，像是一起旅行、裝修房子、看電影等，並安排時間去從事它們。在日常生活中的普通時刻，僅僅是在一起所獲得的滿足感，也是一種陪伴。坐在一起看電視、散步或是處理家務，像是一起洗碗和清理房子，都可以培養出親密無間的感覺。

親密

親密的範圍，可以從討論生活的每日細節，到吐露你不曾與他人分享的最私密感受，再到你們的性關係。

就某種程度上來說，親密是關心、接受、敏銳度和理解的副產物。同樣的，它也會因為誤解、不分青紅皂白的批評與指責，以及不敏銳而遭到破壞。當伴侶雙方沉迷於批評、懲罰或控制彼此時，他們必須考慮在親密關係中，他們失去了什麼。當衝突和爭執使得親密感流失，關係中的主要約束力也會隨之消失。

友情

友情是指你對伴侶這個人感到有興趣。在許多（如果不是大多數）伴侶關係中，這種特質似乎是單方面或是無聲的。根據一些調查證實，女性多半不認為丈夫是她們最好的朋友，而是由其他女性來擔任這個角色。相反的，多數男性認為妻子是他們最好的朋友。[30]

你可以透過專注於把伴侶視為一個人來培養友情，並嘗試找出對他或她來說重要的東西。通常這會需要一些技巧，例如第十四章的「巧妙提出問題」，是一種能讓你的伴侶討論他或她的經驗之方式。

取悅

當然，取悅伴侶對一段愉快的關係非常重要。但取悅應該是雙向的，你不僅可以從你做的事情中讓伴侶滿意，也可以享受對方的付出。有時，你必須做些特別的事情來擺脫一成不變。例如泰德藉由打電話給凱倫的母親而大大地取悅了凱倫，凱倫因此想要取悅他作為回報。所以凱倫買了加里‧威爾士（Garry Wills）的書，她知道泰德會為之著迷。

稍後在這章節中，我也將描述伴侶可以如何安排定期的計畫以取悅對方。而這種體貼，對於重振委靡不振的關係有很大的幫助。

支持

支持你的伴侶，能傳達出你很可靠的感覺，在困難的時刻，你就像直布羅陀巨岩（Rock of Gibraltar）[31] 能讓伴侶依賴。你可能低估了自己在伴侶沮喪時，為他或她加油打氣，或是當伴侶遭遇巨大的困難時，幫助對方解決問題的象徵意義。在如此需要你的時刻，成為伴侶的幫手具有巨大的意義：這是向伴侶傳達出，你隨時準備好成為支持者或救援者的訊號。

舉例來說，有些人在伴侶想要開始新的冒險或承擔新的責任時，表現得過於中立。他們在採取正向立場上的猶豫不決，會破壞對方的主動性與能力。以下是一個假設性的案例，一名丈夫試圖保持客觀，以至於在妻子面前顯得冷漠：

妻子：我有一個機會可以晉升為會計主任。你認為我應該怎麼做？
丈夫：嗯，你想要怎麼做？
妻子：我不知道。所以我才要問你。
丈夫：這樣啊，你必須決定自己想怎麼做。我不能幫你決定。

從上述對話中，妻子感覺丈夫不關心她。但在一個相似的真實情況中，肯則以一種更支持的方法去回應瑪喬麗：

瑪喬麗：我有個機會能晉升為會計主任。你認為我應該怎麼做？
肯：這是一種肯定！你一定很高興海倫（老闆）對你如此有信心。
瑪喬麗：她可能有，但是我卻沒有同樣的自信。

肯：這就是你不確定怎麼做的原因嗎？

瑪喬麗：對，如果我更有自信，我會接受這個職位。

肯：就像過去的每個工作一樣，你不總是一開始缺乏自信，可是當你接受了，後來感覺如何呢？

瑪喬麗：你說得對……所以你認為我缺乏自信，只是情緒上的問題，如果這是唯一的阻礙，我其實應該接受這份工作囉？

肯：沒錯。

肯能辨別出瑪喬麗缺乏自信的問題。而透過審慎的詢問，他引導瑪喬麗解決潛在的「情緒」問題，並透過暗示他認為瑪喬麗可以勝任這個職位，間接地表達對她的支持。

肯或許也可以熱情地嘗試說服瑪喬麗接受該職位，但是這種做法既不成熟也無效，除非她可以面對真正的問題：自己缺乏自信。反之，他使用的技巧：先探索再保證，透過理解與鼓勵，則可以非常有效地支持伴侶。

不同伴侶支持對方的方式可能相差極大。對某對伴侶來說是種支持，可能對另一對來說是種掃興。儘管有時我們都會扮演啦啦隊的角色，但使用什麼形式的歡呼打氣，則取決於個人的人格特質與心理狀態。通常，詢問伴侶問題會有助於找到解決困難的關鍵。然後，觀察回饋、接受或拒絕的跡象也會有所幫助。一般來說，衡量如何提供支持的最佳辦法，需要一定程度的試誤（trial-and-error）。

親近

親近不只意味著身體上的接近。許多伴侶抱怨他們甚至沒有足夠的時間見到對方，例如一名妻子還必須打給丈夫的祕書，請他安排自己與丈夫會面。

然而，即便兩人花了很多時間在一起，但是那段時間的品質也可能是令人不滿意的。以茱蒂為例，她抱怨即使她的丈夫克里夫在家，「他卻沒有真正在那裡」，而是想著其他事情。由此可見，當心中被工作、財務困難或孩子的問題所占據，會導致伴侶間的「人造距離」。而最令人厭惡的是敵意，它會在伴侶間造成強烈的隔閡。

　　然而，親近的感覺不一定會永久消失，它可以伴隨一些預先計畫來重新獲得。舉例來說，伴侶一起討論工作或家庭的重要事務、分享計畫和目標，或是反思當天的成功和悲劇，皆可以建立起一種自發性的親近關係。此外，可以結合表現愛意、接受和支持等充滿愛的行為，這樣會使兩人感覺更親近。

正向行為的持續追蹤

　　了解到自己的伴侶做了什麼事，並做出相對應的反應十分重要。在閱讀第十一章時，或許你會想到伴侶對你做過的有意義的事情。請記得，你的伴侶可能已經在做其中一些事情了，只是你或許還沒有完全意識到。因此，不妨先試著有系統地注意到伴侶已經做了哪些令你高興的事情。之後，當你們有機會談話時，可以告知他或她這些事情，也同時就其他對你而言重要的事情給予一些提示（見第十四章）。寫下伴侶所做的每一件讓你高興的事，通常會有助於改善關係。

　　在我建議凱倫和泰德兩人記下對方上個星期做了什麼令人愉快的事情後，凱倫的紀錄如下：

• 泰德很棒。我因為一些客戶而感覺心煩。他們真的要求很多。他們都對於家裡應該要有什麼很有意見，卻對裝修一無所知。他們真的讓我很困擾，而且其中一對夫妻在我做完所有規劃後，竟然取消了訂單！不管如何，我告訴泰德這件事。他非常具有同理

心，他沒有試著告訴我該怎麼做。他說如果他處在我的位置，他或許也會感到挫折。他說我的客戶很難應付，這讓我感覺好多了。

- 當他回到家時，屋裡一團亂，因為我沒有時間整理。結果他不但沒有抱怨，反而什麼話都沒有說就開始著手清理。

- 當我摺衣服時，泰德在旁邊跟我聊天，所以摺衣服就不那麼像是一種家事了。

- 他提議去散步，這是我喜歡的活動。

泰德的每個舉動都讓凱倫感到高興，她說：「它們就像禮物。」雖然泰德以前也為凱倫做過類似的事情，但因為凱倫對他的負面觀點，使得這些事都從凱倫的記憶中消除了。

只是聆聽凱倫的抱怨並同理她，對泰德而言是一項巨大的成就，因為這違反了他的天性。在過去，泰德不會真正傾聽凱倫的話，而是會告訴凱倫她不必生氣、客戶總是如此，她應該要試著接受，試圖以這種方式來打消她的擔憂。

此外，過去當他回家看到一團亂時，他會認為他的秩序被打亂了，而想要責備凱倫。然而，在經過諮商後，他壓抑了自己抱怨的傾向。相反的，他問自己：「怎樣做才成熟？」他很快決定開始清理，甚至沒有詢問凱倫他是否應該這樣做。這個行為的重點不是他減輕了凱倫的負擔，而是他的行為對凱倫具有象徵意義：他有注意到她的處境（忙於工作）、他合作且關心，而且他不批評。至於泰德的紀錄，則如下：

- 星期二晚上，我精疲力盡地回到家，辦公室的所有問題都令我感到緊繃。凱倫說：「我們今晚一起出門吧！」於是我們在餐廳吃了簡單的晚餐，然後看了一場電影，這真的使我暫時忘記工作上的問題。

- 凱倫這週多次表現出愛意。
- 凱倫幫我將西裝拿去乾洗店送洗。

這些事情對泰德意義重大。它們展示出凱倫很投入他們的關係，而且渴望取悅他。

再以另外一對諮商個案為例。萊恩和哈麗特也在許多領域發生衝突：萊恩吃飯時不說話，而且做愛時不浪漫；哈麗特的心思都被她的課程所占據。我要求他們開始做些能取悅對方的事情，並且用心聆聽對方說話。哈麗特的紀錄如下：

- 他問我今天做了什麼事情。
- 他幫我按摩背部。
- 當我們去戲院時，他說我看起來很漂亮。
- 我們做愛前他表現得很浪漫。
- 當我看電視時，他放下報紙然後坐到我旁邊。

萊恩的紀錄如下：

- 她問我想邀請哪些朋友來家裡，並為晚餐派對準備了美味餐點。
- 她拿到了我想要欣賞的表演門票。
- 我們這週有做愛。
- 她每晚都準時回家吃晚餐。

經過這一週的「善舉」後，哈麗特和萊恩感覺更能接受彼此。即便如此微小的表示也能帶來好結果，因為它們具有顯著的象徵意義。

揭開蒙蔽「善舉」的眼罩

佛羅里達大學的心理學家馬克·凱恩·哥德斯坦（Mark Kane Goldstein），曾經使用過一個簡單的方法，幫助伴侶追蹤對方所做的令人愉快的行為。每對伴侶都會得到幾張方格紙，他們可以在上面記錄自己伴侶所做的任何令人愉快的事情。他們為這些行為評分，用以表示滿意度。哥德斯坦發現嘗試這種簡單方法後，有 70% 的伴侶回報他們的關係有了進步。[32]

簡單記錄關係中的小幸福，會讓伴侶雙方更加明白實際的滿意度。進行這些系統化的觀察之前，他們對關係的滿意度評分都較低。這其中唯一改變的，僅是他們對於正在發生的事情的認知。在進行追蹤之前，他們都低估了自己從關係中獲得的滿足。

你可以用哥德斯坦的方法，作為一種判斷你可能低估了自己關係滿意度的方法。如同他的許多個案，你可能會發現，其實與伴侶在一起的滿意時刻比你所知道得還多。而且，隨著關係開始好轉，記錄愉快的經歷可以為之後的比較提供基準。

哥德斯坦向我展示另一個技巧，對許多伴侶非常有幫助。這項技巧的目標是揭開許多憤怒伴侶的「眼罩」，讓他們看見或欣賞另一半令人愉快的行為。這個方法是，要求伴侶中的其中一人，在另一人的衣服（如夾克）的翻領或衣領上，貼上幾張標籤貼紙。每次當被貼標籤貼紙的人做了某件令貼標籤者感到愉快的事情時，貼標籤者就移除一張標籤貼紙，並每天記錄被移除的標籤數量。通常，絕大多數或全部的貼紙，都會在就寢前被移除。

儘管這個技巧對某些人來說似乎過分簡單，但它的確能產生強大的效果。**為了注意到令人愉快的行為，伴侶之間開始真正「看到」彼此。**當他們處在憤怒的情緒時，往往會把目光從彼此身上移開。這個方法強迫他們突破障礙，以便看到對方的「善舉」。這份作業促使他們留心伴

侶討喜的行為，然後反過來做出某些事情，來顯示自己有看到這些行為。如此一來，便能幫助雙方強化觀察優點並做出有益關係的舉止，他們將會反覆從事並形成更好的循環。同時，貼上和移除標籤貼紙，也會使陷入困境的伴侶有更親密的身體接觸。

當你觀察伴侶的自發性好行為一段時間後，就應該開始告訴對方還有什麼行為會令你高興；而且你應該直截了當地告訴對方，沒有嘲諷、指責或暗示。舉例來說，避免提出有條件的請求；這其實是隱蔽的攻擊，像是「我希望你能幫我洗碗，但是請你不要帶著痛苦的表情」，或「我希望你回家後可以和我聊天，而不是急著看晚間新聞」。[33]一個簡單的請求更有可能使你得到你想要的結果。

如果你能讓你的伴侶同意，那麼你可以在「伴侶關係會議」上提出這類請求（第十六章會有進一步說明）。無論哪種情況，此時的主要策略是強調你們關係中的正面因素。消除負面因素當然也很重要，但是最好在營造了一個更正面的氛圍後再進行，運用本章的原則也將有所幫助。

如果你不願意安排伴侶關係會議，或者如果為時過早，但仍然希望伴侶能做某些家事或其他會令你開心的事情，那你應該準備書面清單。舉例來說，一名妻子向我抱怨：「我厭倦且疲於要求我的丈夫參與任何事情。」而按照我的建議，她製作了一張希望丈夫去做的事項清單，並將其貼在冰箱上面。在短時間內，她的丈夫就完成了清單上的所有項目！另一名妻子則是每天在便利貼上寫下一或兩件要求，然後黏在浴室的鏡子上，讓她丈夫刮鬍子時就會看到。

然而只是要求是不夠的。無論何時，當伴侶做了某件令你開心的事情，之後應該要伴隨某種獎勵，如一張感謝的字條、一個吻等。記住，**獎勵遠比懲罰更能改變伴侶的行為。**

以下的檢核表，能幫助確定你和伴侶彼此表達愛意和關心的方式。此量表對於評估目前的狀態以及確定可能需要改進的領域上，十分有幫

助。評估你的關係沒有絕對的分數，分數高低不代表關係的絕對優劣。

愛意表達檢核表

請閱讀每個問題，並以每個問題回答「是」的頻率，在空白處寫下適當的數字：0 從未、1 很少、2 有時候、3 時常、4 幾乎總是、5 總是。

如果不適用於特定的問題，請直接跳過前往下一題。

溫暖的感覺

____ 1.當你看見或想到你的伴侶時，是否感受到溫暖？

____ 2.當你們在一起時，你有感受到溫柔的感覺嗎？

____ 3.當你們分開時，你會想念伴侶嗎？

情感的表達

____ 1.你會對伴侶使用親密的暱稱嗎？

____ 2.你會用語氣表達情感嗎？

____ 3.你會透過肢體接觸表達情感嗎，像是撫摸、牽手等？

關心

1.你是否關心伴侶的：

____ (a) 福祉？

____ (b) 愉快？

____ (c) 痛苦？

_____ 2.你是否嘗試向伴侶展現出你的關心？

_____ 3.你是否避免説出或做出會傷害伴侶的事情？

接受與忍受

_____ 1.你是否接受不同的意見、品味和風格？

_____ 2.你是否完全接受你的伴侶，無論其弱點與強項？

_____ 3.你是否避免對伴侶的錯誤做出評斷或懲罰？

同理心和敏鋭度

_____ 1.當伴侶沮喪時，你能否與他／她分享其中一些感覺呢？

_____ 2.在沒有被告知的情況下，你能否察覺到伴侶感覺很糟
呢？

_____ 3.你是否能確定且尊重伴侶的敏感領域？

理解

_____ 1.你是否可以理解伴侶可能生氣的原因？

_____ 2.即使你不同意，你是否可以用伴侶的眼光來看待事情？

_____ 3.當伴侶抱怨時，你是否可以區辨他／她為什麼生氣？

陪伴

_____ 1.你享受與伴侶一起從事令人興奮的事情嗎？

_____ 2.當從事日常慣例時，你喜歡伴侶的陪伴嗎？

_____ 3.當你沒有特別做什麼事時，是否享受伴侶在你身邊？

親密

___ 1. 你是否與伴侶分享私密的想法和願望？

___ 2. 你是否可以隨意告訴伴侶一些你不會告訴其他人的事情？

___ 3. 你喜歡伴侶向你吐露祕密嗎？

友情

___ 1. 你對伴侶這個人感到有興趣嗎？

___ 2. 你喜歡知道伴侶在想什麼或過得如何嗎？

___ 3. 你喜歡就你的問題，徵求伴侶的意見嗎？

取悅

___ 1. 你有沒有想過什麼兩人可以一起做的事，而且那件事會讓伴侶感到開心？

___ 2. 你有沒有嘗試讓自己更有吸引力？

___ 3. 你會說或做一些讓伴侶開心的事嗎？

支持

___ 1. 當伴侶沮喪時，你會支持他／她嗎？

___ 2. 當伴侶不知所措時，你會提供協助嗎？

___ 3. 當伴侶想要從事新的冒險時，你會鼓勵他／她嗎？

親近

___ 1. 你覺得和伴侶在情感上親近嗎？

___ 2. 即使你們分開，是否仍對伴侶有一種親近的感覺？

___ 3. 你享受與伴侶有肢體上的親近嗎？

第 13 章
改變扭曲的認知

————

我們從前面的章節了解到，錯誤的解釋會如何導致誤解，進而對伴侶關係造成破壞。但我們仍能透過應用多種認知治療的技術，去矯正導致關係衝突的誤解和誇大意義。如同之前提到的，這些技巧是可以學習的，而且隨著不斷地練習，就會越來越熟練。

其中一些技巧可以讓伴侶雙方分開使用，但有一些技巧則最好是兩人一同應用。以下是可以自己使用的技巧：認識和矯正你的自動化思考、檢驗你的預測，以及重塑你對伴侶的看法。認識了可以個別使用的策略後，我將概述應用這些技巧的九個具體步驟。而在之後的章節中，我會說明你和伴侶如何共同一起努力去解決你們的問題，並增加彼此相互的滿意度。

一般準則

在一開始，請先試著辨識棘手的情況，以及你賦予它們的意義。例如假設你的伴侶以一種粗魯的方式和你說話，你的自動化思考可能是「我的伴侶對我不滿」。此時你必須特別去注意隱藏的恐懼或自我懷疑，像是「我做錯了什麼事嗎？」或「他（她）將會責備我嗎？」並調整自己一連串的反應：

我做錯了什麼事嗎？（焦慮）→我的伴侶沒有權力對我生氣（憤怒）→我的伴侶總是很不友善→我的伴侶是個充滿敵意和仇恨的人→我的伴侶會讓我的生活變得很悲慘→我無法忍受這樣→我們的關係是失敗的→我將永遠無法感到快樂。

請務必要抵制僅因為這些想法「感覺正確」或「似乎合理」，就接受這些想法的傾向。請檢驗它們並尋找支持或反駁它們的證據，找出另一種解釋與更符合邏輯的推斷。

請反抗陷入你那運作良好、自我挫敗反應的誘惑，諸如報復、防禦或退縮。如果你屈服於這些誘惑，並以其中一種方式做出反應，會使自己的負面解釋合理化。舉例來說，透過反擊，你就是在伴侶是錯的或不好的假設下採取行動，這個假設會證實你的報復性反應是合理的。如果你根據這個假設採取行動，你的負面解釋更有可能變成一種堅定的信念。這樣一來，若下次再有類似的事件發生，將更有可能得出相同的負面結論，而且即使該結論是錯誤的，也更不容易被修正。

當然，克制自己對伴侶表達敵意，並非總是可行或理想。有些人會感到非常憤怒，以至於他們感覺有必要緩解這種情緒帶來的巨大壓力。在這些情況下，特殊的技巧，像是找出一段特定的時間來表達敵意、準備好待議事項、設定時間限制，然後提供一個暫時隔離的地方，可能會有所幫助（見第十七章的「選擇五：安排公開討論的時段」）。

解開認知扭曲的九個步驟

以下是評估你的解釋及基於這些解釋的闡述是否正確的詳細指南。你也會發現確定自己的解釋是否有問題（如過度類化、全有全無思考或讀心術）的規則。

應用認知治療的原則改善伴侶關係時，有幾個必要的步驟。每個步

驟都涉及了一些實際的做法，許多我諮商過的伴侶發現，這在處理他們的誤解與自我挫敗的信念上，非常有幫助。

步驟一：連結情緒反應與自動化思考

在此的主要策略，是區辨出不愉快的情緒反應，並將其與相關的狀況或事件相連結，然後找出連接兩者的自動化思考。例如思考以下發生在溫蒂和霍身上的事件：

- 溫蒂看著時鐘並感到生氣。
- 霍正在開車返家的路上，突然感到焦慮。
- 霍後來跟溫蒂說話，且突然感到難過。

以上這些焦慮、憤怒和難過的情緒，並非平白無故出現，雖然有時候可能會這樣。但是在這裡，它們發生在一個特別的情境中。溫蒂看向時鐘時感到生氣，因為她發現遲到的丈夫一直讓她等待。為了顯示溫蒂情緒反應的情境，我們可以將其記錄下來：

相關情況或事件	情緒反應
溫蒂觀察到她的丈夫遲到了	憤怒

儘管丈夫沒有準時回家，妻子感到憤怒或焦慮似乎是合理的，但決定妻子感受的是她如何解釋這種情況，而不是情況本身。在此情況下，根據個人賦予此事件的意義，她可能會體驗到任何一種情緒。舉例來說，另一名妻子可能對於丈夫晚歸感到輕鬆，因為這樣她就有更多個人時間。

再看看下個場景：霍正在開車回家，他意識到自己遲到了，因而感

到焦慮。

相關情況或事件	情緒反應
霍觀察到他回家的時間晚了	焦慮

如同我們所看到的，霍的觀察導致了一個特定的想法，接著引發他的焦慮。

在第三個場景，霍返家後，當他與溫蒂談話時，突然感到難過。相關的事件為溫蒂提議他們外出用晚餐，而不是在家吃飯。

相關情況或事件	情緒反應
霍發現溫蒂不想準備晚餐	難過

如果你是自己填完這張表格，可能到目前為止都相對容易，只需要確定自己的情緒反應及其相關的情況或事件即可。接下來是較困難的部分：辨識錯誤的連結，亦即你對於相關情況的解釋（自動化思考）以及你所給予它的意義。作為練習，請嘗試猜測我描述的這些場景中，每位伴侶的自動化思考是什麼。現在，核對以下答案，看看你的猜測是否正確。

相關情況或事件	自動化思考	情緒反應
溫蒂注意到霍的晚歸	他不想回家	憤怒
霍注意到自己的晚歸	我的妻子會生氣	焦慮
溫蒂決定不要做晚餐	她不關心我	難過

儘管這些想法中的每一個都可能是正確的，但它們實際上只是「猜

測」或「假設」。因為這類解釋對伴侶關係以及你反應的適當性具有至關重要的影響，因此，它們需要經過如步驟五所述的驗證。

步驟二：使用想像來識別想法

你不僅會在一個棘手事件發生時，經歷這些情緒與自動化思考，「想像」這類事件時也可以。請盡可能鮮明地想像以下場景，同時寫下你的感受和腦海中的想法。當閱讀完場景後，閉上眼睛或許有助於專心在自己的想法和感受上。場景如下：

你整天都在市中心忙碌著，你的伴侶已經安排好於下午五點，在某個十字路口接你。你準時抵達，但是沒有看到伴侶。時間一分一秒過去，仍不見伴侶的蹤影。當時間越來越晚，你不斷查看自己的手錶：五點十分……五點十五分……五點二十分……。

充分想像完此場景後，請在紙上寫下你的情緒反應及自動化思考。

自動化思考（解釋）	情緒反應
1.	1.
2.	2.
3.	3.

不同的人，對於這個場景的想像會有非常多不同的想法與感受。或許一名男性會感覺非常焦慮，而且能識別出「或許她發生了什麼事情」的想法；一名妻子在做此練習時，感覺到悲傷，她的想法是「我單獨一個人在這裡，這就是我的人生故事，每個人都拋棄我」；而另外一名男

性回報說他感到憤怒，心裡想著：「這就是典型的她，從來沒有準時赴約過！」

我們繼續這個場景：

你再次查看手錶，現在是五點二十五分。接著，你注意到一台熟悉的車停在轉角處。你看到了你的伴侶，她（他）開心地說：「你知道嗎？我忘記應該要來接你了⋯⋯當我正要去剪頭髮的時候才想起來。」

現在，請在紙上寫下你的情緒反應和自動化思考。

自動化思考	情緒反應
1.	1.
2.	2.
3.	3.

關於這個情況，你或許在確定自己的感受和想法上沒有什麼困難。然而，許多伴侶進行此練習時，會感到憤怒和憤慨，並有「他怎麼敢這樣對我」或「她無權這樣對待我」的想法。

當你專注於自己的反應，沒有其他事物讓你分心時，相對來說比較容易識別出它們。但在真實的生活情境中，你可能擁有相同的想法，但由於它們發生得如此快速，且往往會被你的憤怒所掩蓋，導致你可能沒有在關鍵時刻注意到它們。

步驟三：練習辨識自動化思考

如果你觀察自己的想法，就可以在它們「閃過」腦海中時辨識出這

些自動化思考。這些內在訊息觸發了情緒反應（如憤怒或悲傷）與願望（如想要責備伴侶），然後接著消失，而情緒或願望仍持續存在。但大多數人相信他們的情緒直接源於情境，而完全沒有注意到連接著情境、情緒及願望的瞬間思考。

學習識別自動化思考是一種可以掌握的技巧，只是需要練習與堅持才能熟練。然而，你的努力將會得到巨大的回報，透過獲得此技巧，便能掌握自己內心的運作方式，了解自己這樣做的原因是什麼。而藉由這種了解，就更能成為自己情緒的主人，而不是奴隸。此外，也可以在一定程度上控制伴侶關係中的情境，而不是被它們所控制。

以下是伴侶關係中一些較常見的自動化思考，任何一方都可能有這些想法。請看看你曾經有過以下幾種：

- 她沒救了。
- 他完全就是自我中心。
- 她無法勝任。
- 他很軟弱。
- 她從來不讓我獨處。
- 他從來沒有實現諾言。
- 她很懶惰。
- 他不負責任。
- 我做什麼都無法取悅她。
- 他從來沒有做對過事情。

當然，只是識別出自己的自動化思考，無法清理出邁向烏托邦的道路。但這個認識給予你工具去調節自身情緒，進而可以更有效處理真正的問題。練習識別自動化思考很重要，為了做練習，你可以隨身攜帶便條紙，當你與伴侶或任何人發生不愉快時，使用以下表格格式，寫下相

關情境或事件的簡短描述、你的情緒反應，以及你的自動化思考。

例如經過短暫的指導後，湯姆和莎莉（第十六章會更詳細敍述他們的故事）寫下了以下內容：

相關情況或事件	自動化思考	情緒反應
湯姆開車開太快。	萬一我們發生意外怎麼辦？ ↓ 他這麼做是在惹我生氣，他不在乎我的感受。	緊張 ↓ 惱怒
我回到家時，莎莉不在家。	我將一人孤單待在這空房子中。 ↓ 她真該死！總是去參加一個又一個的聚會。 她是個不負責任的妻子。	悲傷和孤單 ↓ 憤怒

步驟四：使用重播技術

如果你在一個令人心煩的情況下，無法如步驟三所描述的那樣，精確判斷出自己的自動化思考，那麼就試著在腦海中重播讓你生氣的事件。請盡可能回想當時發生的事情。現在，試著透過詢問自己關鍵問題：「我現在心裡在想什麼？」來捕捉你的自動化思考。

許多人在爭吵的當下，無法識別出自己的自動化思考，但在之後回想該事件時，他們多半能辨識出那些想法。從某種意義上來說，這種想像以「慢動作」重現了場景，讓你有時間回想起在原始情況下被巧妙隱藏的想法。

步驟五：質疑你的自動化思考

此時，你可能會納悶，僅僅認識自己用來回應伴侶看似冒犯行為的負面想法，如何能改善你們的關係呢？答案如同先前已討論過的，我們的情緒反應往往與真實情況不成比例，尤其是在伴侶關係中。為了確定你的自動化思考是否誇大或扭曲，必須對它們進行測試。

即使你的自動化思考可能「感覺」合理且正確，然而實際上它們可能經不起詳細的檢查。為了判斷它們的有效性，請問問自己以下問題：

1. 有什麼證據支持我的解釋？
2. 有什麼證據駁斥我的解釋？
3. 從伴侶的行為來看，我所認為的對方的動機，是否符合邏輯呢？
4. 對於伴侶的行為，是否有另一種解釋呢？

舉例來說，假設伴侶對你說話粗魯，或是因為其他行為而令你感到生氣。問問自己這些問題：

1. 我的伴侶說話很尖銳，是不是因為在生我的氣？
2. 關於伴侶的語氣是否有另一種解釋（例如他或她可能感冒或沙啞）？
3. 就算我的伴侶在生氣，難道是因為：
    ・我的伴侶不愛我了？
    ・我的伴侶總是不友善？
    ・我的伴侶會使我的生活變得悲慘？
    ・我做錯了什麼事情？
4. 有沒有什麼相反的證據（例如最近，伴侶是否有對我表現出友善或愛意的行為）？

步驟六：使用理性的回應

在之前的案例中，介紹了某次溫蒂和霍的衝突。霍因為遲到而感覺焦慮，並打電話告知妻子他在辦公室被耽擱了。他心想：「她會因為我遲到而生我的氣，而且她不會給我好臉色看……這會給我們的關係帶來真正的壓力。」溫蒂心想：「他總是遲到，他不體貼。他應該知道我也有工作，但我總是準時回家。」

當霍回到家，溫蒂建議既然時間已經太晚了，他們可以外出用餐或叫外送。霍因此惱怒，心想：「她是報復我晚回家。」然後他開始生氣。接著他想：「她真的完全不在乎我或我們的家，她有興趣的只有她的工作。」並因而更加憤怒。

之後，兩人分別填寫了自動化思考表格。他們也學會了對自己的自動化思考做出回應，透過一種內在對話的方式，對這些想法做出理性的回應。以下是一些他們的自動化思考以及與之對抗的理性回應：

溫蒂的自動化思考：

情緒反應	自動化思考	理性回應
憤怒	這不公平，我也有工作。如果他想，他也可以準時回家。 ↓ 他沒有真正在乎我。	他的工作性質跟我的不一樣，他大多數的客戶下班後才能去他的辦公室。 ↓ 他的確打電話說他會遲歸，晚回家不一定代表他不關心我。此外，大部分時間他的確表現出真正的關心和情感。

霍的自動化思考：

情緒反應	自動化思考	理性回應
憤怒	她在報復我。這樣會毀了整個晚上。 ↓ 她不關心我或這個家。 ↓ 她在乎的只有自己的工作。	雖然她在生氣，但總是在幾分鐘後就會忘記。 ↓ 她只是不想煮飯，不代表她不在乎我或我們的家。她是個超級管家，照顧了我很多的需求。 ↓ 她想要保有工作，但是她說我們的關係非常重要，我為什麼不相信她呢？

　　理性的回應，可以評估自動化思考的合理性。舉例來說，當評估「這不公平」的自動化思考時，溫蒂用因為霍的工作性質與自己的不同，對霍來說要提早回家比較困難，來反駁這個想法。她因此意識到自動化思考是基於錯誤的證據。同樣的，她用相反的證據：「他的確有打電話」，加上「晚回家不一定代表他不關心我」。此外，大部分時間他的確表現出真正的關心和情感」，來反駁「他沒有真正在乎我」的想法。**找出理性的回應，能幫助你將自動化思考視為一種反應和解釋，而不是將其視為「真相」。**

找出隱藏意義

　　溫蒂不開心，因為霍通常很健談，但是回家後卻很沉默。她發現自己很難精準識別出為什麼她會有這種感覺。當溫蒂使用重播技術，她只能對自己為什麼苦惱得出一個模糊的概念。於是我幫助她釐清這個過程：

1. **他的行為具有什麼意義？**
   他對我感到厭煩。

2. 這對我來說意味著什麼？

他可能想和我離婚。

當我和溫蒂一起釐清了這些隱藏的意義後，她說：「原來如此，這就是我真正思考事情的方式。」

透過這樣的檢視過程，有助於判斷自己反應背後所隱藏的意義。這會讓你了解為什麼你的反應如此激烈，而且也有助於訓練你下次心煩意亂時，更容易捕捉到自己的自動化思考。

步驟七：測試你的預測

溫蒂因為公婆的打擾而感到心煩，於是我和溫蒂有了以下的討論：

溫蒂：我婆婆時常打電話給我，她總是詢問我在做什麼。我猜，她不相信我能好好照顧她的寶貝兒子和孫子。

我：對於她的行為，有其他可能的解釋嗎？

溫蒂：我知道你想表達什麼——她可能只是展現她的關心而且想要提供協助。唉，我很想跟霍說些她的事情，但是我又不敢。

我：你擔心什麼？

溫蒂：我害怕如果我對霍說了關於他媽媽的事，會造成我們兩人之間的嫌隙。我害怕與他發生爭執。

我：我們把你的信念寫下來，然後我們可以測試它。你的信念是「跟丈夫說關於他媽媽的事情會造成嫌隙」，針對這一點，你可以找到什麼佐證嗎？

溫蒂：我猜沒有任何證據。事實上當我與婆婆意見不合時，霍總是站在我這一邊。

我：那我們來做個預測，並實際測試「如果我跟丈夫說關於他媽媽

的事情，會造成我們兩人之間的嫌隙」這個信念是否正確。

溫蒂：他或許會不高興，但是我想他不會一直不開心。

之後，溫蒂同意跟霍談談她的婆婆，來測試這個預測。當她更客觀地考慮雙方會有嫌隙這個預測時，她對可怕後果的恐懼似乎就沒有那麼強烈了。為了使溫蒂信服，她必須要有一次實際的矯正經驗。這同時也是為了改善她與霍的關係，讓她感覺能更自由地與霍討論這類棘手的主題，這樣的過程是必要的。

而正如溫蒂所預料的，霍因為溫蒂提起他媽媽的話題感到心煩。他說：「我感覺自己被夾在中間。」但他也明白溫蒂的感受必須被尊重，因此他願意與自己的媽媽談談她打擾的舉止。溫蒂對霍這個重要的行為表示感謝，並因此感到與霍更加親近。

步驟八：重新框架

如同第三章所描述的，當一段關係開始走下坡，伴侶雙方會開始透過負面的框架去看待彼此，而這些負面框架是由雙方各自歸因於對方討人厭的特徵所組合而成（「他既卑鄙又愛操弄」、「她不負責任」）。這些不利的歸因，影響了被冒犯的一方如何看待另一方：負面行為被誇大，而中立的行為被視為負面；即使是正面行為，也可能會被漆上負面的色彩。

重新框架包含以不同的角度去重新思考這些負面特質。例如有時某個特質使伴侶互相吸引，但是在之後的關係中，這個特質卻被視為負面的。你曾經喜愛或欣賞的屬性依舊，問題在於你內心的負面框架使你只看見這些特質的「缺點」，而不是它們的優點。

很重要的是要意識到，當你和伴侶發生衝突時，你人格特質中比較不討喜的部分會變得更明顯，導致迄今為止令人愉快的特質，都會被視

為令人不快的惡性循環。舉例來說，雪倫是充滿自信且稱職的律師，她從不允許同事和客戶指使她，卻被保羅的隨和、完全接受和充滿樂趣的個性所吸引。而保羅是處在成功邊緣的自由作家，他被雪倫的成功與完美形象所吸引。然而婚後幾年，兩人對於彼此的印象改變了——保羅變成「懶惰、不負責任與被動」，雪倫則被看成是「咄咄逼人、挑剔和控制狂」。

究竟發生了什麼事呢？當保羅無法達到雪倫對其工作的一些期待時，雪倫敦促他更加努力。而保羅把雪倫的規勸視為嘮叨和控制，因此變得更加被動。雪倫則把他的退縮解釋為懶惰，因而對他更挑剔，這使得保羅又更加退縮。雙方人格特質的交互作用，導致了這種惡性循環。

在與他們諮商的過程中，我發現他們的負面框架是他們對彼此原始看法的相反。因此，只要透過重新檢驗正向的那一面，雪倫和保羅就能重溫一些他們最初對於彼此的好感。[34]

保羅對於雪倫的反面分析：

負面看法	負面看法的反面
她愛控制人。	她很果斷，完成了很多工作，對家庭收入做出貢獻。
她很挑剔。	她很犀利、她非常成功，她並非有意傷害我。

雪倫對於保羅的反面分析：

負面看法	負面看法的反面
他很懶惰。	他很悠閒、隨和。
他太被動。	他完全接受我。
他不負責任。	他欽佩我所做過的事情。

負面看法	負面看法的反面
他開每件事的玩笑、他不夠嚴肅。	他很有幽默感。當我沮喪時，他總是能逗我開懷大笑。

當雪倫能以這種方式去重新框架保羅時，負面特質就失去了攻擊性。她寫下以下敘述作為對她原先框架的反駁：

我現在可以接受他無法像我所期待的那般成功這個事實。所幸我的事業做得很好，所以我們不需要太多額外的收入。我想，現在對我來說，重要的是他愛我且接受我。他從來不會像我媽一樣嘮叨我，而且從來不批評我。如果我停止對他的嘮叨，我們可以擁有快樂的時光，因為他真的很有趣。我知道他對於金錢和家裡的事情並不是非常責任，但我可以補足這部分。

請注意一點：為了增進更和諧的關係，你或伴侶不一定要改變你們的人格特質。一般而言，**行為上的一個相對小改變就足以逆轉惡性循環**。當保羅在承擔責任上變得更主動後，雪倫施加在他身上的壓力也會趨緩。然後，保羅會更自然地適應雪倫的希望。這種改變最容易發生在「友善」與「接受」的氣氛之下。伴侶雙方透過對彼此行為最佳的解釋，能促進重新框架的進行。

當雪倫對保羅的看法變得不那麼負面時，保羅對雪倫的看法也會開始改變。他開始感謝雪倫能夠彌補他本身的弱點，他對雪倫的工作更感驕傲。此外，當雪倫不再對他嘮叨後，他更自發地傾向去做家務。

這種改變雖然無法發生在一夜之間，但透過用不同的觀點去看待伴侶，雙方可以重拾許多當初將彼此吸引在一起的正面感覺。此外，「新的樣貌」則能繼續培養出更多的友善與支持，這能夠促使正面觀點再度出現。

練習替代性解釋

　　瑪喬麗抱怨「肯總是對我疾言厲色」，這提供我們另一個重新框架的案例。瑪喬麗根據我的建議，照順序寫下了她對丈夫行為的解釋：

他不尊重我→他喜歡貶低我→他不愛我→他厭惡女人。

　　瑪喬麗試著對肯的「易怒」找出一個善意的解釋，但是她無法。她考慮過肯處於工作壓力之下的可能性，但當他的易怒在工作相關壓力減輕後依然持續時，她就排除了這個解釋。她開始越來越認為肯的易怒就代表了他的「真實自我」。然後瑪喬麗讀了一本名為《恨女人的男人和愛他們的女人》（*Men Who Hate Women and the Women Who Love Them*）的書，她覺得一切都明朗了：她如此深愛的丈夫，原來「厭惡女人」。

　　幸好，瑪喬麗決定與肯一起諮商，來進一步檢驗自己的信念。當她告訴肯這件事時，肯的眼眶泛淚，他說他沒有意識到自己是如此易怒，雖然他承認自己最近是有點「暴躁」。

　　肯解釋當他晚上回到家時，心中充滿了在工作時間滋長的怨恨。儘管這種敵意其實是指向他的老闆和同事，但卻持續到他回家；因此，他對於妻子任何讓他不開心的行為都不怎麼寬容。過去肯從來不覺得瑪喬麗的某些行為礙眼，現在卻都可以引發敵意。只因他已經蓄勢待發，想發動攻擊，所以任何瑣碎的挫折，諸如晚餐較晚準備好，或冰箱裡沒有啤酒等小事，都足以讓他發作。瑪喬麗成了由他人所引起的敵意的目標。

　　在他們的談話中，瑪喬麗檢查了自己的信念（見第十二章），之後她就能以一種不同、更實際的眼光去看待肯。她把自己對肯的看法從「冷漠和厭惡」重新框架為「壓力和心煩」，這對她而言更能接受肯的易怒傾向。

步驟九：標記自己的扭曲認知

標記出自己思考中的各種問題（如第八章所述），對伴侶關係會有所幫助。這些扭曲中最常見的是「極端化」、「全有全無」或「非此即彼」的思考模式。例如假設你的伴侶不像平常那麼愛你了，你可能會得出他或她已不再愛你的結論。以這種極端化的方式去思考，任何低於最理想的表現都會被標記為不理想。不是完全的愛就是完全的拒絕、不是完全的體貼就是完全的不體貼，沒有中間地帶。除了極端化之外，常見的扭曲認知還有以下幾種：

1. **過度類化**：基於少數事件而形成的廣泛性陳述。如果伴侶打斷你說話，那麼他或她「總是」打斷你；如果伴侶表現出一些不尊重，那麼他或她「從來沒有」尊重過你。
2. **隧道視野**：從一個經驗中選擇單一細節，並篩去其他資料，根據該單一細節去解釋整個事件。例如「我的丈夫抱怨湯太燙了，所以他討厭我準備的餐點」。
3. **個人化**：認為自己是導致伴侶做出某種行為的原因，即使事實與你一點關係都沒有。例如「她心情不好，一定是因為她在生我的氣」。
4. **負面標籤**：針對某個人貼上全面的負面標籤，而不是針對那個人的行為。例如「他很軟弱，因為他沒有要求加薪」、「她很嘮叨，因為她希望我戒酒」、「他很邋遢，因為他不撿起自己的衣服」。人們也可能會使用相同的錯誤思考來評估自己：「我從來沒有正確做過任何事情。我總是與人為敵。我是個失敗者」。

標記負面思考的練習

為了幫你發展出標記自己負面思考的習慣，以下這個練習將會有幫助。請參考第八章的內容，回答以下每個陳述中所具有的負面思考類型：[35]

陳述	負面思考類型
1. 自從她欺騙我後，我就永遠無法信任她了。	
2. 我的丈夫不是支持我，就是支持他的父母。	
3. 當我的伴侶生氣時，我認為是我的緣故。	
4. 當她盯著我時，我知道她正在批評我。	
5. 我本來可以度過快樂的派對時光，但是我的伴侶遲到了。	
6. 他最近都不怎麼說話，這是我們關係破裂的徵兆。	
7. 他不像我那麼喜歡這部電影，我們沒有什麼共通點。	
8. 他反駁我，這表示他不尊重我。	
9. 我們有了另一次爭吵，實在是太糟了。	
10. 她很卑鄙，一直讓我等待。	

標記出這些負面思考，對於記錄你的想法會大有幫助。增加另一個欄位以記錄負面思考問題的名稱也會有幫助。一旦嘗試應用這些術語後，便可能會發現自己多常誤解或誇大伴侶的行為。透過討論並測試這些術語的真正適用性，你可以更客觀，並改正導致衝突的錯誤觀念。以下是一個記錄自動化思考的範例：

相關情況或事件	自動化思考	思考問題
當我們在做愛時，霍對我發脾氣。	他瘋了 ↓ 他總是生氣 ↓ 我們永遠無法和睦相處。	負面標籤 ↓ 過度類化 ↓ 災難化

　　在擁有足夠的經驗去分析自己的反應後，更可以仔細通盤考量如何與伴侶一同改善關係。在接下來的兩章，會詳細討論伴侶間能如何合作，以改善溝通、促進理解，以及改變自我挫敗模式的方法。

第 14 章
說話的藝術

———

　　沒有什麼比「即使說一些含糊不清或難以表達的事情，也知道你的伴侶會完全理解你的意思」，更令人心滿意足的經驗了。能用一種私人語言的交談，搭配模糊的引據、含蓄的暗示、了解的眼神、聳肩和眨眼，這代表著一種非常獨特的親密感。

　　有共鳴的對話表達出關係的融洽：每一方都知道對方在說什麼，並且在能暢所欲言、被理解和得到伴侶同意的過程中，逐漸積累快樂。兩人的對話進行得很流暢，有著獨特的韻律或節奏，有點像雙方能彼此和諧配合的舞蹈。

　　但是，在痛苦的關係中，對話的樂趣漸漸迷失在憤怒的抱怨、錯過的暗示和誤解的迷霧中。取而代之的，是憤怒的目光、挑剔的指責和隱晦的威脅；而不是心照不宣的眨眼、巧妙的暗示和私人的密語。

　　究竟流暢的對話是如何喪失的呢？即使是早年很熟悉彼此的伴侶，之後也可能發現他們連最簡單的對話都被誤解所干擾，從而導致「我不是這個意思」的抱怨。[36] 例如每當肯和瑪喬麗開始談話時，儘管他們的意圖良好，但是他們的談話似乎受到阻礙而偏離原來的方向。他們的對話沒有產生順暢的討論，而是相互磨擦。他們其中一人會試圖用一個笑話來緩和沉重的氣氛，但另一個人覺得就好像是在挖苦，使得每一次挽救討論的嘗試，都只會讓事情變得更糟。因此，他們會去避免認真的討

論。

事實上，像肯和瑪喬麗這樣的伴侶忽略了一個事實：除了性關係外，他們最親密的交流，是發生在交談的時候，因為他們一起談話的時間，遠遠多於做愛的時間；兩人之間的對話，對於其關係的生存和發展，至關重要。不幸的是，許多或是大多數的伴侶，都缺乏溝通的具體技巧，因此不知不覺就導致了持續的磨擦、誤解和挫折。

而「談話的意義」對伴侶雙方來說，可能有所不同。例如伴侶一方可能認為談話只是為了做出共同的決定；然而，另一方可能認為談話是關係本身最深刻的表達，提供了分享祕密、對彼此的問題和成功表示關心，以及體驗團結和親密的機會。

找出溝通中的問題

雖然，「不溝通」是痛苦的伴侶常見的問題，但其中含有許多道理。由於「我們不溝通」是一個籠統、模糊的說法，因此必須將其轉化為具體的問題，才能加以解決處理。

某些阻礙成功溝通的障礙，例如打斷別人說話、過於被動地聆聽，以及繞圈子說話，已在第五章提過。至於其他溝通困難障礙，則來自於對伴侶或討論主題的特殊態度，以下我們就來討論這些問題：

問題一：我無法對伴侶誠實

在一段關係中，「完全誠實」不僅是困難的，而且也是不可能的。這樣看起來似乎有些矛盾，因為人們期待伴侶關係需要完全誠實才能取得成功。然而，有幾個原因能解釋為什麼這樣行不通。坦白說，完全誠實可以像一記耳光一樣傷人。像「我今晚不想說話」這樣的直接陳述，很容易被認為是一種拒絕。

例如在憤怒的高峰期，丈夫以高度負面的偏見看待他的妻子；因此他在憤怒時所說的話不是客觀的誠實，而是帶有強烈偏見的誠實。當他生氣時，他處於一種獨特的認知狀態：把妻子（至少是暫時的）看作一個對手。這時他傾向於放大妻子的負面行為和特質，忽略她的正面特質，同時也將她的中性特質轉換為負面特質。這種扭曲和誇張的判斷，反映了他在那個當下是如何看待事情的，而不是他平時沒生氣時對妻子的感受。

　　這種「誠實」的貶低性言論會給伴侶帶來深深的傷害。瞬間的誠實信念往往是基於憤怒者主觀感受的自欺欺人。但是作為被攻擊目標的伴侶，往往在憤怒過後很長一段時間內都要繼續承受這種傷害。

　　對於關係的一個誤解是：人應該自始自終保持直率和完全誠實。但是真相存有許多面貌和細微的差別，既無法探索，也無法輕易表達；有時赤裸裸的真相，可能更具有破壞性。

　　當人在最憤怒的時候，往往會很坦率地說出自己的想法；但當平靜下來後，對事情的看法就大不相同了。可是正如下面的對話所顯示，接受「誠實」批評的人，可能會繼續接受負面的標籤，認為這是伴侶真實感受的表達：

　　湯姆：你為什麼悶悶不樂？

　　莎莉：因為你說我很笨。

　　湯姆：我真的不是這個意思，我當時很生氣。

　　莎莉：我知道你是真的認為我很笨。

　　湯姆：那不是真的，我當時很生氣。

　　莎莉：你總是說，當人們生氣時，他們會表達出自己的真實想法。

　　從以上對話可得知，這也是「開誠布公」中最棘手的問題之一：認為在強烈的情緒狀態下表達的感受，比在其他時候表達的感受更真實的

迷思。事實上，在情緒高漲的時候，人是「最不可能」表達出自己的真實想法；他們所表達的往往是由原始思考（見第九章）所產生的想法，因扭曲和過度類化而變形，這根本不是他們在平靜狀態下的想法。

我們很容易把誠實和直接混為一談。例如你可以直截了當地回答一個問題，而不透露你對這件事的所有內心想法和感受。因此，如果有人問你，你的家庭情況如何，你可以如實說很好，而不必補充說婚姻不穩定或孩子在學校表現不好。在大多數對話中，簡單、直截了當的回答就足夠了，不需要完全揭露。

對許多人來說，「間接」提供了一種保護自己的方式。他們不說自己的意思，而是問一個問題，或是做出一個迂迴或模稜兩可的陳述，讓聽者自行去解讀。由於許多人抱怨他們的伴侶過於間接，因此值得了解這種做法的原因。

有時候，間接是由於男女交談方式的風格差異，或是由於種族和家庭背景使然，例如新英格蘭人以沉默寡言而聞名。但是除了對話風格外，間接往往是一種戰略舉動、一種安全的方式。我們可能想謹慎地表達自己，如此一來即便我們沒有得到正向的回應，也可以很容易收回或暗示對方自己其實是其他的意思。

透過間接的説話方式，讓我們能在參與和承諾之前試試水溫。先根據伴侶是否接受，再選擇前進或後退；我們不是直接說出自己的想法，而是伸出觸角來探測反應，然後再相應去塑造自己想法的呈現。

這種對話方式，在一般的社交生活中相當常見，但在伴侶關係中卻往往做不到。例如某些最有效率的商業領袖，似乎有訣竅知道什麼時候該追求特定的行動路線、什麼時候該暫停，以及什麼時候進行戰略性撤退。然而，當這些經理人面對他們的伴侶時，其圓滑的技巧和談話策略似乎會突然消失。

當然，在伴侶關係中，人們確實希望能自由釋放自己的情緒，把心裡的事情說出來。而且在許多關係中，這樣的方式很多時候是有效的。

然而另一方面，如果話題很敏感，像是當有意見或利益上的衝突時，或是當一方或另一方感到疲憊或有壓力時，這種坦率的方法就可能會適得其反。

失敗的對話

有時對直接的問題回答間接的答案，是為了不要顯得無禮。當提問者要求直接回答時，對方可能會生氣，因為他或她想保留一些東西不說出來。以下是蘇和麥克之間的對話，這對來自不同背景的夫妻，我們之前有介紹過。當麥克在對蘇而言很敏感的問題上做出過於直率的回答時，他們經常會遇到問題：

蘇：你覺得我寫的文章怎麼樣？

麥克：我認為它非常好，但還有很多要改進的地方。

蘇：你是說你不喜歡它嗎？

麥克：（惱怒）我告訴過你，我認為它相當好。

蘇：那你為什麼要表現得這麼討人厭？

在這個案例中，麥克想對蘇的問題給予一個樂觀的答覆，並擔心如果他給出一個完全坦率的評價，蘇會受到傷害。事實上，麥克是對的：蘇感覺到他的描述是在暗示文章有缺陷。蘇無法接受麥克話語中的字面意義，因為她期待「無條件的接受」。對蘇來說，任何低於這個標準的回答都等同拒絕。

蘇的期望與麥克的反應之間存在著不一致：蘇在尋找鼓勵，而麥克認為她需要批評。但是他本來可以對她所表達的願望作出回應，藉由先告訴她「我很喜歡」這個事實，然後再告訴她自己喜歡什麼部分。如果蘇隨後要求評論，他可以跟她說，但是只限於此時此刻。如此一來，麥克可就以避免給蘇留下他不喜歡她的文章的印象。

問題二：我不能隨心所欲

　　許多人抱怨在與伴侶交談時不能隨心所欲，甚至必須保持警戒。他們擔心伴侶會生氣、受傷或受到壓抑。某位妻子曾說：「我必須注意我對丈夫說的每一句話，我不能做自己。」也有一名丈夫曾說：「如果我不能對妻子坦誠相待，那麼婚姻的意義何在？」甚至有某位妻子抱怨：「當我告訴丈夫任何事情時，他的反應總是很討人厭。」

　　「自發性」依賴某些自動說話的模式，就像我們按下一個按鈕，心理機器就開始運作。我們不需要花時間去思考要說什麼，這個機器就能不費力地運作，因為某些說話模式是如此得心應手，以至於訊息就這樣溜出了嘴，就像急流那樣流淌。

　　但如果我們想要改變與伴侶的談話方式，例如變得更有自信或更圓滑，其實需要改變的不是我們所說的內容，而是說話的形式和風格。例如「晚餐什麼時候會準備好？」這句話可以用要求、抱怨或指責等不同方式來詢問。

　　剛開始，改變用一種更圓滑或自信的模式說話，可能會讓你感到被強迫或不自然。但是培養新的說話習慣類似於學習任何技能，如駕駛汽車。幾年前當我在英國時，我必須要求自己記得在道路左側行駛，這與美國的駕駛模式完全相反。起先就如同我剛學會開車時一樣，我必須不斷地集中注意力。但一段時間後，新的習慣接手了，我又能用能比較自然或習慣性的方式開車了，因為我改變了模式。

　　對話習慣類似於駕駛模式，它使我們不必監視自己在路上的每一個動作。因此在掌握了這些慣例之後，談話就能毫不費力地進行，因為我們已經養成了說話的習慣。但是當我們第一次學習這些技能時，一定會犯錯和進行改正，直到完全掌握了這個模式。

　　當伴侶對你的對話風格出現負面的反應時，你們就像必須重新調整的駕駛，重新學習對話模式，就像學習一種新的駕駛方式。起初，這可

能很費力，但是經過一段時間後，它將變得自動化。

例如一名丈夫可能以苛求的方式向妻子詢問資訊，或以敵意的語氣提出要求。如果他願意的話，他可以改變提問的方式，讓他的話聽起來不那麼苛刻。為了實現這一點，他必須「傾聽自己」（用錄音的方式錄下和聆聽你們的對話，可以帶來很大的幫助）。然後他可以逐漸糾正這種模式，直到新的方式變得自動化。

讓禮貌成為自發的行為

我們的反應往往「受制於情境」（situation-bound），也就是由所處的情境所決定，例如在商業關係中，我們習慣性表現出禮儀和圓滑態度。對於我們的伴侶，則可能會直言不諱或自由批評。我們在關係中的互動方式，部分是由我們為這段關係賦予的意義所生成，部分則是由我們從原生家庭，甚至是電視或電影中學到的模式所形塑。

許多伴侶認為，他們必須做出巨大的改變，才能變得更加圓滑和體貼，而這又是一種「情境特殊性」（situation specificity）的問題。在追求時期中適用的禮儀，在婚後被另一套禮儀所取代，體現出童年時期殘留下來的各種問題（如器量小、抱怨和吹毛求疵）。

因此，伴侶間真正的挑戰在於，如何把我們對外的禮儀帶進家中。為了學習如何以一種新的方式與伴侶交談，先想想你會如何向老闆或客戶提出同樣的問題或要求。如果以一種圓滑的方式來表達，語氣就會很愉快；或者，也可以試著重演你在婚前對待對方的舉止和禮節。

如果你現在習慣以苛求、批評或抱怨的方式面對伴侶，那麼要將這些普通的禮儀運用到你的伴侶關係中就會出現問題。如果是這樣，便需要努力去改變這些模式。習慣是不容易打破的，但一旦學會了新的模式，就可以「自動」對伴侶表現得更有禮貌。

問題三：伴侶總是對我大吼大叫

有些人會害怕伴侶説話大聲，他們將其解釋為憤怒的表現，甚至是道德上的瑕疵。例如某位妻子在一個避免任何公開表達敵意的家庭中長大，因此，她長大後認為公開表達憤怒是不道德的、傷害到他人是有罪的。而當她的丈夫偶爾大聲講話來表達自己的意見時，她不僅感到害怕，而且覺得他的所作所為是不道德的。

在這種情況下，雙方可以共同努力消除大聲講話所產生的麻煩。受傷的伴侶必須認識到自己可能誤解了音量大的含義，並在沒有任何敵意和憤怒的情況下讀出敵意與憤怒。同時，大聲的一方可以嘗試降低音量。一種更優雅的解決辦法是，讓敏感的伴侶對大聲講話或暫時的憤怒表現變得不敏感，從而不再感到不安。

問題四：性別差異導致溝通頻率有落差

「我的丈夫與他的感受脱節，而且他不喜歡聽我談論我的感受」、「我的妻子總是在探測我的感受。她沉浸在自己的感受中，所以她希望我也能沉浸其中」。從日常觀察和科學研究來看，男性和女性通常以不同的方式經歷和表達他們的感受。女性更傾向重視關係問題的情感面，而男性則傾向於分析情況。當然，和大多數的概括性説法一樣，我們可能會發現某對伴侶的情況正好相反。

瑪喬麗下班回家後，對於她的老闆沒有感謝她為他準備的備忘錄感到失望。她長篇大論地談論她的感覺有多糟糕，以及她的老闆是一個怎樣的「混蛋」。肯試圖和她講道理，希望讓她感覺好一點。以下是兩人的對話：

瑪喬麗：我完全有權感到難過，他就是個混蛋。

肯：你不能因為他沒有稱讚你，就把他講得那麼壞。

瑪喬麗：你什麼都不明白，對不對？他有一種沒有人能讓他滿意的態度。辦公室裡的每個人都對他不滿。

肯：這可能只是他的風格，你沒有理由對這件事情這麼生氣。

瑪喬麗：你為什麼要反對我的感受？如果你願意同理，你就會是更完美的人，你也會更加理解我。

肯：你又來了，又把矛頭指向我。

這段對話說明了男女之間在表達情感上的典型差異，儘管並不是舉世皆然。瑪喬麗想向肯表達她對於被老闆忽視感到多麼受傷，但肯採取了「理性」的方法，希望能讓她感覺好些。他們正在透過兩個不同的頻道，向對方發出信號。瑪喬麗訴說的，是她的感受和她需要安慰的需求；肯說的，卻是事實和注重實際的需求。他們兩人都認為對方完全偏離了軌道。

由於瑪喬麗已經提出了這個話題，而且這個話題對她來說非常重要，那麼肯最好能將頻道調到跟她一樣。但是採用瑪喬麗的觀點對肯來說，可能很愚蠢，因為他認為自己不會把老闆的行為放在心上，而他的妻子則是反應過度。然而，如果想要有所幫助，肯必須理解瑪喬麗的自尊心受到了傷害，她認為她的老闆不公平。

舉例來說，肯可以說：「我可以理解你為什麼會不高興，因為你在備忘錄上花了這麼多精力，你期望得到某種回應，但是他根本就沒有注意到。」他可以這樣說，而且不一定要同意瑪喬麗的結論──僅只是為了讓瑪喬麗知道他理解她的感受。也就是說，他可以對她的失望產生共鳴，而不用同意老闆是個混蛋與不公平。

另外，作為替代方案，肯可以問一個問題，像是「他通常會忽略員工的備忘錄嗎？」肯還可以透過詢問：「你認為他對你的備忘錄的態度如何？」來幫助瑪喬麗進一步探索自己的感受。而這個問題，可能會引

導她談論更多關於被輕視的感覺，也許會揭露出老闆的行為讓她質疑自己的能力。如果肯以其他方式做出反應，可能會加劇瑪喬麗的不滿。如果他說：「為什麼你會對此感到不高興？」她很可能會反駁：「誰不會不高興？」或者他可能會做出貶低的解釋：「為什麼你總是需要得到人們的認可？」

肯需要明白，當瑪喬麗感到受傷時，她想要的是一位擁護者、支持者，而不是一位分析家。但肯如此「實際」的說法，似乎在縱容老闆的行為，這對瑪喬麗來說，意味著她沒有權利感到憤怒（當然，有時你的伴侶只想要實際的建議，不想談論感受。若你沒有識別出這種偏好，也可能導致對方的失望和沮喪）。

讓丈夫談論自己的感受，對許多妻子來說非常重要。「分享感受」使妻子感到與丈夫更親近，反之亦然。這也是一個平衡裝置，顯示丈夫和妻子對生活的高低起伏，都會產生情緒反應。

此外，許多學者認為，男人對自己的感受保持沉默，是男性不可避免的缺點。[37] 許多妻子都覺得：「我的丈夫是一塊花崗岩。如果他能讓自己有感覺，他就會更像一個人。」然而，許多丈夫對於「如果他們不表達自己的感受，那麼他們就不完整」這樣的見解感到厭惡。因為一般來說，男人比女人更少會內省，他們似乎不像女人那樣了解自己的感受。但是，即使是一個對自己的感受有些不明瞭的丈夫，也可以透過討論妻子的感受，建立起一座與妻子溝通的橋梁。如此，不僅能使他們對於妻子的感受變得更加敏銳，同時也可能反過來對自己的感受有更多敏銳度。

問題五：對話進行得很順利，但是關係依舊僵硬

許多表面上看起來成功的關係，但伴侶雙方卻對彼此不滿意。也許他們在處理家庭財務、做出重大的家庭決定，以及培養快樂且適應良好

的孩子等各方面都合作無間；又或許他們看起來完美實現了不成文的婚姻契約，但實際上，他們卻對彼此感到厭倦，甚至是不開心。

由於這種伴侶似乎一切都做得很正確，所以我們必須深入了解他們的問題。在眾多因素中，可能導致過往的快樂消失、關係衰退的原因之一，正是他們對話的豐富性逐漸變得貧乏了：伴侶雙方都不再提出對方感興趣的話題。此外，他們早先談話時的輕鬆和有趣的氣氛也消失了，他們不再努力取悅或逗樂對方。

那麼，是什麼剝奪了他們對話的豐富性和樂趣呢？首先，儘管他們藉由多次「討論」獲得表面上的成功，但他們可能已經付出極大的「關係代價」去解決家庭問題。在許多關係中，一連串的小問題會逐漸累積起來，從而產生壓力。這些問題也可能是伴侶雙方觀點和價值觀出現分歧的信號，而這種分歧是他們的表面協議無法解決的。因此伴侶間的自由對話，會因為潛藏的分歧而無法順利進行。流暢的對話可能會被潛藏的分歧打斷，而這些分歧又會造成溝通上的干擾。

其次，儘管他們在處理實際問題時可能相處融洽，但他們的談話並沒有提到關係中更令人愉快的一面。他們還沒有學會如何將「解決問題的討論」與「愉快的對話」區分開來。因此，當伴侶一方以充滿愛意的話來開啟對話時，另一方可能會認為這是解決一些衝突的好時機。因此缺乏了單純圍繞著關心、分享和愛的表達的對話。

有些關係因為缺少了有趣、玩笑和幽默而陷入嚴肅的僵局。「糟糕化」、「災難化」和鬥爭的結合，使關係蒙上了生死攸關的陰影。這樣的伴侶在爭吵和相互指責後，容易感到疲憊不堪，抱怨他們的關係不再有任何的「樂趣」。

幽默是愉快關係中的一個重要成分，也是經常性爭吵所造成劍拔弩張氛圍的重要解毒劑。一名婚姻法官發現，當她問夫妻是什麼吸引他們在一起時，很多人會回答：「我們一起歡笑」。[38] 然而，要表現出幽默而不是挖苦或挑釁的話，需要技巧。拿自己幽默自嘲，絕對比拿伴侶開

玩笑的效果更好。

處於痛苦關係中的伴侶經常忘記，他們在發生衝突前所喜愛的各種娛樂。雖然提倡伴侶一起度假，特別是一場沒有孩子的雙人旅行，似乎有點老生常談。但有時就是這樣的一段旅行，能提供伴侶雙方重新發現樂趣的時間與空間。或許還能藉由這樣的機會，重振失敗的關係。除此之外，美國精神病學家威廉·貝徹（William Betcher）的著作《親密遊戲》（*Intimate Play*）中，也提出了其他可行的辦法，有興趣的讀者可以參考看看。[39]

對話禮節的規則

有一些指導方針，能使對話更加愉快和有效。不僅如此，透過遵循這些建議，亦能防止阻礙溝通流暢的小差錯出現。以下為對話規則的順序：**將頻率調整成和伴侶一致→給予傾聽信號→不要打斷對方→巧妙提出問題→使用圓滑手段和策略。**

規則一：將頻率調整成和伴侶一致

一場有成果的談話，需要伴侶雙方將頻率調成一致，相互連結。事實上，很多時候儘管他們可能在談論同一個話題，但他們的方法可能不同，以至於無法進行有意義的接觸。

有時候當伴侶一方試圖緩解另一方的苦惱時，卻達成了恰恰相反的結果。茉蒂是藝術家。某天晚上，她因準備展覽所遇到的問題感到非常不安，於是她開始向丈夫克里夫講述這些問題。她希望得到克里夫的支持、鼓勵和同理。可是克里夫卻發出了一連串的指示：「第一，你必須把小組裡所有的人都召集在一起。第二，你必須打電話給所有其他參與其中的人。第三，你要讓你的會計參與進來，並向銀行查詢一下你還有

多少錢。第四，你可以聯繫公關人員。第五，打給美術館，查看時間。」

聽完之後，茱蒂感覺被克里夫拒絕並心想：「他不關心我的感受。他只是想讓我離開他的身邊。」但在克里夫的眼裡，他認為他滿足了茱蒂的需求。他給了茱蒂最好的「建議」，他認為他是在展現支持。然而，對茱蒂而言，克里夫是在控制而不是支持。她在尋求同理和情感上的融洽，而他卻關注於問題的解決。

那麼，如何才能找到合適的頻率？需要記住的一點是，**在非個人或商業關係中有效的方法，在親密關係中可能會適得其反**。舉例來說，如果丈夫發現他的建議只會激怒自己的妻子，他應該克制自己去指導她的衝動，並嘗試另一種策略，像是表現出理解她的感受。此外，下一次他的妻子告訴他自己的問題時，他可以記住，除非她明確想要，否則他不必急於提供建議，因為她可能只是需要談談她的感受。

茱蒂如何能採取不同的行動並避免落入「他不理解我」的困境呢？首先，她可以事先預料到他傾向於提供務實的、說教式的建議，她可以說：「我有個問題。我想我知道答案，但是我想把我的感受說出來，而不是要知道該怎麼做。這樣可以嗎？」用這樣的方式提出問題，有助於克里夫做好準備去探索她的感受，而不是為她訂定一個計畫。

這種澄清的好處之一是，可以讓伴侶雙方有機會解開附著在特定問題上的複雜意義網絡。茱蒂的問題對她來說有很多含義：「我無法處理這個、我真的不能勝任、這個任務的壓力太大、我受不了。」當克里夫用實際的建議介入時，她心想：「他也不認為我能處理好它……他不關心我的感受。」

透過把與她的感受相關的想法用語言表達出來後，她就能發覺那些感受被自己誇大了。如果克里夫馬上就試圖安撫她，她就沒有機會評估這些自動化思考。透過認真傾聽，然後提出問題，克里夫可以幫助她看見自己在誇大問題，並大幅低估自己處理問題的能力。

當然，有些時候你的伴侶想要的是實際的建議，而不是情感上的支持。你必須對這些信號有敏銳度，才能切換到適當的頻率。

規則二：給予聆聽信號

有時候，妻子會抱怨丈夫從不聽她說話，而丈夫則抗議說他已經聽到了她說的每一個字。有研究發現了一個與性別有關的差異：在聆聽時，女性更容易發出「嗯嗯」、「是啊」這類的聲音，這表示她們有在聽別人說話，而男性則更容易保持沉默。其他信號，如面部表情和姿勢，都可以告知對方你有在聆聽。

人們有時會忘記，談話意味著資訊和想法的相互交流；若說話沒有得到回饋，就像對著一堵牆說話一樣。如果你是沉默的類型，請養成給予非語言回饋的習慣，同時不要讓伴侶懷疑你是否真的在聆聽，這會有所幫助。

規則三：不要打斷對方

打斷別人說話對於冒犯者來說，可能覺得非常自然，但會引起說話者的一些負面想法，像是「他沒有在聽我說話」、「她沒有思考我說的事情」和「他只對聽自己說話感興趣」。

與其他說話習慣一樣，打斷別人說話可能是一個人談話風格的一部分，而不是自我中心或不同意的表現；儘管這種習慣經常被說話者解釋為如此。

在這裡也有一個性別差異。男人往往比女人更喜歡打斷別人說話，不論對方是男或女。因此，對丈夫打斷自己說話的行為，而產生負面解釋的妻子應該記住，這些打斷行為可能只是丈夫的談話風格。儘管如此，打斷他人說話者，最好還是在對方說完之前先忍住，不要急著說出

自己的想法。

規則四：巧妙提出問題

「提問」能啟動對話並使其持續下去，或者使對話過早停止。有些人天生沉默寡言或拘謹，他們需要被推動，才能被吸引進入談話中。一個措辭得當的問題有時候可以發揮神奇的作用，讓你的伴侶說話。然而，如果一個問題的時機不對、過於刺探或不相關，也可能終止對話的進行。

許多人在不知不覺中因為自己的說話風格，而停止了進一步的交談。例如萊恩習慣用一兩個字來回答問題：「是」（yes）、「不」（no）或「沒什麼」（nothing much）。在這個習慣被指出之前，他無意中挫敗了妻子哈麗特多次想讓他參與談話的嘗試。例如某天晚上他回家後，哈麗特問起他晚上外出的情形：

哈麗特：你的撲克牌打得怎麼樣？
萊恩：還可以。
哈麗特：有誰在那裡？
萊恩：跟平常一樣。
哈麗特：你們有聊什麼嗎？
萊恩：沒什麼。
哈麗特：你是贏了還是輸了？
萊恩：都沒有。

在這種情況下，與其無休止且毫無結果地向丈夫提出問題，哈麗特不如做出具有針對性的觀察，然後提出這樣的問題：「我很難和你開啟對話。你是喜歡不說話，還是出了什麼事嗎？」

哈麗特也曾運用她的機智引導萊恩説話：

哈麗特：今天醫院有發生什麼事嗎？
萊恩：都是同樣的事情。
哈麗特：你說你要跟主管討論你的研究項目，結果如何？
萊恩：哦，他實際上有一些好主意……（繼續討論這個問題）。

萊恩的最初反應顯然是談話障礙，但透過一些技巧和巧妙的詢問，哈麗特能促使他繼續說下去。這種追問方法，能向沉默寡言的伴侶表明你真的感興趣。最初的問題可能被認為是敷衍，但一連串的問題表明你是認真有興趣。詢問伴侶對某件事情的看法，是一場好的對話的開始：

他：我想知道你對於我該拿我的助理怎麼辦，有沒有什麼建議或想法？他老是遲到。
她：你有沒有想過問他為什麼總是遲到呢？
他：沒有，但我想我可以那樣做，這是個好主意。

有時問題的措辭或許也會阻礙對話。例如「為什麼」的問句，其實經常成為對話的障礙，因為這似乎帶著一種指責的語氣：「你昨天為什麼晚回家？」「為什麼你要穿得這麼漂亮？」但是有時候我們可能很難避免問「為什麼」開頭的問題；如果是這樣，最好是找到一些其他的措辭，以免讓伴侶採取防禦的態度（詳見第五章）。

規則五：使用圓滑手段和策略

這項規則在親密關係中可能看起來格格不入，但實際上每個人都有所謂的「敏感區域」，即使是一個充滿愛意、善意的伴侶，也可能會傷

害到這個「敏感領域」。舉例來說，有些人對於他們的外表、說話方式，或是他們家庭中的某些成員很敏感。

假如一名妻子在談話過程中暗示她的丈夫過胖，或他的妹妹不成熟，或是他的語法不正確，可能會終止原先愉快的談話。這條規則並不意味著我們必須時刻小心翼翼，只要稍微提高警覺和判斷即可。

本章中的大部分建議都適用於隨意的談話，而不是關於解決衝突和做出決定等更嚴肅的討論。我發現，除非伴侶雙方努力將輕鬆的談話區別開來，否則就會容易陷入更嚴肅的討論，因而使關係中大部分的輕鬆感消失。在下一章中，我將討論伴侶在處理上述解決衝突和做決定等問題時，會出現的常見困難。

第 15 章
共同合作的藝術

分歧的意見

　　有時，伴侶雙方會陷入對立的境地，以至於他們似乎無法達成妥協。他們拒絕妥協，頑固地堅持自己的觀點。他們認為自己的觀點是非常通情達理，而伴侶的觀點是不講道理的。更重要的是，他們無法認識或承認伴侶的願望或抱怨可能是合理的。以下面的例子為例：

　　莎莉：湯姆和我在任何事情上都無法達成一致。我們對所有事情都爭吵不休。我們為晚上是否要開窗的事大吵了一架。

　　湯姆：她打開，我關上，她再打開。我就是受不了寒冷的空氣，它使我的氣喘惡化。

　　我（看著莎莉）：你認為湯姆為什麼要關窗戶？

　　莎莉：他說那會使他的氣喘惡化，他把自己當做嬰兒一樣呵護。

　　我（看著湯姆）：你認為她為什麼要開窗？

　　湯姆：她熱愛新鮮空氣。她喜歡挑戰自己，她覺得越冷越好。

　　我：你們背後的立場是什麼？你們想要解決什麼問題？

　　莎莉：我不能忍受不新鮮的空氣。它太悶了，讓我感到噁心。

　　湯姆：我不能忍受冷空氣。

一旦爭論開始，無論哪一方都試圖得分。然而，無論誰「贏」，他們之間真正的問題卻很少能被真正解決。也就是說，按自己的方式行事並不能改變根本的衝突。對於窗戶的問題，你能想到什麼解決辦法？

　　在處理這類衝突時，必須努力澄清對方的立場，然後接受建議，這樣才能集中精力解決手上實際的問題。例如不要被刺激的話語（如被稱為嬰兒或新鮮空氣的狂熱者）轉移了話題。一個系統性的方法有助於消除分歧。如同我在下面的對話中所做的那樣，提出具體的問題，以獲得關鍵資訊：

　　我：我們之前做過這種問題解決的練習。首先，你們必須澄清在這種情況下，到底是什麼讓你們不高興。現在，莎莉，用兩到三個詞告訴我，你為什麼想讓房間涼爽？

　　莎莉：我希望它冷一點　　這樣我就不會窒息。

　　我：現在，湯姆，簡而言之，你不喜歡冷空氣的原因是什麼？

　　湯姆：是氣流。

　　我：所以我們知道，造成你們分歧的不是溫度，而是空氣的流通。莎莉，你不喜歡溫暖的空氣，因為它不流通。湯姆，你不喜歡窗戶打開時的冷空氣，因為它太流通了。換句話說，會有氣流。現在，讓我們想一些可能的折衷解決方案。

　　湯姆：我想我們可以只把窗戶打開一英吋左右，或者我們可以安裝一個風扇來流通空氣，或者我想我們可以完全關閉房子裡的暖氣，這樣房間就真的會很冷。

　　莎莉：這些主意都不太好。如果你用很多的毯子把自己包起來，怎麼樣？

　　湯姆：那是行不通的，因為我還是會呼吸到冷空氣。

　　我：還有一個解決辦法，你們還沒有想到……那就是打開房間浴室的窗戶。這樣的話，莎莉，你就可以得到冷空氣，它比溫暖的、悶熱的

空氣流通得更快。而湯姆，你也可以免於感受到氣流。

對話結束後，他們一致認為這是一個可行的解決方案。然後我接著建議，在未來他們要做出系統性的努力來解決問題，而不是自動假設對方是錯誤的、自私的或頑固的，亦即：(1)確定每個人想要什麼；(2)確定雙方分歧的具體細節；(3)腦力激盪，直到產生各種可能的解決方案；以及(4)選擇最能滿足每個人的解決方案。

意見分歧的程度

為什麼伴侶會發生爭吵，並進展成全面的戰爭呢？一般而言，伴侶的爭吵有兩種。第一種，他們沒有真正的意見分歧，但他們彼此交談的方式和聽到的聲音，充滿了指責，以至於他們的訊息變得斷章取義。而與此相反的另一種，才是存在著需要被解決的真正衝突。

當然，多數爭吵都是結合了真正的衝突和不良的溝通。由於伴侶雙方採取了相反的立場，他們對彼此和問題的看法趨於強烈的兩極化；因此，許多溫和的分歧都會漸漸變成了看似兩極的對立，使爭吵變得更加嚴重。為了解決分歧，準確找出是哪種衝突在運作，會有所幫助。

特定願望的差異

有些意見分歧是暫時性的。在某個特定的時間，伴侶一方可能想吃中華料理，但另一方則想吃墨西哥料理；一方可能想要出去看電影，另一方則想要待在家裡看電視；一方可能喜歡談話，另一方則喜歡看報紙。當這些願望沒有反映出基本的意見和品味不合、只是一時的差異時，它們很容易解決，除非關係中早已存在了其他摩擦。而當緊張關係已經存在時，那麼伴侶雙方不同願望的暫時差異，就可能會被放大為真

正的衝突。

品味或敏感事物的差異

無論相處狀況如何，伴侶雙方喜歡的活動在某種程度上一定有差異。許多丈夫從週末看體育比賽中獲得最大的樂趣，而他們的妻子則偏愛以更私人的方式共度週末時光。隨著關係的成熟，兩人的興趣可能會變得更加相似：一個對體育不感興趣的妻子「學會」了喜歡看體育比賽、參加體育賽事、打網球或高爾夫；一個對音樂或文學不感興趣的丈夫發展出對交響樂、歌劇或閱讀的愛好。當然，人們不僅在喜歡什麼方面有差異，在不喜歡什麼方面也存有差異，例如前面提到的，莎莉喜歡在冬天大開窗戶，而湯姆卻無法忍受這樣的方式。

政策、態度或理念上的差異

有些伴侶對養育孩子、家庭預算、勞務分工、假期等方面的態度，大相徑庭。伴侶一方可能認為要對孩子嚴格要求，另一方則可能贊成寬鬆；一方可能認為花錢是極大的樂趣，另一方則可能認為這是一種罪惡；一方可能認為沒有孩子的假期是特別的享受，另一方則可能認為這是不必要的放縱。當涉及到特定議題時，伴侶可能一方面會挖空心思為自己的觀點辯護；另一方面，他們可能要懂得有彈性、包容和妥協。

人格特質的差異

諷刺的是，最初可能使兩人互相吸引，並在關係早期受到高度重視的基本人格特質之差異，隨著時間的推移，可能會成為困難的根源。不知你是否還記得前面提到的，凱倫和泰德兩人的人格特質，便存在著這

樣的衝突。凱倫喜歡隨心所欲地做事，而泰德則要求嚴密的計畫和組織。他們人格特質的差異反映在他們觀點的不同上，包括他們看待同一事件的方式，以及最終看待自己的方式。他們兩人都認為自己是合理的、可接受的、靈活的，而另一個人是不可接受的、不合理的、僵化的。

觀點的差異

有時候，最平凡的分歧會因為伴侶的不同觀點而被小題大作。他們被自我利益蒙蔽了雙眼，以至於無法察覺到解決彼此分歧的簡單方法。舉例來說，莎莉和湯姆在家務分工上有困難。每個人都忙於工作，幾乎沒有時間做家務。有趣的是，在交往期間，他們為對方做事都沒有問題，即使必須做出真正的犧牲也在所不惜。例如湯姆願意排著長長的隊伍去買歌劇開幕之夜的票，並穿上正式的衣服來取悅莎莉；而莎莉願意跟他一起出海，儘管暈船讓她感到不適。

然而，在結婚幾年後，他們已經轉變為從自我利益的角度去思考問題。這種從「利他主義」到「自我中心」的轉變，在他們看待同一問題的不同方式上，顯而易見。這是一種「認知」上的困難：他們只能從自己的個人觀點來衡量問題，而無法從對方的角度來看待問題。

某次諮商會談的幾天後，莎莉和湯姆需要去買些雜貨，但是兩人都很忙。

湯姆：既然你很忙，我就去熟食店買吧！

莎莉：好的，我會列出購物清單。

湯姆：很好。先打電話訂好，這樣我就不用等了，半小時後我去取貨。

莎莉：我沒有時間打電話，我又累又忙。去到店裡點餐後等他們把

餐點裝好，又不會要了你的命。

  湯姆：但是我必須排隊等候，你知道我討厭等待，你這是不講道理。

  莎莉：你才是不講道理的人。

  莎莉和湯姆為了誰不講理而發生爭執，完全忘記了他們的任務是試圖澄清分歧，然後腦力激盪，尋找解決方案。兩人都沒有注意到他們所建議的計畫，給對方帶來的不適感：當湯姆不得不等待時，他痛苦地坐立不安，而莎莉在那一刻覺得自己被家庭責任壓得喘不過氣來，要她打電話去預定且由她擬定清單上的食物，這個負擔使她難以承受。

  由於他們忘記重點是要產生可能的解決方案，所以他們都沒有想到最合理的方案：讓湯姆打電話去訂購。如此一來，不僅可減輕莎莉打電話預訂的負擔，也可以使湯姆免於排隊等候。因為以往當有需要時，都是由莎莉來打電話，所以他們都沒有想到在這種情況下，可以轉換角色。

  伴侶雙方很容易陷入只從自己的角度去看待兩人的意見分歧，而沒有認識到對方可能有合理的觀點。這導致他們相信自己的伴侶固執任性、專橫，或不講理。但當他們能從對方的角度看待問題時，就會覺得雙方都是「正確的」，至少從他們自己的參考框架看來是這樣。莎莉和湯姆都有一個合理的觀點，但他們沒有看到對方的觀點，因為他們被自己的觀點所困住了。

提問的使用

  許多致力於滿足彼此願望或需要的伴侶，沒有養成有助於避免誤解的溝通習慣。例如在我訪談過的伴侶中，很少人能有技巧地使用提問。

  雖然提問是獲取資訊的主要方式，但是提問也提供了資訊。因此，

被問的一方可能會混淆資訊請求和資訊提供。讓我們來看看莎莉和湯姆之間的一段對話，他們兩人都在努力迎合對方。莎莉注意到湯姆很累。為了表示她的關心並讓他振作起來，她發起了以下對話（注意對話是以一個問題開始的）：

莎莉：你今晚想去貝克家拜訪嗎？

湯姆：可以。

莎莉：你真的想去嗎？

湯姆：（用一種聽起來很煩躁的聲音大聲說）我說可以。

莎莉：（受傷）如果你真的不想去，我們可以待在家裡。

湯姆：你為什麼要為難我？

莎莉：（憤慨）我只是想體貼你，但你卻把它變成了一場爭吵。

　　莎莉看到湯姆很累，所以認為他會想去拜訪朋友。然而，因為她不確定這是否是他想做的事情，所以她對這個建議有所保留，並以一種試探性的方式問他。然而，湯姆把這個聽起來試探性的問題，看作是莎莉真的想去的暗示。他覺得自己被控制或被操弄了，但顯然答應莎莉的請求是個好主意。在他看來，問題不在於他是否真的想去，而在於他是否願意配合她。因此，本著合作的精神，他答應了。

　　莎莉注意到他反應中的猶豫，認為自己可能無意中強迫了他，因此想給他一個退縮的機會。不過，湯姆還是感到迫於無奈。在這裡，他想表現得很通情達理，而莎莉卻在逼迫他，如果他說他不是真的想去，就會讓他看起來像個「惡棍」。他知道莎莉比他更喜歡和其他人一起做事情，他想滿足她，不想被認為是不愛交際的人。因此，她的問題讓他為難。

　　然而，湯姆的反應在莎莉看來是不合邏輯的。她試著了解他的意願，他為什麼要生氣呢？她想知道他是怎麼了。在她看來，當他們談論

社交安排時，他總是那麼不合邏輯。他的敵意使她感到憤怒，因為這不僅不合邏輯，而且還不公平。

由於他們過去有彼此誤解的經驗，所以莎莉和湯姆不得不比其他人更注意「提問的藝術」。雖然莎莉的問題看起來當然是合理的，但它包含了一個建議（拜訪貝克一家）的事實，對於湯姆來說，這個建議暗示著她在這種情況下是自私和操弄的，不是只在詢問他一個單純的問題。儘管進一步的詢問，能解決湯姆過度敏感的問題，但如果莎莉使用不同的提問方式，就能避免這種衝突，並優先滿足他的願望。與其採用狹隘的「是」或「不是」的問題，她可以採用以下方法之一：

1. **開放式的問題**：「你今晚想做什麼？」如果這可以發揮作用，那很好。但是它可能只喚起一個不確定的「我不知道」。
2. **多重選擇的問題**：從兩個選擇開始。「你想出去，還是待在家裡？」如果湯姆選擇出去，莎莉可以說：「你想去拜訪誰，還是只有我們兩個人出去？」透過這種提問方式，她將能更清楚表明自己想取悅他的意圖，因此不會顯得是在操弄對方。

當莎莉發現湯姆對她的想法有負面的反應時，她本來可以退縮，保持一段時間的沉默，給他一個考慮的機會。但是，由於她承擔了太多的責任，所以相對顯得較為強勢。在我的指導下，我請莎莉下次出現這種情況時，採用不同的提問方式：

莎莉：你看起來很累。你會想去看電影還是想待在家裡？
湯姆：讓我考慮一下……你比較喜歡什麼？
莎莉：今晚我想做你想做的事。

在這種情況下，對話是直截了當的。莎莉清楚表示她在提供湯姆選

擇。反過來，湯姆有時間考慮他真正想做的事情，但考量到她可能有隱藏的動機，他試探性地問她比較偏好哪一個。然後，莎莉有機會向他表明，她是真誠地想順從他的喜好。

莎莉可能會抱怨說：「為什麼我總是需要這樣說話？為什麼他如此敏感，以至於當我試圖表現體貼的時候，他的反應是負面的？」當然，答案是湯姆對於被控制的感覺很敏感。但透過有技巧的提問，莎莉仍舊可以與湯姆建立信任的連結。

保持彈性

一些擁有很多共同點的伴侶，不吵架時對待彼此很溫柔、很相愛。但當他們不得不做出相當簡單的決定，像是安排一起相處的時間時，他們就會突然發怒。他們可能生活在僵化的（雖然沒有明說）規則之下，以至於他們的衝突似乎不可能得到任何解決。以我和以下一對伴侶的對話為例，他們結婚十五年了，對彼此都很深情且忠誠，卻無法讓自己擺脫無休止的瑣碎爭吵。法蘭西絲是圖書管理員，她不斷制定規則和限制；而史蒂芬是外向、口齒伶俐的音響設備銷售員，他不斷破壞這些規則和限制：

法蘭西絲：我們非常愛對方，但我們在任何事情上都無法達成意見一致。

史蒂芬：我們確實在很多事情上意見一致。

法蘭西絲：你又來了，又和我意見相左了！（兩人都笑了）

我：給我一個你們意見不合的例子。

法蘭西絲：當我下班回家時，我已經饑腸轆轆了，但是史蒂芬從不準時回家，所以我們晚餐只好很晚才吃。如果他有心，他可以重新安排工作時間表。

史蒂芬：我無法重新安排時間表，因為我大多數的客戶都是在當天傍晚才來的。當我可以早點回家的時候，我當然會想和她一起吃飯，但有時候我不得不晚點回家吃飯。

我（對法蘭西絲）：在史蒂芬晚回家的日子裡，你就自己吃如何？我的意思是，你可以在回家後就吃飯，然後史蒂芬可以晚點回家後吃。

法蘭西絲：哦，我不能那樣做……夫妻就應該一起吃飯。

我：一起吃飯當然好，但如果你的堅持導致你們吵架，那麼沒有這個規則不是更好嗎？

在這個例子中，法蘭西絲要花很多努力來改變她的「規則」。她傾向以絕對的方式看待事物。這些「應該規則」的任何改變，都像是一種罪惡。結果，她的絕對規則不僅導致了爭吵，也造成了史蒂芬的無聲反抗。

史蒂芬有一個專橫跋扈的母親。作為孩子，他早已發展出一系列策略來暗中破壞她的規則，因此他對法蘭西絲自然而然也使用了相同的策略。例如她嚴格堅持要一起吃飯、保持房子一塵不染和總是要準時，這些都讓史蒂芬感到很惱火。作為回應，他透過在不必要的時候遲到、比她期待地隨意花錢，以及推遲做家務，來暗中破壞她的規則。

在他們的責任分工中，法蘭西絲負責預算、信用卡和支票帳戶。每個月她都會發現史蒂芬在沒有與她討論的情況下，進行了各種消費。然而，史蒂芬總是聲稱對這些費用一無所知，直到法蘭西絲能夠證明是他做的。如果法蘭西絲的標準是絕對的、她的行為是專橫跋扈的，那麼史蒂芬的反應就是所謂的「被動式攻擊」（passive-aggressive）；也就是說，他以自己被動的方式，對法蘭西絲進行「攻擊」，使她感到沮喪和氣憤。

在諮商治療中，我說服了他們對彼此採取不同的方法。法蘭西絲最終同意測試這樣一個假設：如果她放寬標準，那麼他們就能更和諧地生

活在一起——這比達到標準本身更重要。此外，史蒂芬也同意不那麼狡猾，這樣法蘭西絲就會「不管那麼多」。

把這個假設當成一種實驗，意味著雙方都不必在不知道回報的情況下，對這些改變做出長期的承諾。如果實驗成功，這些改變就會激勵他們繼續維持新的模式。碰巧的是，這個實驗確實成功了，法蘭西絲和史蒂芬因而能夠相處得更好。

放寬嚴格的標準和絕對的規則

在一個理想的世界裡，我們可以有絕對、開明的標準來指導我們的生活。然而，不巧的是，人們的標準很少是開明的，而世界是如此複雜，以至於很少有標準是絕對的。當人們擁有相對嚴格的標準時，這個標準的來源很可能是根據他們的童年經驗，也可能源自或反對童年時期某些「專業」建議（其有效性可能值得懷疑），或來自他們內心的恐懼與懷疑。

事實上，越是絕對的標準，越有可能是基於恐懼和自我懷疑，因此這些規則越是被僵化地遵守著。伴侶可能發生衝突的常見領域包括：勞務分工、支出、休閒活動、家庭和朋友、孩子和性。

對於家務應該如何分工，並沒有絕對的規定。舉例來說，法蘭西絲期望由自己處理大多的家務，但堅持讓史蒂芬負責房屋和庭園的維護。然而，比起史蒂芬，法蘭西絲更常待在家，當水電工和其他技術工人到家裡來時，她偶爾接手這些差事將會更有效率。此外，儘管史蒂芬有時想要做飯，但法蘭西絲卻堅持認為這是妻子的工作。

當伴侶在支出方面發生衝突時，通常是由於其中一人在支出上比另一人更自由。就如同史蒂芬和法蘭西絲的情況一樣，這導致克制的一方嘮叨超額的一方對預算的破壞。至於一些最常見的絕對標準，則涉及到孩子的養育。根據各自過去的經驗，伴侶雙方對於如何養育孩子才是最

好的，可能會有非常不同的看法：諸如如何處理學校作業、協助家務、零用錢、休閒時間和交友等問題。事實上，導致父母之間發生衝突的那些規則，也會使父母和孩子之間產生衝突。

養育孩子需要極大的彈性，每個孩子都不一樣，對一個孩子有效的方法，對另一個孩子可能適得其反。隨著孩子的成長，舊的規則也會不再適用，曾經成功的策略將不再有效。父母需要有足夠的彈性，來改變他們使用的規則和技巧。為了達到此目的，他們在修改自己的規則時，也必須考慮到對方能否適應。

隱藏的恐懼和自我懷疑

正如我們所看到的，當一個人僵化地堅持一套特定的想法時，往往是因為隱藏的恐懼和自我懷疑在作祟。例如為孩子制定政策時，法蘭西絲有一個潛在的災難化想法：「如果我不把他們培養得恰到好處，他們的一生就被毀了。」因此，她有一種壓倒性的責任感。另一方面，史蒂芬的觀點是：「童年只有一次，應該盡可能讓他們開心……如果我們對他們太苛刻，他們會過得很糟糕，而且不會喜歡我們。」因此，法蘭西絲的規則旨在培養品格與紀律，而史蒂芬的目標旨在實現快樂與和諧。

當雙方的觀點變得極端時，這些觀點就更難以改變。每位伴侶都傾向將自己的觀點視為「正確的」，而將對方的觀點視為「錯誤的」。這種標籤可能帶有道德主義色彩，因此認為自己是「好的」，對方則是「壞的」。實際上，史蒂芬和法蘭西絲的態度可以調和為互補，而不是相互對立。孩子既需要紀律也需要樂趣，如果父母能夠靈活地融合他們的目標，就能提供最好的組合。

此外，對金錢的擔憂也可能涉及恐懼和自我懷疑。法蘭西絲有一個隱藏的恐懼：「像史蒂芬那樣的花錢方式，會讓我們破產。」她的原生家庭在她小時候曾遭受過財務危機，使她擔心歷史會重演。然而，史蒂

芬的態度是「應該及時行樂享受它」。他隱藏的恐懼是，他可能會像他的幾個叔叔一樣英年早逝，或者他可能會喪失行為能力，從而無法享受他的財富。

自我提問

大多數有隱藏恐懼的人，如法蘭西絲或史蒂芬，其實並不知道這些恐懼在某種程度上，促成了他們僵化的標準和期望。然而，經由一些努力，他們可以準確找出這些潛在的恐懼，並判斷其有效性。以法蘭西絲為例，她對自己使用以下的提問方式（「為什麼」技巧），一層層剝開自己的想法，直到她找出隱藏在中心的恐懼：

> **期望：我必須對孩子嚴格要求。**
> 問：為什麼？
> 答：因為這樣才適當。
> 問：為什麼？
> 答：因為孩子必須符合好的標準。
> 問：為什麼？
> 答：因為如果他們不這樣做，他們就會陷入麻煩。

一旦隱藏的恐懼（他們就會陷入麻煩）被揭開，法蘭西絲必須問自己一系列問題，以她與孩子的實際經驗來測試這個恐懼：

> 問：如果你不嚴格要求他們，有什麼證據顯示他們會遇到麻煩嗎？
> 答：我不知道。
> 問：嚴格要求是否能保證孩子不會遇到麻煩？
> 答：不一定。

問：當你對孩子嚴格要求時，會發生什麼事？

答：他們有時候會反抗。

問：你認為另一種方法，像是樹立一個好的榜樣，或給他們更多彈性發揮空間，可以給他們帶來正確的價值觀嗎？

答：有可能。

此時，法蘭西絲和史蒂芬嘗試了一個實驗：共同合作。法蘭西絲對孩子不要那麼嚴格，史蒂芬則不要那麼縱容，看看這個新方案的效果如何。隨著時間的推移，法蘭西絲確實不那麼嚴格管教了，史蒂芬對自己和孩子也不會那麼縱容，這也使得他們的生活更加愉快。

妥協

由於一些心理上的原因，妥協可能是困難的。例如像法蘭西絲這樣有特別嚴格標準的人，任何妥協都意味著違反了這些標準，也就等於做錯了某些事情。在心理學的意義上，妥協可能意味著讓步。對法蘭西絲來說，讓步不僅意味著犧牲自己的標準，還意味著將控制權交給史蒂芬。她有一種深深的恐懼，如果史蒂芬控制了局面，他的「草率態度」會導致混亂。她的嚴格規定「保護」了她，使她不會再次經歷幼年時父親失去工作，造成孩子失去方向、家庭發生混亂等狀況。

然而對史蒂芬來說，任何妥協都意味著法蘭西絲的全面勝利。根據他的參考框架，他們之間的分歧代表了一場權力鬥爭。如果法蘭西絲贏得了一次特許，那麼他就「被打敗了」。對他來說，這樣的「失敗」是令人沮喪的，它深深傷害了他的自尊和自我形象。因此，即使是被動地反抗法蘭西絲，也是保持他自尊心完整的一種方式。

由此可見，雙方都被自身的恐懼和懷疑所支配。法蘭西絲對於妥協的想法是「如果我讓步，他就會踩到我頭上」、「如果我是對的，然後

不去做對的事情，某件可怕的事情就會發生」。史蒂芬的想則法是「如果讓她稱心如意，那麼我就什麼都不是」。

權力爭奪的背後

缺乏彈性的另一個原因是，伴侶之間爭奪權力時立場會變得更加強硬。在雙方意識到自己有一個固定的觀點並試圖理解對方的觀點之前，不太可能找到一個妥協的方案。

當然，改變觀點通常是困難的。對伴侶一方來說，這種改變可能意味著「我已經輸掉了這場戰爭」。對另一方來說，改變觀點可能需要很多內在工作，人們往往因為要進行這樣的轉變而感到煩躁。

有趣的是，伴侶雙方越是絕對相信自己立場的正當性，就越有可能忽略一些與自己信念相悖的事情。在這種情況下，建議嘗試採取「我可能是錯的」的態度，會有所幫助。

互相調和

沒有一對伴侶是完美契合的，正如我們所看到的，風格或氣質的差異往往是一開始互相吸引的特點。但是到頭來，這些吸引人的差異，也會讓兩人感到不快。因此，凱倫的活潑和衝動，在關係的早期讓泰德感到興奮，後來卻讓他感到不安；它們代表著輕浮和膚淺，擾亂了他的日常生活。泰德在婚前安排他們休閒時間的能力讓凱倫感到很高興，但後來相同的做法卻只是説明了他的無聊和呆板。

隨著關係的成熟，這種差異仍可以順利在關係中漸漸融合，例如妻子的衝動與丈夫需要提前計畫的特點，可巧妙融合在一起。然而，為了實現這種融合，伴侶雙方必須認識到以下幾點：

1. 伴侶之間不可避免地存在著巨大的差異。

2. 需要去接受這些差異，忽略伴侶的缺點。當關係出現風暴時，許多曾經被接受或不被認可的特質和舉止，或許會變成持續令人煩惱的刺激物。

3. 透過重新框架，從不同的角度看待它們，或許就可以在這些差異中發現具吸引力的特質。例如雪倫開始重視保羅缺乏嚴肅性的另一面：他總是能讓她開懷大笑。

4. 利用差異加強伴侶關係。舉例來說，泰德可以依靠凱倫的活潑，來為他們的關係增添活力；凱倫則可以依靠泰德的計畫能力，來確保他們的預算平衡、帳單按時繳交以及假期計畫不會懸而未決。

在成功的關係中，伴侶雙方學會參與對方喜歡的活動，並且接受對方的特殊性。在長期的關係中，兩人的習慣和喜好，甚至是他們的面部表情和外表都會變得相似。

設定優先順序

在特定情況下，誰的優先權要得到尊重，這是個非常微妙的問題。當兩人試圖遷就對方時，自己可能會被誤解，從而感到被虐待或被不公正地對待。

多數伴侶都知道，沒有任何一方可以一直按自己的意願行事，必須要有一些平衡。然而，不能簡單地按照「上次我們做了你想做的事，現在輪到我了」如此僵化的公式來做決定。伴侶一方可能在某個時候對於某項活動有非常強烈的感受，而在其他時候，可能只有輕微的支持或反對的情緒。有敏銳度的協商不僅要考慮到伴侶的偏好，還要考慮到這種偏好的強度。

伴侶雙方各自陳述對這些選項的感受有多強烈，是有幫助的。舉例來說，與其詢問妻子想做什麼，丈夫可以說：「我今晚真的很想去看電影。」如果他的妻子回答：「我沒有什麼心情，但是如果你想去的話，我會陪你去。」那麼他可以用真誠的評論來做回覆，像是「這對我來說真的很重要」或「其實這並不是真的那麼重要」。在這個時候，丈夫必須給出一個誠實的答案，因為如果答案不誠實、諷刺或含糊其辭，那麼進一步的協商就可能就會陷入困境。透過告訴妻子他認為她想聽到的答案，而不是他的真實感受，反而會令對方感到困惑。此外，他的妻子可能會把這種模棱兩可，看作是他對她不誠實的表現，因此在未來的討論中，可能會不相信他所陳述的真誠感受。

　　雖然「協商」一詞聽起來沒有人情味，甚至意味著衝突，但事實是，許多決定確實涉及協商。一般而言，特別是在關係的早期階段，伴侶雙方會去充分了解彼此的願望，並充分關注如何取悅對方，因此多能巧妙地進行這些協商，迅速達成一個雙方都滿意的決定。

　　在此，以克里夫和茱蒂為例，他們的協商陷入了混亂：

　　克里夫：今年聖誕節，我們為什麼不能不去拜訪你的父母呢？我們可以待在家裡，這對我來說是一種解脫，或者我們可以去拜訪我的父母。

　　茱蒂：你從來沒有想過要見我的父母。你總是躲著他們，每當我們見到我父母時你總是抱怨。

　　克里夫：（她在所有事情上都反對我）不是這樣，我們去年聖誕節有見過他們，今年他們已經來我們這裡住了兩次。（提高音量）你該適可而止了，這些讓我感到厭倦。

　　茱蒂：別對我大吼大叫！

　　克里夫：我哪有大吼大叫？這實在不合乎常理，你老是試圖控制我的一言一行。

茱蒂：你又來了，總是自怨自艾。

克里夫：別再惹我了！

茱蒂：你快把我逼瘋了！

那麼，他們如何用不同的方式來溝通呢？或許，克里夫和茱蒂可以透過確定彼此願望的相對重要性，來化解一個潛在的爆炸性問題：

他：我想知道我們今年是否可以不去看你的父母？我最近非常疲倦，希望能在聖誕節前後休息一下。如果我們想慶祝，我們可以和我的父母一起慶祝（他們就住在附近）。

她：我今年真的很想見見我的父母。

他：你知道我們去年聖誕節去了他們那裡，而且今年我們已經看過他們兩次了。

她：我知道。但是，除非我和我的父母在一起，否則就不是真正的聖誕節。

他：今年聖誕節去見你父母，對你來說有多重要呢？

她：以十分制來說，它是十分。那待在家裡對你來說有多重要呢？

他：以十分制來說，我想大概是五分。

她：我猜是十分贏了（她笑著說）。

他：我想你是對的。

本章介紹了在日常生活中解決分歧和做出決定的一些原則，而在下一章中，我將討論伴侶如何在專門安排討論的會議上，澄清兩人之間的分歧。

第 16 章
共同解決難題

————

澄清分歧

　　有些伴侶時常對彼此生氣，以至於幾乎所有的交流，都可能包括先前不愉快衝突所遺留下來的問題。第十七章將討論如何透過「公開討論會議」來阻止這種不滿的溢出。在公開討論會議中，不滿和指責可以被徹底宣洩。這種會議包括了對敵意情緒表達設定限制的特別規則，如果你和伴侶不斷對對方發怒，因此你們無法在不進行侮辱的情況下談論事情，建議可以先閱讀第十七章。

　　至於本章，則為你提供「疑難排解」的指導方針，也就是如何「澄清」和「回應」伴侶的抱怨與要求。透過遵循和練習一些技巧，你將能對各種問題有更具體的了解，從而可以更好地為解決問題奠定基礎。抱怨、衝突和問題，建議最好在諮商中專門安排的疑難排解會議上處理。

　　澄清伴侶的不滿及理解他或她的觀點的方針如下：

1. **不要試圖為自己辯護、找藉口或反擊**：儘管伴侶的抱怨可能嚴重誇大其詞，而且看起來不公平或不合理，但請盡量保持客觀，扮演調查員而非被告的角色。

2. **試著精確了解「你做了什麼」或「沒有做什麼」而讓伴侶感到心**

煩：如果你的伴侶說了一些含糊不清的、籠統的陳述，如「你從來不做你承諾的事」、「你是個卑鄙的人」或「你充滿了仇恨」，這可能需要進行一些釐清。不妨問一些問題來確認，像是「你能給我一個具體的例子嗎？」換言之，將籠統的不滿變成一個具體的問題，可以讓你更容易處理。

3. **簡明扼要地總結伴侶的抱怨**：為了確保你了解伴侶所關心的問題的確切本質，請給予他或她回饋，對那些抱怨內容做出解釋。在進一步澄清後，你應該給伴侶一個關於抱怨的總結，以確定你是否有理解它們。

　　作為練習，我提供凱倫和泰德上述三項原則的要點，並請他們在我面前嘗試這些原則。凱倫已經對泰德惱怒了好幾天，但她一直推遲討論使她惱怒的原因，直到他們與我會面。他們的討論情況如下：

　　凱倫：（憤怒地）你是個掃興的人，你不喜歡與人相處，你只喜歡待在家裡，把自己埋在書本中。

　　泰德：（和藹可親地）我真的有那麼壞嗎？

　　凱倫：（有點被逗樂了）你比那糟糕多了，我還說得太好聽了。

　　泰德：你可以說得更具體嗎？

　　凱倫：你知道你什麼時候不愛社交。

　　泰德：我不太確定。（詢問具體細節）能舉個例子嗎？

　　凱倫：上週，我建議我們打電話給布朗一家和我們一起去看電影。但你被我惹惱了，因為我們沒有事先計畫好。如果沒有提前幾年計畫某事，你就永遠不會想去做。

　　此時，泰德可能會對凱倫的批評，做出防禦性的回應，但他試著依循指導方針來找出可能是合理的不滿。透過「小心謹慎，保持警覺」，

泰德便能將談話導引至有建設性的方向：

泰德：（簡明扼要地總結）你是說，你希望我更有彈性，能一時興起地做事？

凱倫：（仍然生氣）是的，如果你不那麼死板，我們都會更快樂。

泰德：（忍住怒火並試圖達成解決方案）那天晚上我其實並沒有心情去見其他人，但我猜你因此認為我是不愛與人交際。

凱倫：（依然不放棄）但這種事情總是一再發生。

泰德：也許這是我可以努力的方向。

凱倫：（不確定）好吧。

你可能已經注意到，泰德和凱倫並沒有遵循所有的澄清規則，因為泰德過早為他的行為提出託辭。然而，這是他們的第一次嘗試，而且對泰德來說，解釋他對社交活動的真實感受似乎很重要。別擔心，解決辦法會在稍後出現。

凱倫之所以不退讓地抱怨，部分原因是泰德對於計畫的強烈執著，挫敗了她一時興起做事的渴望；她還沒有意識到，自己的衝動風格與泰德更深思熟慮、有計畫的風格相衝突。換言之，她自己的風格實際上與泰德一樣死板，只是「不同」而已，但是凱倫把泰德沒有立即同意她的建議當成是死板的。正如事後表明，泰德改變自己的風格，比凱倫改變自己的風格更加容易。

之後，隨著他們繼續討論，泰德透露，雖然他希望有更多的社交生活，但他經常覺得自己在別人面前感到笨拙。他認為，當他們要去見那些會讓他感到不自在的人時，他需要時間來讓自己做好準備。泰德告訴凱倫：「我在思考你說的，關於我死板的事情。我想你不明白，我確實喜歡與人親近，只是我在社交方面沒有安全感。」

這次交流有兩個正面的結果。泰德能準確找到他使凱倫感到生氣的

行為模式，並有動機去做一些改變。凱倫第一次感覺到泰德在「聽」她說話，因此在後來的討論中，凱倫欣慰地發現，儘管泰德的社交焦慮抑制了他對她的即興建議作出熱情的反應，但他還是願意參與社交。

總而言之，**澄清的藝術包括讓抱怨的伴侶自由陳述不滿，另一方則承擔調查員而不是被告的角色**。步驟包括不找藉口或反擊、準確找出被抱怨的具體行為，並就令人心煩意亂的事件細節達成共識。以這種方式澄清衝突之後，下一個任務就是尋求解決方案。

了解伴侶的觀點

有時，伴侶雙方本著一片好意遵循良好的溝通原則，可是卻發現他們的討論只會導致進一步的挫折、徒勞和對立。出現這種情況的部分原因，是他們從截然不同的角度去評估問題及其所扮演的角色。討論非但沒有澄清他們的分歧，反而使分歧更加顯著。

調和分歧需要兩人都嘗試去了解對方的觀點，但這可能很困難，因為伴侶的觀點可能很難被確認，甚至很難被理解。此外，觀點的衝突可能會引起對立，以至於伴侶雙方似乎不可能採取客觀和中立的方式詢問對方問題。儘管如此，如果一方承擔了調查員的角色，而不是詢問者，或許就有可能澄清另一方的觀點。

如果負責調查的一方促使伴侶報告其自動化思考，將有助於促進「資料收集」。透過此方式，可以檢查自己的讀心術是否正確（詳見第十三章）。此外，透過使用以善意為基礎的技巧，伴侶雙方應該就能掌握對方的觀點。一旦達到了這個目標，他們就能調和分歧，並找到切實可行的解決方法。

讓我們來看看克里夫和茱蒂的例子。在他們結婚的五年裡，克里夫一直是一名銷售員。最近，他被提升為銷售經理；因此，他大部分的時間都花在銷售，另一部分的時間則花在監督其他銷售員。換言之，最近

他大部分的時間都花在工作上。以下是他們前來諮商時，茱蒂的抱怨：

- **第一週**：茱蒂抱怨他們沒有共度足夠的美好時光，因此我建議他們在家裡要花更多時間在一起。但她感到有些悲觀，在她的腦海中反覆出現的擔憂是：「克里夫真的能夠改變嗎？」克里夫同意茱蒂的擔憂，並承諾修改他的日程表，以滿足她的願望。他承諾減少客戶的數量，並增加在家裡的時間。此時，他們的溝通和意圖是好的。
- **兩週後**：茱蒂對克里夫越來越惱怒。她反覆出現的想法是：「一切都沒有改變……事情越來越糟，而不是越來越好……克里夫還是老樣子……他永遠不會改變，無論他承諾過多少次。」

晚餐時間一通打給克里夫的電話，造成了有效溝通的破裂。茱蒂無意中聽到了對話內容，克里夫顯然是在和一位潛在客戶交談，而且似乎有意爭取他。她想：「他為什麼一直在講電話……晚餐都要涼了……他知道我討厭他這樣打斷我們的用餐……他說他會減少客戶的數量……我無法相信他說的任何話。」

電話結束後，茱蒂和克里夫進行了以下交談（我之前曾經指導克里夫成為一名調查員，而他在他們交談時試著應用這些原則）：

茱蒂：你說過要減少你的客戶（責罵而不是澄清）。

克里夫：但他是一個非常重要的客戶，可以帶來很多收入（防守）。

茱蒂：你總是有例外。你說你要改變，但是你一點改變都沒有（批評）。

克里夫：你沒有注意到我所做的任何正面的事情。在過去幾週裡，我改變了很多地方，而你卻沒有注意到（反擊，但也提供了新的資訊；

然而這註定會失敗，因為它會被視為一種反擊）。

　　茱蒂：我沒有注意到，因為它還沒有發生。

　　克里夫：這不公平，你明明就知道我早上待在家裡的時間更多了。而且在過去兩週裡，我拒絕了很多客戶，你只是不知道而已（提供更多新資料）。

　　茱蒂：你多花時間待在家裡對我來說沒有意義，因為你總是在你的辦公桌前工作。在我看來，你只是身體坐在那裡而已（無視新資訊並繼續攻擊）。

　　克里夫：你所希望的就是要我待在家裡，你根本不想要我出門上班。我以為如果我在家工作，你就會滿意了（反擊）。

　　茱蒂：如果我不能和你說話，這就無法滿足我。你已經和你的工作結婚了，即使你在家，你也一直在想著它，除了你的工作，我們從不談論任何其他事情。

　　克里夫：你以為我只是為了好玩才工作。你沒有意識到我是為了我們兩人才這樣做的。你表現得好像我做這一切是故意要惹惱你。

　　說到這裡，克里夫先退出爭論，以求更好地了解正在發生的事情，而他識別出一些問題。首先，他們一直在攻擊對方的立場，而不是澄清自己的立場。第二，他發現自己之前沒有告知茱蒂他在減少客戶方面的努力。克里夫曾經錯誤地認為，正如發生在許多伴侶身上的一樣，即他的伴侶在不用被告知的情況下，就會知道他所做的建設性行為。此外，他還意識到自己的錯誤，即認為在家裡工作也算是一起度過的時間。最後，他告訴自己，由於茱蒂缺乏資訊，她的憤怒是可以理解的。

　　幸運的是，克里夫轉向建設性的問題解決，並試著了解茱蒂的立場。他透過重述茱蒂的抱怨來扮演調查員的角色：

　　克里夫：問題似乎是你覺得我在家工作，沒有辦法心無旁騖地與你

相處。當我電話講很久時，那就是沒有注意你，是這樣嗎？（檢查他的理解）

茱蒂：嗯，那樣的確是不怎麼認真和我相處。這意味著我對你來說不如工作重要。如果你真的願意，你可以把事情安排得更好。

茱蒂感到欣慰的是，克里夫似乎理解她的立場。然後他提出了一個建設性的建議：他們可以訂定一起做事的明確計畫，也許是定期外出用餐，和計畫一個假期。茱蒂半信半疑地同意了。

他們之間的交流有幾個關鍵重點：(1)茱蒂能用克里夫可理解方式來描述問題；(2)克里夫能傳達他已經就他們的協議採取行動，從而改變茱蒂認為他無法改變的想法；(3)克里夫能理解茱蒂的觀點，並準確定義他們的問題：重點是他們在一起時的品質而不是時間長短；(4)在定義問題之後，克里夫和茱蒂就一個建設性的行動方案，達成意見一致。雖然茱蒂仍然持懷疑態度，因為她需要證據來證明克里夫能貫徹這個計畫。

我們應該意識到，像外出用餐或安排假期這樣的想法，經常被提出來作為解決此類問題的辦法，但是其實不一定能解決這些問題。**當伴侶雙方在沒有意識到問題到底是什麼的情況下，就貿然提出解決方案，註定是會失敗的。**例如在某些情況下，伴侶一方可能覺得與另一方關係過於緊密，而希望有獨處的時間。有時候，倉促草率的解決方案比沒有解決方案更糟糕，因為當它們不能成功時，就會被理解為「又一次的失敗」。因此，在澄清的討論中，必須確保解決方案與問題之間的相關性是否充足。

雖然伴侶之間不需要像心理醫生一樣對待彼此，但是如果能意識到伴侶的過度敏感和象徵性的信念，就可以避開關係中的一些潛在危險。在克里夫和茱蒂的對話中，有一個問題沒有得到解決，那就是茱蒂抱怨自己沒有被重視。這背後隱藏著一種潛在的恐懼，就是如果她迫切需要幫助，她無法指望克里夫。如果不加以處理，這種恐懼會阻礙問題的解

決。在這種情況下，茱蒂必須描述她對於被拋棄的恐懼，然後克里夫必須解決這個問題，這樣才能達成有效的解決方案。

疑難排解會議的具體規則

許多伴侶發現安排特定的時間來討論問題或難題，是很有用的。沒錯，而我建議最好在第一次會議上只提出一或兩個問題，以免讓伴侶不知所措，進而開始一場徒勞、殊死鬥的爭吵。以下是針對這種會議的一般建議：

1. 安排一個特定時間來進行會議，而這個時段必須是安靜且你們可以自由交談的時間。有些伴侶發現外出吃晚飯，在餐廳的一個安靜角落談事情，會很有幫助。
2. 不要每次發生惱人事件時就馬上提出來，而是把要在會議上討論的事情列成清單。
3. 在會議開始前就訂好議程，列出所有問題或要求。這樣一來，就不會在之後的會議上讓伴侶感到意外，或者忘記提出要討論的項目。
4. 輪流討論，且每次只討論一個問題。當輪到你時，清楚地說明問題，讓伴侶能理解。如有必要，可以重述。
5. 對你提出的問題，提出一些可能的解決方案。
6. 與伴侶一同腦力激盪，尋找其他潛在的解決方案。試著盡可能想出最多的解決方案，然後對這些方案進行成本效益分析。例如僱用家事服務可能會減輕雙薪家庭的壓力，但是其費用可能會產生財務赤字，因而造成更大的壓力。或許某些建議以長期來看，可能會是有用的解決辦法，但是短期看來卻沒有用，反之亦然。例如當家庭收入大幅增加時，搬到更大的房子可能是一個實際的長

期目標，但是以不久的將來來看可能是不切實際的。

　　然而，專注於問題和衝突，可能會讓你們忽視關係中正向的一面。因此，在疑難排解會議中，你們應該找個時間回顧一下關係中的一些美好事物，或是上一週發生的愉快事情，如第十二章所述。

　　以下是一份疑難排解會議的具體規則檢核表，隨後是對每條規則的討論。這些指導方針，在我和其他治療師的使用下都取得了相當大的成功。強烈建議你和伴侶應該在會議開始前，閱讀這些規則，並在每次會議後重讀一次，重新評估自己是否有確實遵循檢核表上的每個項目。

疑難排解會議檢核表

發言者的規則

_____ 1. 要簡短。

_____ 2. 要具體。

_____ 3. 不要侮辱、責備或指責。

_____ 4. 不貼標籤。

_____ 5. 不絕對化。

_____ 6. 正向陳述事情。

_____ 7. 檢查你對伴侶行為的推斷。

聆聽者的規則

_____ 1. 專心聆聽。

_____ 2. 發出回饋信號，表示有在聆聽。

_____ 3. 嘗試理解伴侶所說的核心內容。

_____ 4. 不要防禦或反擊。

_____ 5. 按情況需要，澄清你行為的原因，但不要找藉口。

_____ 6. 不要分析伴侶的動機。

_____ 7. 找到意見一致與分歧的地方。

_____ 8. 如果你明顯傷害了伴侶，請道歉。

_____ 9. 總結你認為伴侶的意思是什麼。

以上這些規則是基於一些原則而訂定，而各位在嘗試應用這些規則時，應該先理解這些原則為何。

發言者的原則

1. **要簡短**。盡量簡明扼要地說明，抓住要點。我推薦「兩句話規則」：將你的陳述限制在兩句話之內。因為通常只要使用幾個精確的文字，就能包含要陳述的精華。這也會最大限度地減少導致適得其反和充滿敵意的內容。

2. **要具體**。避免模糊、籠統的言論。例如與其抱怨：「我希望你更整潔」，不如說：「我希望你用完毛巾後能把它掛起來」。

3. **不要沉溺於侮辱、指責或責備**。最好遵循無過錯規則：「現在有一個問題，讓我們來看看我們能做些什麼來解決它」。你可以把自己想成是修理技師，你看到某個螺絲鬆動了，需要被轉緊，那麼你只需轉緊它即可，無須加以指責。

4. **避免使用負面標籤的話語**。諸如「懶散」、「自私」或「粗心」等，這些標籤通常是過度類化，還會使問題變得模糊。更糟糕的是，它們可能帶有挑釁意味，只會破壞會議的進行。

5. **避免使用絕對化說法。**像是「從不」或「總是」這些說法通常是不準確的，而且只會得到反駁，因為很少有人「從不」做某件事或「總是」做某件事。如果你使用這些絕對化的詞語，可能只會挑起一場無益的爭論，並從你想表達的觀點上岔題。

6. **試著說明你想要什麼，而不是給予批評。**例如可以說：「如果你能幫忙洗碗，我會很感激」，而不是抱怨：「你從來不幫忙洗碗」。

7. **不要試著解讀伴侶的意圖。**你的推斷很可能在很多時候都是錯誤的，這只會讓伴侶感到難過。如果你認為伴侶被你惹惱了，最好是說：「我感覺你對我很惱火」，而不是指責對方以不幫忙的形式來報復你。當你檢驗自己對於伴侶所做事情的信念時，記住這些只是推斷，而不是事實。沉溺於對伴侶的動機進行大眾心理學分析，是毫無意義的。

聆聽者的原則

1. **找到意見相符或相互理解的點。**這樣你就不會聽起來像個反對者，例如「我最近確實一直忙於工作」、「我意識到，我在回家的路上停下來喝杯酒讓你不高興」。

2. **忽視伴侶的負面陳述。**當伴侶受到傷害或生氣時，很可能會用誇張、指責的措辭來表達問題。此時，試著把注意力集中在憤怒的原因上，忽略其責備和批評的表達。

3. **問自己問題。**有時伴侶的抱怨對他或她來說，可能是清楚明瞭的，但是對你來說卻不是。問問自己：「我的伴侶想要告訴我的重點是什麼？」

4. **檢查你對伴侶抱怨的理解。**例如你可以說：「我想你是在告訴我，你不會再忍受我母親的干涉」，或「你是在告訴我，你要我

開始支付帳單嗎？」

5. **澄清你的動機**。如果你認為伴侶對你的動機有錯誤的理解時，請澄清你的動機。例如可以告訴對方：「我真的很想見你，但我覺得我必須在離開辦公室前完成工作。」

6. **不要害怕說對不起**。愛包括當你在不知不覺間，或故意傷害你的伴侶時表示後悔。而溝通這種感覺是很重要的。

把「抱怨」轉譯成「請求」

隨著你們問題解決會議的展開，如果能把注意力集中在你們想要實現的目標上，而非伴侶做錯了什麼，那麼你們會取得更大的進展。在與莎莉和湯姆的會面中，我試圖告訴他們如何處理他們的問題：

我：現在，你們都有怨言。讓我們看看你們是否能將它們轉譯為請求。

莎莉：這一切都與去某個地方有關，他總是晚回家，所以必須透過開快車來彌補失去的時間……

湯姆：你在開玩笑嗎？當我回家時，她還在換衣服，然後大罵我遲到。

莎莉：真正的問題是他的駕駛技術讓我發瘋：他緊跟著前車的車尾，在禁止超車的地方超車。還有他踩油門的方式，我們能活著已經很幸運了。

湯姆：你一直在煩我。你應該去坐後座，那才是你該去的地方，然後在那裡做你的後座駕駛。

莎莉：如果我什麼都不說，我不知道他會怎麼做。他總是想在收費站前搶先一步，看是否能在橫桿升起之前撞上它。

湯姆：好吧，有一次橫桿升得很慢，我碰巧撞到了它……

莎莉：你撞到它是因為你在投硬幣的當下就踩了油門……

我：讓我們等一下。莎莉，請你試著告訴我們，你會向湯姆提出什麼要求。

莎莉：只是想要求他開慢點，不要瘋狂地超車，一邊計畫著十分鐘後到達目的地。

湯姆：還有，你不要再嘮叨了。

我：等一下。這會是你對莎莉的主要請求嗎？

湯姆：這個嘛……她總是跑、跑、跑，從來沒有放鬆的時刻。她無法說不……任何人要求她為慈善活動策劃一個節目或安排同學會──她都必須去做。

我：你能把這句話轉換成一個願望嗎？

湯姆：可以，我只是希望她能從快速的狀態中慢下來。

莎莉：他認為我做的事情並不重要。

我：你有可能減少你對其他人的承諾嗎？

莎莉：他曾經抱怨我晚上從不在家，所以當我待在家時，他都在他的工作中度過。

我：莎莉，晚上多花點時間待在家裡是否有可能呢？

莎莉：他可以志願指導少年棒球聯盟或童軍，但是我什麼時候能做我想做的事情呢？

顯而易見地，莎莉和湯姆正在保護他們自己的利益。然而，隨著會議的進行，他們達成一個協議：湯姆嘗試更準時、車開得更慢一些，而莎莉則試著晚上更常待在家裡。

在多數的伴侶關係中，不滿的情緒大多經過數月和數年的累積，以致當它們最終被表達出來時，通常是以抱怨、批評或指責的形式。一般來說，如果他們把抱怨轉換為請求，就更有可能得到伴侶的合作，並減少自己的煩躁情緒。事實上，作為澄清會議的一部分（詳見第十五

章），伴侶雙方最好能寫下他們的具體要求。例如：

抱怨或批評	請求
當你在餐桌上張著嘴吃飯時，讓我感到反胃。	請閉著嘴咀嚼食物。
廚房看起來像個豬舍。	你能在早上上班前把碗洗好嗎？
我無法忍受你喝太多酒，然後想做愛。你真讓人噁心。	我想在你沒有喝酒的時候做愛。
我不能忍受你的口臭。	我買了一些我們都可以用的漱口水。
你太懶散了。不管我怎麼打掃房子，你都會弄得一團糟。	你可以用一下菸灰缸嗎？還有如果不會穿到的衣服，能不能把它掛起來呢？
你總是在洗臉槽上梳頭，結果把水槽給堵住了。	你可以更小心一點，不要在洗臉槽上梳頭嗎？
你變得好胖，以至於你變得非常醜陋。	你覺得試著節食如何呢？
我無法忍受你在晚餐時間戴著髮捲。	你有沒有可能在其他時間洗頭，這樣你就不必在晚餐時間戴著髮捲了？
你對工作如此專注，我們再也無法談話了。	你認為我們可以留出一些時間來聊天，或找天晚上出去吃飯嗎？

提出請求的正確方式

在提出要求時，應該避免貶低或尖銳的話語。[40] 例如一名妻子有點不屑地說：「我希望你每天早上能把垃圾拿出去倒掉，如果你能從百忙之中抽出幾分鐘的話。」丈夫說：「我希望你能在我回家時坐下來和我說說話，如果你能放下電話的話。」一名妻子語帶諷刺地說：「我希望你能幫助安迪做作業，我知道這對你來說是個巨大的負擔。」事實上，這種「無端的諷刺」只會破壞你想要傳達的訊息。

請試著牢記使用「我」的陳述，而不是「你」的陳述。與其說：「你總是晚回家而且不先打電話告知，這讓我不高興」，不如說：「我不高興，你晚回家時總是不會先打電話告知」。同樣的，最好說：「我會很高興，如果你能告訴我工作發生的事情」，而不是說：「你從來不告訴我工作發生的事情」。用「我」而不是「你」開頭的句子，往往能減少指責的意味。

　　湯姆和莎莉在討論他們如何使用時間時，充滿了抱怨和交叉抱怨。但在幾個星期的過程中，他們變得非常善於將抱怨轉換為請求。因為我建議他們寫下自己的要求。而莎莉整理了以下清單：

- 告訴我你白天做了什麼，而不用每次都要我問你。
- 某些晚上主動提議和我一起去散步。
- 在我摺衣服的時候和我聊天。
- 當你看到我疲憊不堪時，主動帶小孩出去走走，或者陪他們一起玩。
- 當你去冰箱裡拿飲料時，問問我是否也要喝。
- 每個月約我吃一到兩次午餐。
- 修剪草坪。
- 主動開車載大家去主日學校。

湯姆的清單則是：

- 當我在家時，不要與你母親講太久的電話。
- 進書房工作時不要關門。
- 幫我按摩背。
- 對做愛主動。
- 安排社交活動前先向我確認。

- 白天打電話給我。
- 收支平衡。
- 某些晚上，在我回家前先哄孩子上床睡覺，這樣我們就有時間可以自己喝酒和吃飯。

　　雖然諸如「嘗試更體貼」或「展現更多愛意」等廣泛的陳述，不容易轉化為實際行動，但最好還是能更具體一些。具體行動的象徵意義是最重要的，而且除非你按照伴侶的意願行事，否則你可能永遠無法傳達出你在乎對方的訊息。

　　即使擁有最好的意圖，你或伴侶偶爾也會在解決問題的討論中繼續使用貶低的方式。在這些時候，你可能需要注意自己的自動化思考，並提醒自己發言者和聆聽者的規則。

　　接下來看看茱蒂和克里夫的例子，他們的關係也受益於疑難排解會議。克里夫曾接受過一些婚姻諮商，但是茱蒂只參加過一次治療。儘管如此，克里夫還是能運用他在治療中所學到的技巧。即使兩人之中只有一方在積極解決婚姻問題，但還是取得了良好的進展。以下是某個晚上所發生的對話：

　　茱蒂：我厭倦了做所有的家務、照顧花園、安排修理東西、讓一切順利運作。你不再對事情感興趣，你從來沒有看到這些事、你從來沒有看到雜亂無章的東西。你只是依賴我做所有的一切。我知道你在工作，但至少當你在家的時候，能讓我依靠。如果東西亂了，你會幫忙撿起來，不用別人要求就能主動做事。你知道什麼事必須要做，我討厭一直對你嘮叨，我希望你能主動。

　　克里夫：（她又要來嘮叨了，但我還是要保持冷靜）沒問題。我想要幫忙。讓我們坐下來，你可以告訴我，你希望我做什麼。

　　茱蒂：現在，我不僅要自己做所有的事，而且還要告訴你要做什

麼。經過這麼長的時間，你應該知道有什麼需要做。如果你有興趣，你就會自己知道該做什麼（把克里夫的行為歸結為不良動機）。

克里夫：（她喜歡批評，而不是專注在問題上）我確實做了一些事。我做了很多事，但是我必須知道你認為哪些事是重要的。我有更常整理花園……

茉蒂：你只是做那些有趣的事。

此時，他們之間仍然沒有共識。克里夫正試圖遵守規則，但正如下一段對話中所看到的，他偏離了方向，成為了相互交鋒的參與者：

克里夫：（不要報復，找出她想要什麼）你為什麼不直接告訴我你希望我做什麼，讓我們看看效果如何？

茉蒂：你有看到那些堆積在客廳裡的箱子嗎？我真的很困擾，它們沒有被移走。我的忍受度就是不如你，你要花多長的時間才會感到困擾而去整理那些箱子？

克里夫：（她正在批評我）那可能需要永遠……因為這並不困擾我。你必須讓我知道還有什麼事情困擾著你。

茉蒂：它不會困擾你，是因為你沒有整天在家看著這些亂七八糟的東西。

克里夫：（不管我怎麼努力都不夠，總是有一些事情困擾著她）這些東西不會困擾我是因為我不認為它們是雜物。如果你希望我移動它們，我很樂意。

茉蒂：這不是真的。我簡直不敢相信你有辦法對它們視而不見。

許多人無法相信伴侶對自己所關心的事情視而不見，因此他們把伴侶的行為歸因成缺乏關心：

克里夫：（堅持住）好吧，我會盡我所能隨時注意家中整齊，但是我不喜歡你的很多行為。

茱蒂：比如說呢？

克里夫：（檢查她的動機）我注意到你把我洗好的衣服放在樓梯上。我想你是在考驗我，看我要花多長時間才會把它收好。

茱蒂：沒錯。

克里夫：（提供解決方案）我就是不喜歡玩那樣的遊戲。我會試著對事情更用心，但我希望你不要再一直測試我。

茱蒂和克里夫於是同意了這個交易。最終，他們在澄清會議中達成了制定請求清單的目標，就像莎莉和湯姆所做的那樣。這種交流對茱蒂和克里夫來說很有效：它削弱了他們爭吵、嘮叨和怨恨的模式。

從前面的對話中可以看出，茱蒂看似是比較不講理的一方。她比克里夫更易怒，但是實際上她承擔了更大的壓力。除了對家庭和她藝術工作的責任外，她還在家做兼職，為幾個醫生做會計。因此，她經歷了工作和家庭運作的雙倍責任壓力（見第十八章）。通常在這樣的情況下，承擔主要責任的伴侶，像是家庭主婦的角色，其所經歷的壓力比實際工作所負擔的壓力更大。事實上，當這種責任感堆積在一起時，就會使認為自己對家務負有主要責任的茱蒂，變得更加煩躁和更不講道理。

當他們建立了一個新的家務分工體系後，便有助於扭轉茱蒂對克里夫的負面形象。克里夫更積極地參與家庭運作的象徵意義，對茱蒂產生了強大的影響。知道克里夫是真正的伴侶和盟友，讓她增加了能量，並提高了自己的抗壓性。雖然她整體的工作負擔沒有大幅減少，但是她內心會感覺平靜許多，這使她能夠對克里夫採取更合理的態度。同時，克里夫的耐心也得到了回報：它幫助他們度過了一個困難的時期。

第 17 章
馴服憤怒

———

「一場痛快的爭吵能讓人消除隔閡，這是我以前的想法：我們會有一場痛快的爭吵，然後我們會有很棒的性愛。但現在，我們有可怕的爭吵，卻沒有性愛……以前，吵架後我們會重新發現自己，感覺彼此更親近了，而且我們迫不及待跳到床上。但現在，憤怒的情緒一次比一次高漲，我根本不想再見到他。我就是無法忘記他說的那些刻薄的話。」瑪喬麗如此描述了她對肯的積怨。

儘管在伴侶關係的某些階段，表達憤怒似乎是有用的，但在更多的時候，它可能更具有破壞性。當它從一項活動延續到下一項活動，從一小時、一天延續到一週，那麼它就是具破壞性的。到那個時候，如果伴侶雙方希望這段關係能繼續維持，就必須採取具體行動來化解這些積怨。

大多數不幸福的伴侶，都是因相互敵視而使關係受到破壞。持續的敵意改變了彼此的看法，正如瑪喬麗所說的：「當我想到他時，我只能看到他憤怒的臉和他對我的吼叫。」當人們體驗到這種憤怒時，很自然地會想攻擊對方。

當然，憤怒仍有其必要性。認為永遠不應該表達憤怒，這種態度是不切實際的。有時，憤怒的表達可能是合適的。例如受虐待、受折磨的伴侶可能會發現，公開表達憤怒是保護自己的一種方式（當然，受害者

的憤怒表達往往只會進一步激怒加害者）。

有些人認為表達憤怒是影響另一人最有效的方式，或者是唯一的方式。然而，他們可能沒有意識到，表達憤怒可能導致更嚴重的負面結果。事實上，憤怒通常無法改變其他人的態度，而且可能只是暫時抑制一個討厭的行為，當懲罰的威脅被移除後，這種行為又會重新出現。

在伴侶相處的過程中，感恩、愛和感情等情緒，有時候似乎失去了影響力。一方可能覺得與伴侶的愉快互動不夠，例如沒有足夠的時間相處或擁抱。或者伴侶可能認為某些取悅行為是理所當然的，因此不認為它們有價值或值得回應。隨著愉悅表達（作為強化伴侶理想行為的一種方式）的減少，雙方更有可能訴諸懲罰作為控制的手段。

另一個看似表達憤怒的「好處」是釋放緊張情緒。經過一場痛快的爭吵後，伴侶雙方或許都能感到相對放鬆，並且能夠從事更友好的活動，甚至是性愛的活動。然而，吵架的代價可能很大；雙方可能在未來的幾年內都還記得那些嚴厲的話語，甚至是肢體暴力。

隨著激烈的爭吵導致伴侶彼此疏遠，他們相愛的感覺似乎也減弱了。這種現象是由於負面態度會產生負面情緒，如怨恨或悲傷；而正面態度會引發正面的情緒，如愛或幸福。當態度從正面變為負面時，感覺也會朝著同樣的方向改變。

透過切斷敵意的根源，或者至少控制敵意的表達，許多伴侶便能把彼此的形象從負面轉回正面。在我諮商的過程中，經常驚訝地看到因為強烈敵意而似乎完全消失的親情和愛情，又重新恢復的案例。

一般來說，伴侶雙方若能盡量減少憤怒的爆發，將會相處得最好。因為敵意經常是基於誤解或至少是誇大所造成，它很可能只會加劇問題的嚴重程度，而無法解決任何問題。此外，憤怒所造成的傷痛，也會給痛苦的伴侶關係帶來更多的痛苦。當你不得不表達敵意時，試著用一些方法來表達你的觀點，以減少對伴侶長期的不良影響。至於具體做法，即為本章的討論重點。

問題的根源：是你，還是你的伴侶？

當伴侶發生爭吵時，他們多半總是認為對方應該對問題負責。然而，在系統化的研究中，一名公正的法官評估，儘管人們認為他們的伴侶難以相處、失職或懷有敵意，而且自己是受傷害的一方，但實際上，雙方對爭吵都有貢獻。[41]

但問題並不僅在於兩人的相處模式。正如我們將看到的，敵意往往（但並非總是）來自內心（像是誤解對方的想法和錯誤的判斷，這些源於兩人之間的觀點衝突）。

當伴侶吵架時，他們的衝突往往被歸結為「風格」或「習慣」的衝突。例如「凱倫和泰德吵架是因為凱倫經常遲到，而泰德無法忍受一直等待」、「茱蒂和克里夫吵架是因為克里夫會把衣服到處亂放，而茱蒂必須把它們收拾好」。從表面上看，這些爭吵似乎確實源於風格或習慣的衝突，但實際上其核心是準時或整潔等問題。然而，對這種價值觀或習慣的分歧，似乎並不足以經常產生嚴重爭吵。畢竟，如果泰德必須等待凱倫（他也時常等待其他人而不會被激怒），或者如果克里夫把毛衣扔在椅子上而不是掛起來，其實都不是一場災難。

矛盾的是，儘管像這樣的衝突非常嚴重，但往往雙方都不明白對方實際上是在爭吵什麼。準時與遲到、有秩序與失序等問題，雖然明顯是衝突的中心，但其實只是邊緣問題。風暴的焦點，並非必須等待或撿起衣物本身的不便，而是認為這些事件「證明」伴侶的不負責任、不敏銳或不尊重。伴侶雙方都被對方認為是冒犯者：泰德和茱蒂，是因為控制欲和挑剔；凱倫和克里夫，則是因為疏忽和不負責任。**產生嚴重困擾和裂痕的不是行為本身，而是伴侶雙方對行為的解釋或誤解。**

正如前面所指出的，憤怒是由對對方行為所附加的象徵意義引起的。泰德認為，如果凱倫真的尊重他，她會準時抵達，因為她知道自己遲到會令他擔心。因為他擔心她會出什麼事，所以他虛構了一個規則：

她不應該讓我等待。當凱倫遲到時，泰德對她違反規則感到憤怒，即使他知道她可能是有什麼理由而被耽擱。泰德心想：「她知道準時對我來說有多麼重要。既然她遲到了，就說明她根本不在乎我的感受。」

我們在第二章描述過，伴侶雙方賦予事件的意義，是由美德和惡習所塑造而成。根據這些標準，一個特定的行動可能表示伴侶是負責任的、尊重的、關心的，或者是不負責任的、不尊重的、漠不關心的。由於良好的行為經過一段時間後，似乎會被認為是理所當然，使得不好的行為更有可能被注意到，並得到一個「象徵性」和「負面」的解釋。因此，伴侶的失誤或小過錯，即使遠不如其有益的行為頻繁，仍可能讓人留下更強烈、更持久的印象。

儘管伴侶雙方經常會使用讀心術，以為對方動機惡劣，但實際上他們對伴侶的真實想法和態度視而不見（見第一章）。因此，許多嚴重的伴侶關係戰爭，是兩個盲人鬥士與他們投射到對方身上的幻象進行的戰鬥。雖然針對的是幻想中的形象，但攻擊卻傷害到真實的人。

解決內心的真正問題

減少在關係中彼此生氣的第一步，首先，你應該確定自己的心理運作在多大程度上，導致了這個問題。因為你有很大的可能誤解了伴侶的行為，因此採取這一步驟是明智的。你可以透過詢問自己具體的問題，以及使用前幾章描述過的技巧，來評估你的憤怒在多大程度上是源於自己的心理。

1. 當你開始感到憤怒時，問問自己：「我的憤怒是否有理由？它是適當還是不適當？它是基於我自己的問題，還是基於關係中的真正問題？」通常，你可以利用你之前的經驗來回答這些問題，特別是那些在當時看起來似乎有理由憤怒，但後來顯得過度、不恰

當或不明智的情況。

2. 接著，繼續問問自己：

　・我的自動化思考是什麼？

　・我是如何解釋伴侶的行為，讀出其中可能不存在的意義呢？

　・我的解釋是基於對伴侶行為的客觀評價？還是僅僅基於我所附加的意義？我的解釋是否符合邏輯？是否可以有其他解釋？

　至於如何處理這些自動化思考的方法，已經在第十三章中描述過了。回想一下如何使用雙欄位技巧來評估你對伴侶的憤怒，可能會有所幫助。

3. 如果你的憤怒似乎是適當的，也就是說，如果你準確地解釋了伴侶的行為，而且它明顯是令人反感的，那麼問問自己，這是否可能是你的思考錯誤所造成的，像是隧道視野、選擇性摘要、非此即彼的思考方式、過度類化、誇大、讀心術、「糟糕化」、「妖魔化」和「災難化」。

4. 最後，再問問自己，在尋找理由攻擊伴侶時，是否有滿足感？或許你會因為看到對方局促不安、表現受傷或內疚而感到高興？或是，你很享受嚴厲的報復，展現權力和占上風？雖然所有這些「滿足感」都是獲得勝利的特徵，但是你當然會希望根據你在這段關係中的實際收穫來評估它們。

改變你的想法

到目前為止，我們一直在考慮你本身的想法，特別是如果它涉及了誇大的意義、誤解和想法錯誤，是否與你憤怒的強度有關。由於這些因素通常會一起造成連動作用，因此，我們應該嘗試分析你憤怒背後的想法與意義。在此，先總結一下，如何將認知治療的技巧應用於自己想法的步驟：

1. 觀察你的自動化思考，並注意自己的反應，找出想法中的錯誤。
2. 重新框架伴侶在你心目中的形象。
3. 嘗試從伴侶的角度看問題。
4. 轉移自己的注意力。

自動化思考和理性的反應（重新框架）

下面列出了不同伴侶所具有的負面自動化思考。他們的自動化思考代表了對伴侶的「框架」，亦即他們以這樣的方式解釋伴侶的行為，使對方看起來「有罪」。

透過嘗試找出最好的解釋，他們便能以不同的方式看待這些罪行。其中，以**正面的角度重新塑造伴侶的行為，被稱為「重新框架」**。重新框架並不是指「正面思考的力量」，而是指在考量伴侶行為的有利和不利意義的情況下，達到一種更平衡、更符合伴侶現實形象的過程。除此以外，你可能會發現嘗試理解伴侶的觀點，並與伴侶一起檢查你的理解是否準確，也會有所助益。

自動化思考	理性的反應
他和朋友們出去喝酒了，這表明他並不關心我和孩子們。	這有助於他放鬆。如果他在回家之前和朋友喝杯啤酒，他的心情總是會好一些。
她是一個糟糕的母親，被孩子耍得團團轉。孩子變得不聽話，而且做錯事也不會受罰。	她很親和，孩子也很喜歡她。此外，他們是好孩子，並沒有真正造成任何麻煩。孩子不聽話是正常的，他們沒有什麼問題。
她對所有事情都很嘮叨。	她是一個高標準的好管家。如果她沒有這些標準，房子可能就沒法住人了。

自動化思考	理性的反應
我們旅行時，她會和每個人交談。她真是個交際花。	她真的非常善於交際，這使旅行更加愉快。
他是個吝嗇鬼，吝惜我花的每一分錢。	他把財務管理得很好，總是需要有人負責預算。

以下是克里夫和茱蒂兩人案例紀錄的摘錄，當中說明了自動化思考和理性反應：

場景：克里夫習慣把各種東西（盒子、雜誌、舊信件、衣服）留在椅子上、餐桌或地板上，而不是把它們放好或扔掉。茱蒂厭倦了整理他弄亂的東西，決定把它們留在原地，期望克里夫意識到，她不是他的僕人，因而能主動清理這些東西。茱蒂相信克里夫和她一樣意識到這種淩亂的狀態，並且需要面對這樣一個事實，即「她不再為他做清理的工作」。

然而實際上，克里夫對這淩亂狀態相對不在意。當積累的東西超過了他高於普通人的淩亂程度時，他才會一次性地把環境打掃乾淨。在結婚前，克里夫大約每週打掃一次，而且他傾向於在婚後繼續保持這種習慣。然而，茱蒂對於混亂較為敏感，並奉行隨手清理哲學。當茱蒂告訴克里夫她不能再忍受為他整理他弄亂的東西時，克里夫對她大發雷霆，並且逕自離開。

他們的爭吵與其說是為了風格或理念的衝突，不如說是為了彼此對對方所做的事情所賦予的意義而爭吵。因此，克里夫最初的「冒犯」是基於茱蒂對他把東西到處亂放的解釋。茱蒂在反應克里夫的「淩亂」時有一些自動化思考，而這些想法促使她採取行動，對克里夫提出批評。同時，克里夫用他自己的自動化思考對茱蒂的批評做出了回應。

然而，當兩人都學會了標記和評估自己的自動化思考後，他們開始記錄這些想法、給予它們標籤，並做出理性的反應，如下所示：

茱蒂的自動化思考	茱蒂的理性反應
他總是把東西到處亂放。	**全有全無的想法**。他有時候確實會收拾東西。他說沒有注意到這些東西可能是對的,因為這些東西真的沒有讓他感到困擾。
他期望我成為他的僕人:做所有事情。	**讀心術**。我不知道他的期望是什麼,我可以問他。
他不關心我的感受。	**個人化**。僅僅因為他懶散,並不意味他不在乎我。
當他退縮時,我什麼也不能告訴他。他充滿了敵意。	**過度類化**。他對於被告知要做什麼事情非常敏感。這讓他想起了他的母親。大多數時候,他是充滿愛心和關懷的。

　　當茱蒂寫下她的自動化思考時,她開始恢復她的客觀思考。而當她開始致力於理性的反應時,她對克里夫的看法:以自我為中心、疏忽大意和漠不關心,就開始轉變。她能夠看到,她陷入了全有全無的想法、過度類化、讀心術和個人化的陷阱中。她能為克里夫的行為提出其他的解釋,這些解釋,似乎比她的自動化思考提出的那些理由,更有說服力。

　　當她完成這項作業時,她感到鬆了一口氣,對克里夫的態度也變得更加溫暖。透過認識自己的自動化思考並對其進行邏輯分析,她能夠改變自己的觀點。現在,她不再把克里夫看成都是壞的,而是把他看成大部分是好的,只是有一些缺陷。

　　以下則是克里夫的自動化思考和理性反應:

克里夫的自動化思考	克里夫的理性反應
她總是對我嘮叨不休。	**過度類化**。她只有在我沒有做某事的時候才會這樣。
她喜歡貶低我。	**讀心術**。沒有證據表明她喜歡這樣。事實上,她會生氣。她說她不喜歡做一個嘮叨的人。

克里夫的自動化思考	克里夫的理性反應
她對待我像對待孩子一樣，期望我做任何她想要我做的事。	**讀心術。**她不想把我當成孩子，但是我不喜歡她的語氣。我可以和她談談這個問題。她的主要反對意見與我的整潔度有關，而不是要我去做任何她想我做的事。

茱蒂和克里夫都發現，當他們寫下自己的自動化思考和理性反應時，他們的憤怒皆大大減少，使得兩人能在不激怒對方的情況下，繼續討論他們的問題。在他們的討論中，茱蒂也詢問自己（這是很成功的第一步）一系列的問題，幫助她維持他們問題的焦點：

- 克里夫試著想告訴我什麼？
- 這裡真正的問題是什麼？
- 有必要回應每一個批評的言論嗎？
- 我想在這次討論中達到什麼目的？

有時候，他們的討論變得很激烈，茱蒂發現她不得不問自己其他問題：

- 討論是否變得毫無結果？
- 是時候總結我們的分歧而不是爭論它們？
- 我是否應該嘗試澄清克里夫的觀點？
- 現在暫停一下或延遲討論會更好嗎？

上述方法在痛苦伴侶的系統研究中，已得到了支持。舉例來說，心理學家唐納德·達菲（Donald Duffy）和湯姆·鐸德（Tom Dowd）發現，接受過類似這種方法訓練的個案，比沒有接受過這種指導的對照組來說，憤怒程度會減少非常多。[42]

表達憤怒的得與失

無論如何，你必須自己決定你們的爭吵是否值得。請記住，你是有選擇的：你可以選擇表達你的憤怒或根本不要表達。即使是決定選擇前者，你也可以選擇如何表達憤怒。如果只是表達出對伴侶的行為感到不安或困擾，那麼憤怒的代價會比威脅或羞辱你的伴侶來得小。

請記得，沒有任何規則有規定你必須表達憤怒。如果你克制自己，憤怒通常會消失，而且你很可能會慶幸自己沒有表達出來。因為很多時候，等到憤怒平息之後，有更多機會去評估它是基於伴侶的行為本身，還是基於你對這一行為所附加的意義；也就是說，你可以更確定是否要為了一個無心之過或者是你對事件的誤解，去懲罰你的伴侶。例如肯在怒火平息之後，他發現自己只是因為瑪喬麗忘記把他的西裝拿去乾洗店，就認為她不關心自己這件事是錯誤的。因為實際上，瑪喬麗一直在煩惱工作上的問題，這使得她變得健忘。而肯很高興他沒有因為瑪喬麗不注意他的要求就責備她。

因此，在向伴侶發洩你的怒氣之前，先問問自己這些問題：

1. 我期望透過責備、懲罰或批評我的伴侶中得到什麼？
2. 使用這些策略我會失去什麼？縱使有好的短期結果，長期結果是否可能是壞的？例如即使伴侶現在讓步或屈服，但這樣是否有可能只會使雙方的關係，在未來變得更加不和或疏離呢？
3. 我想向伴侶傳達什麼觀點？表達這一觀點的最佳方式是什麼？我是否可能透過責備或指責我的伴侶來達成這一點？
4. 是否有比懲罰更好的方法來影響伴侶？例如透過對伴侶的行為進行嚴肅的討論，或者當伴侶做我喜歡的事情時給予「獎勵」（微笑或讚美）？

為了幫助你評估表達憤怒的成本和利益，我準備了一份檢核表，可以用來評估表達憤怒後帶來的收益是否會超過損失。**確定表達憤怒的整體價值的最好辦法，是評估你過去的經驗。**因此，請使用這個檢核表來評估爭吵事件的得失，同時持續考量它，並在未來的吵架事件後更新你的答案。

表達敵意價值的檢核表

回想最近一次的憤怒表達，並試著判斷它的正面和負面影響。你可能需要與伴侶核對，以確定如何回答其中的問題，因為每個答案的一部分都會取決於伴侶的反應。請在敘述為真的項目前打勾：

表達憤怒後的正面效果

_____ 1. 我的伴侶在事件發生後表現得更好。

_____ 2. 我感覺好多了。

_____ 3. 我的伴侶感覺好多了。

_____ 4. 當我的伴侶出現辱罵行為時，反擊保護了我。

_____ 5. 我可以看出我的伴侶真的聽到我說的話，這在我用一般口氣說話時不會發生。

_____ 6. 我經歷了憤怒的緩解和緊張的釋放。

_____ 7. 吵架消除了誤會，我們能把注意力轉向其他事情。

_____ 8. 我們在「好好吵了一架」之後更愛對方。

_____ 9. 我們解決了我們的爭論。

表達憤怒的負面效果

_____ 1. 我在陳述我的論點或抱怨時，沒有得到什麼作用，反而更笨拙，甚至語無倫次。

_____ 2. 我說了或做了一些事後讓自己後悔的事。

_____ 3. 我的伴侶對我說的話不屑一顧或置之不理，認為我的想法是基於情緒化或非理性。

_____ 4. 我的伴侶甚至沒有聽到我的訊息，因為它被埋沒在厚厚的敵意中。

_____ 5. 我的伴侶只對我的敵意做出反應，並進行報復。

_____ 6. 我的伴侶被我的攻擊所傷。

_____ 7. 我們陷入了攻擊和反擊的惡性循環。

如果你還是決定表達你的憤怒，你可以選擇一些策略，來減少你的憤怒和正確傳達你的訊息。例如說出「我對你很生氣」，可能比攻擊對方的人格特質或進行冷戰，更具建設性的效果。

即使你贊同決定使用非敵對的策略（澄清、解決問題、疑難排解）來面對伴侶，也無法保證對方會避免使用敵對的策略（下一節將提供關於減少伴侶憤怒的建議）。

學會區分「挑釁的陳述」和「建設性的陳述」是有幫助的。在一開始，試著用一種不那麼挑釁的方式來表達自己：陳述事實而不要批評。試著堅持自己的觀點，而不是貶低對方。這裡有一些例子：

挑釁的陳述	建設性的陳述
你是個在我和我媽通電話時打斷我們交談的討厭鬼。	當你打斷我講電話時，真的讓我不高興。

挑釁的陳述	建設性的陳述
你是個在孩子面前批評我的混蛋。	當你在孩子面前批評我的時候，這讓我很不高興，而且也破壞了我的權威。
你太懶了，離開房間時都不關燈。	我希望你離開房間時能把燈關掉。
你竟敢取笑我說話的方式。	當你嘲笑我的英文時，這讓我很生氣。

化解伴侶的憤怒

當伴侶一方對另一方大發雷霆時，承受怒氣的伴侶該如何反應呢？如果丈夫開始對妻子大吼大叫，她應該回罵他嗎？她應該跑出房間嗎？還是她應該拿起一個花瓶扔向他？

你需要面對這個事實：即使你已經解決了自己對伴侶的過度憤怒，但是你的伴侶可能也有憤怒的問題。你仍可以選擇化解伴侶的憤怒，理由是你覺得它讓人不愉快，你擔心它可能會升級為嚴重的傷害，或這種憤怒對你們雙方都沒有好處。別忘了，你確實「有選擇」，如果你做出最負責任的選擇，那麼你也將會得到最好的結果。**而你的決定應該不是基於你想說什麼或做什麼，而是基於什麼能最好地滿足你的長期利益。**

下面列出了一些可以用來化解伴侶憤怒的方法：

1. 澄清問題。如第十五章和第十六章所述，試著解釋或讓你的伴侶具體說明感到困擾的問題。
2. 讓伴侶冷靜下來。承認伴侶的批評（不一定要同意它），努力讓伴侶安靜下來，以便你能幫忙解決問題。
3. 專注於解決問題。
4. 轉移伴侶的注意力。
5. 安排公開討論會議。

6. 離開房間或房子。

選擇一：澄清問題

正如第十五章和第十六章所指出的，伴侶的真正問題，可能被深埋在指責和批評之中，以至於你可能錯過它了。如果你只是透過反擊來回應伴侶的責備，那麼問題就不可能獲得解決。另一方面，如果忽視對方的咆哮和長篇大論，而不以自己的憤怒來回應，你將更容易找出問題的根源。雖然不陷入相互回擊的模式對你來說或許是最困難的任務之一，但它可能對你們的關係帶來最大的回報。

選擇二：讓伴侶冷靜下來

在處理憤怒的病人時，治療師發現了減弱他們憤怒的方法，而這些方法也適用於伴侶關係的爭吵上。基本上，這些方法包括透過堅持它會妨礙你對問題的理解和解決能力，來降低你伴侶的憤怒程度。例如瑪喬麗曾經被指導過如何處理肯的突然發怒，其例子說明了如何讓伴侶冷靜下來：

肯：（用非常大聲、憤怒的聲音，帶著特別威脅的表情）我真的受夠了。你從來不做你應該做的事，我無法指望你做任何事！

瑪喬麗：（冷靜，提出一個直接的建議）我知道你很生氣，但是只要你對我大吼大叫，我就不知道你在氣什麼。我們為什麼不坐下來，然後談一談。

肯：我們所做的就只是談論它。你一直以來只想做的事就是說話，只說不做！

瑪喬麗：聽我說，我真的很想知道什麼讓你感到困擾，但是你對我

大吼大叫時我聽不見。你為什麼不坐下來，你可以用說的來告訴我，而不是大聲嚷嚷。

肯：我沒有大聲嚷嚷！我只是想要你改進自己的行為。

瑪喬麗：我願意和你談談這個問題。你能不能坐下來，讓我們談談，不要再對我大聲吼叫？

肯：我不能一直壓抑自己的感受。

瑪喬麗：那我們就等你不那麼生氣的時候再談吧！我真的很想解決這個問題，但是如果你對我大吼大叫，我就做不到。

肯：我想現在就解決這個問題！

瑪喬麗：那就請你坐下來，別再大吼大叫了，這樣我們可以解決這個問題。

肯：（冷靜多了）好吧，我坐下來了，我不大叫了。現在告訴我，為什麼抽屜裡沒有任何乾淨的襯衫？你知道今天我有個約會，需要一件乾淨的襯衫。

在這個例子中，瑪喬麗表現出自信、不順從，但也不是敵意。她堅持自己的立場，尋求問題的解決，拒絕捲入指責和相互指責。由於她是掌控一切的那個伴侶，所以她能實現這一目標。隨著瑪喬麗完美地以這種方式處理了肯的憤怒，她感到自己不那麼脆弱；最終，透過問題解決，進而能減少肯怒氣爆發的頻率和強度。

儘管伴侶中的一方，可能看起來是在用吼叫和批評來控制局面，但其實另一方能透過冷靜和堅持來控制局面。**更強大的人，不是發出最大噪音的人，而是能夠安靜地將對話導向定義和解決問題的人。**

選擇三：專注於解決問題

許多的憤怒事件，是由於伴侶一方對一個問題感到不安而指責另一

方，但另一方對「指責」而非「問題」作出回應所造成的。當然，伴侶習慣性的責備或指責傾向本身也是一個問題，應該在疑難排解的會議中提出來。不幸的是，當伴侶一方不高興時，另一方通常也會變得不高興，並帶著敵意做出回應。

舉例來說，羅伯特正在修理一個故障烤箱的指示燈，而他找不到螺絲起子。他與雪莉對質，指責她放錯了位置。她本來可以透過爭吵來回應這種對質。然而，她意識到羅伯特正對她感到惱怒，明白如果她採取報復性回擊，他會有什麼反應。因此，她決定把精力放在解決問題上，而不是和他發生衝突。

羅伯特：我的螺絲起子跑哪去了？你總是把它拿走，又不放回原位。

雪莉：（他總是責怪我。我想告訴他：「我不知道你那該死的工具跑哪去了」但他可能又會回答說：「你又不知道如何修東西，為什麼總是要拿我的螺絲起子？」我會說：「你總是貶低我。」然後他就會說：「我有充分的理由。」然後我就會感到難過。最好是簡單地把注意力放在問題上。）等一下，你最後一次使用它是什麼時候？

羅伯特：（從他的憤怒中分心，進入回答問題的模式）我從上週開始就沒有使用過它。

雪莉：你昨晚不是做了一些家務嗎？

羅伯特：呃，我想我昨晚確實使用過它。

雪莉：你在哪裡使用它？

羅伯特：我不知道……在地下室。

雪莉：你何不在那裡找找看呢？

結果，羅伯特在地下室發現了螺絲起子，他前一天晚上確實在那裡使用過。**透過把反擊轉變為提問，雪莉化解了羅伯特的憤怒，同時找到**

解決問題的辦法。她的做法，保護自己免受進一步的責難，也緩解了她對羅伯特的憤怒。在一次疑難排解會議中，雪莉提出羅伯特每次在家裡遇到問題時都會責怪她的傾向。羅伯特承認這一點，並確實做出了建設性的努力，試圖解決問題，而不是大發雷霆。

這個案例說明了當你的伴侶感到惱怒時，你沒有必要屈服於報復衝動。如果你避開對抗、專注於眼前的問題，就會展現出更多力量，並增加對自己與對局勢的掌控。透過保持冷靜，你將幫助伴侶認識到他或她的怒氣爆發是不適當的。

選擇四：轉移伴侶的注意力

若能把注意力轉移到另一件事上，許多處於憤怒狀態的人便可以平靜下來。丈夫至少可以暫時透過改變話題，轉移妻子的注意力；當然，妻子可能會抗議說他在逃避敏感問題，但是他可以稍後再來談這個問題。話雖如此，轉移注意力並不總是有效。與其他技巧一樣，你必須依靠試誤的方法熟練它。

有時，明智地使用幽默感能幫助打破一個即將爆炸的緊張氣氛。在另外一些時候，簡單地撤退，也就是不回應伴侶，也可以緩和衝突。

此外，還有其他轉移話題的技巧，例如請伴侶停止大吼大叫、冷靜下來或放輕鬆等，亦被廣泛使用，但如果伴侶感到憤恨被壓抑的話，這些方法經常會適得其反。因此最好的辦法是要求暫停，並且建議你們雙方暫時都不要說話。

選擇五：安排公開討論會議

有些時候，伴侶之間的問題是如此高度緊張，以至於任何一方都無法在不憤怒的情況下去討論它們。即使他們都已決定「像兩個聰明人一

樣」討論它們，但伴隨而來的憤怒感可能會非常強烈，以至於一旦開始討論，憤怒就會自動浮現出來：他們精心選擇的措辭帶著利刃，隨著相互挑釁的增加，他們訴諸於吵架而不是澄清或解決爭端。這是一個信號，表明雙方應該進入一個他們可以更自由地表達彼此敵意的對話：公開討論會議。

進行公開討論會議的另一個原因是，除非在生氣，否則有些人無法提出令其煩惱的問題。例如妻子可能被丈夫的某些行為所困擾，但選擇忽視它們。然而，這類事件的反覆發生可能會讓她耿耿於懷，直到她最終能將其公開化為止。

在某些情況下，妻子甚至可能沒有意識到她對丈夫的具體作為（或不作為）感到生氣。然而，她可能有一種難以解釋的疲勞感、些微悲傷或悲觀情緒（關於這一點，可見第九章介紹）。而以下是公開討論會議中，應該遵循的五大實際步驟：

1. 設定一個特定的時間和地點。在那裡你們都可以表達自己，不會被其他人聽見。

2. 為每次公開討論會議設定一個有限的時間。建議最好不要超過十五至二十分鐘。

3. 當有一方在說話時，另一方不應該打斷對方。

4. 輪流發言，但事先決定好每人的發言時間。設定一個時間限制（短至四或五分鐘亦可），如此能防止討論升級為另一輪的爭吵。

5. 制定暫停的時間規定。伴侶中的任何一方都可以根據需要要求暫停。

公開討論會議上要做些什麼

讓你認識自己的憤怒。許多人沒有意識到他們敵意的早期跡象。一

定有一些主觀的線索可以作為一種徵兆。例如一名婦女發現，當她開始談論敏感話題時，她會感覺自己心跳加速，並在接下來的幾分鐘內，就意識到憤怒的感覺。透過仔細觀察自己的反應，她能夠察覺她手臂上的肌肉，特別是二頭肌，正在變得緊繃。她的內心也開始感到緊張不安。她的胃會有些翻騰，而且有時她能感覺到自己的身體變得非常緊繃。有時候甚至會顫抖。

人們也可以訓練自己，仔細觀察自己的語氣、說話的音量和選擇的用字遣詞。這麼做後他們會發現，自己一直不自覺地在肆意抨擊伴侶。

你有可能經歷了敵意的症狀卻沒有真正注意到它們，直到有人要求你這樣做。一個人怎麼可能在沒有意識到的情況下懷有敵意呢？答案在於，一旦進入吵架模式，我們的精神和身體就會進入準備狀態（攻擊或撤退），從而失去所有的自覺。

所謂的攻擊模式，部分是透過以更負面的詞語去理解敵人，還有部分是透過身體的動員來表達。因此，心跳加速和肌肉緊繃是攻擊動員的一部分，而憤怒的用字和尖銳的話語則是攻擊本身的一部分。

公開討論會議中應避免的事項

如果公開討論會議要有任何建設性，需要就控制敵意的表達程度達成一些協議。如果敵意太超過，就會破壞達成和平的機會，甚至會導致不可挽回的破壞：不是透過激烈的憤怒言辭，就是實際的人身攻擊。以下提供進行會議時的基本規則：

1. 盡量避免對伴侶進行極端的譴責。一般來說，最好是說：「你那天做的事情讓我非常生氣」，而不要說：「身為一個丈夫你徹底失敗」。你的伴侶可以理解你對一些令人不愉快行為的不滿。他或她能體會到你的痛苦感受，但無法理解詆毀或蔑視。
2. 盡量避免侮辱伴侶。

3. 不要批評伴侶的脆弱部分。例如如果伴侶對他或她的體重或飲酒習慣很敏感，不要攻擊這些，除非它們與你的抱怨有關。

4. 不要翻舊帳。請不要翻出伴侶過去一些小失誤，除非它們對你試圖溝通的內容至關重要。

　　儘管公開討論會議的目的是允許自由表達憤怒，但是對這種表達仍必須有一些限制。當然，任何形式的身體攻擊都不被允許。即使是言語攻擊也可能失控，導致對伴侶和關係造成無法彌補的傷害。為了防止衝突升級到不理想的程度，你應該警惕，把憤怒的表達控制在一定範圍內。如果一方確實太超過，那麼另一方必須指出這一點並堅持克制。

把情緒控制在適合的區域內

　　在憤怒的過程中，雙方有時會轉變得相當迅速：從溫和的區域，在那裡他們對伴侶抱持相當清楚的思緒和客觀的看法，再到一個非常熱的區域，在那裡他們已經失去了所有客觀看法，而且無法清楚思考。這些區域由憤怒和控制程度來界定。我把它們標記為：黃色代表溫暖、紅色代表最大程度的憤怒，而藍色代表溫和。

　　黃（溫暖）區：在這個區域中，你對伴侶感到憤怒，但還在可控制想法和行動的範圍內。你可以控制自己要說什麼和怎麼說。你的目標是向伴侶表明你很生氣，並把不滿發洩出來，但不是以破壞關係為代價。你可以感覺到你什麼時候太過憤怒，如果有必要，你還有辦法自我收斂。

　　儘管惱怒，但是你仍可以思考伴侶的合理陳述，並能理解自己的想法是否不合邏輯。如果伴侶告訴你一些與你自己的結論不一致的事情，你也能夠評估這些資訊，而不會衝動地進行反擊。

　　你會意識到會議的目的是幫助建立良好關係，而不是為了傷害伴侶。但是你也知道你不能在沒有感覺和不表達憤怒的情況下，談論你的

失望和不滿。遵循會議的方針將有助於防止你進入熱區，其中包括採取暫停措施（後文會提到），以及在事情變得過於激烈時改變話題。

紅（熱）區：人在這個區域的表現會比黃區更強烈。想法和行動都不太受控制，你對伴侶有著極其負面的看法。你的看法可能是混亂的、極端的、不合理和不符合邏輯的。

在這個區域中，雙方似乎已失去辨識他們是否不符合邏輯的能力，或扭曲過去和現在的事件。即使提供明顯與他們的信念相矛盾的糾正資訊，也無法改變這些信念（一名婦女這樣描述她的思考過程：「我的腦袋就像果凍。我真的無法思考，我的想法是混亂的」）。

在紅區，人們說話的內容以譴責、指責和人格攻擊為標誌。憤怒的話語往往發展到罵人、暴力威脅或結束婚姻的打算。有時候，這些威脅會延伸為「我要殺了你」。而對方可能還會火上加油，回答說：「我知道你想這麼做。」因此，在熱區，憤怒可能會發展成實際的攻擊，如第九章所述。例如蓋瑞處在熱區時，會允許自己攻擊妻子，他那時會心想：「這是她自找的。」

藍（溫和）區：請試著在公開討論會議結束前，進到這個區域。藍區的要素與會議的要素相同。你可以聽見伴侶的抱怨，並以條理清楚的方式表達自己的抱怨，或許就能將這些抱怨轉化為具體的要求（詳見第十六章）。當伴侶的抱怨是合理的時候，你能夠承認；當他們的抱怨是錯誤或誇大的時候，你能夠以合理、平靜的方式指出。

雙方能把討論導向建立共識，並試著找出化解分歧的方法。你們能討論出如何改變你們的問題行為，並為將來的衝突和問題解決奠定基礎。

適當使用暫停

在公開討論會議中，你可能會難以控制自己的想法。有時，你會意識到很難有邏輯地思考你想說的話，或是清楚地表達自己；你也可能難

以聽懂你的伴侶在說什麼。

如果你開始經歷其中一些警告信號，那麼就是透過暫停來短暫休息的時候了。我建議伴侶雙方事先約定一個特定的暫停時段，通常是五分鐘左右。兩人都必須同意無論何時，任何一方都可以在必要時喊暫停。當然，如果五分鐘還不夠，心煩意亂的伴侶可以有更長的暫停時間。

如果在一次公開討論會議中需要兩次以上的暫停，那麼建議最好終止這次的會議，直到雙方都平靜下來後，再進行討論。

選擇六：離開房間或房子

為了避免造成永久性身體或心理傷害，有時可能需要遠離伴侶，直到彼此的憤怒都消散。你可以選擇去另一個房間，或者如果你的伴侶跟在你身後，那就離開房子。

如果你們是在開車時進行激烈的討論，一人改坐到後座會是明智之舉。作為最後的手段，你們其中一人可能要離開車子。順帶一提，車上可能是進行公開討論會議最糟糕的場所，不僅因為空間狹小，還因為如果司機過於分心，會有潛在的安全危險。在車上時，你的其他選擇是聽廣播，或兩人同意在這段時間內都不要開口說話。

第 18 章

其他特殊問題

———

本章將探討許多（但非全部）陷入困境的婚姻中，所存在的各種特殊問題。儘管這些問題通常很棘手，而且可能導致關係的衰退，但當伴侶雙方確實了解這些問題，並應用前面幾章中所描述的各種認知技巧時，他們往往就能克服這些問題，進而改善關係。

性慾降低

伴侶關係中性慾降低或喪失的問題，比多數人意識到的普遍許多。根據一項研究發現，即使是幸福的夫妻，至少也有 40% 的人報告說，隨著時間的推移，對性的興趣和欲望有逐漸降低。[43]

對性的興趣和欲望降低的原因有很多。一般而言，交往時的迷戀助長了欲望的火焰；隨著迷戀的消逝，激情的強度也隨之減弱。隨著關係的成熟，其他事情，如謀生、安家和養家糊口，變得更加緊迫，進而消耗了一些以前用於浪漫上的精力。漸漸地，薪資勞動者和家務勞動者的角色取代了情人的角色。最後，工作的疲勞壓力、養育孩子、家庭責任、醫療問題和藥物濫用等，都抑制了性慾。

婚後性慾降低的主要因素是心理上的，源於對自己、對性和對伴侶的態度。 例如涉及對於自己能力感到不足或害怕失敗的自我懷疑，可能

會延續到性活動中。或者一個人可能對性有特定的擔憂。

有些身材外表不符合自己理想的人，可能會對此感到羞愧或自我批評，因此避免做愛。一名女性可能不喜歡自己胸部的大小或大腿的形狀；一名男性可能對自己的肚腩或骨瘦如柴的腿感到不滿意。這些人擔心他們看起來不夠「女性化」或「男性化」，即害怕自己缺乏「性吸引力」，因此他們會自我貶低，因而干擾了他們性慾的自發表達。

此外，許多人會擔心自己是否有充分發揮能力，以滿足自己和伴侶的需求。這種「表現焦慮」變成了一種自我實現的預言：過分關注於自己的表現，因而剝奪了性愛的許多樂趣。最終，性愛似乎成為一種挑戰或考驗，以至於他們失去了對它的渴望。

伴侶之間的問題也是性生活中常見的麻煩來源。最明顯的問題之一是他們在偏好上的差異：何時、何地、如何、多長時間和多久一次。關於性生活的時間、頻率或種類的欲望衝突，會滋長怨恨、焦慮或內疚。這些不愉快的情緒會滲透和干擾他們的性愛。

負面感覺不一定會干擾性慾。許多人發現性是一種緩解焦慮、憤怒或悲傷情緒的方法。但是，當這些負面感覺直接指向伴侶時，它們可能會被性加劇而不是緩解。有時候它們會抑制性衝動。當然也有例外。例如當憤怒的感覺因為爭吵而驅散，伴侶間的激情就會在之後被激發出來。

伴侶的各種態度都會侵蝕你的性感受。舉例來說，視性為「嚴肅事情」或憂鬱的人可能會經歷性慾的抑制。或者，如果你認為伴侶在利用你，不關心你的感受，或不值得你這樣做，你可能也會自動中止性慾。

欲望的喪失本身可能會導致誤解，從而使性關係和性以外的關係進一步複雜化。例如肯將瑪喬麗的失去性趣解釋為一種懲罰他的被動方式，要讓他為對她吼叫而感到內疚；馬丁相信，當梅蘭妮沒有性慾時，她是在試圖控制他們做愛的本質，迫使他要變得更加浪漫；溫蒂將霍的性趣減弱解釋為他不再關心她的跡象。當然，在某些情況下，這種解釋

可能是正確的，但通常是錯誤的。

　　我在下面這份檢核表中，列出了我的個案所報告的一些負面自動化思考。很多伴侶在性生活中都會出現這種想法，因而干擾了他們的性慾和性滿足。這些想法通常反映了對你自己、對伴侶或對性的態度，而這可以使用第十三章辨識自動化思考的技巧加以糾正。透過糾正這些負面態度和誤解，多數伴侶會發現他們的性慾可以再次活躍起來。

　　現在，請檢視檢核表中的陳述，選擇能代表你自己在性生活中的想法和態度。認知治療的技巧可以用來減少這些態度對你性生活的影響（見第十三章）。

性生活中的負面自動化思考

請閱讀每條陳述，並選擇你在從事性行為時出現這些想法的頻率：0 從不、1 很少、2 偶爾、3 經常、4 大部分時間、5 全部時間。

對自我的疑慮

_____ 我身體的某些部分沒有吸引力。

_____ 我的身材不夠性感。

_____ 我對這不擅長。

_____ 我無法達到高潮。

_____ 我無法滿足伴侶。

對伴侶的疑慮

_____ 你太匆促了。

_____ 你只對自己的快樂感興趣。

_____ 你太過呆板。

_____ 我想知道你在想什麼。

_____ 我擔心我會讓你失望。

_____ 我擔心如果我們停下來，你會不高興。

_____ 如果你沒有感到興奮，我會覺得困擾。

_____ 這要花多長時間？

_____ 這感覺並不好，但是我不敢告訴你。

_____ 你太努力了，我希望你能放輕鬆。

_____ 我擔心你沒有高潮。

_____ 我希望你能更享受這一切。

_____ 你講太多話了。

_____ 如果這不是那麼重要就好了。

_____ 我沒有真的享受發生性關係。

_____ 這就是你所感興趣的一切。

應該規則

_____ 我感覺我必須做你希望的任何事情。

_____ 我應該要更享受。

_____ 我應該要感到興奮。

_____ 我們都應該在這方面取得成功。

_____ 我覺得有義務讓你高潮。

_____ 我應該感受到高潮。

負面思考

_____ 我就是沒有心情。

_____ 我為什麼要感興趣？

_____ 這對我來說是行不通的。

_____ 我還不如放棄。

_____ 我這樣做只是為了取悅你。

_____ 我只是裝個樣子，但這對我來說毫無意義。

_____ 我太累了。

_____ 太費勁了。

_____ 如果我屈服於你的欲望，我會下地獄。

無論你是經常有大量這樣的想法和態度，還是只有少數幾個經常出現，它們都會影響你對性事的感受，抑制你正常的性慾，並可能導致你完全避免性行為。使用第十三章中介紹的技巧，可抵抗這些態度的負面影響。

對於性生活感到不愉快或不感興趣的可能，會隨著時間而增加。伴侶可能會抱持諸如「我太老了，無法興奮起來」、「性是一種負擔」，或「性只是為了我的伴侶，我為什麼要參與其中？」這樣的想法。以下將介紹一些伴侶可用來抵抗干擾他們性滿足的想法和態度的方法。

性問題的自我治療

伴侶雙方可以做一些具體的事情來增加性慾和享受，例如使用第十四、十五和十六章中用來改善溝通的方法。雖然一開始可能很困難，但是你們可以使用這些技巧與對方討論關於何時和多久發生一次性行為的願望。此外，也可以提出一些敏感的話題，如風格上的差異，以及彼此對前戲、體位和喜歡的刺激方式等細節偏好。作為一種打破僵局的方

式，你可以先問你的伴侶，他或她的喜歡和不喜歡，然後再談你自己的喜好。

一些增強性愛的技巧，如放鬆、漸進式的身體刺激、專注於感覺，或者克服特定問題，皆超出了本書的範圍。[44] 本書著重在解決性生活問題的認知技巧，包括糾正錯誤的態度和誤解，以及使用想像來增加性衝動。以下將以個案蓋瑞和貝芙莉進一步說明。

蓋瑞和貝芙莉的婚姻，在很多方面都令兩人十分滿意，但是當他自然地抓住她，將她抱在懷裡愛撫時，他們遇到了困難。貝芙莉有時會做鬼臉然後退縮，蓋瑞感到受傷和不解，因為貝芙莉通常會對他興奮且充滿深情。

不過，這種簡單的描述並沒有說明導致他們問題的原因，也就是他們在想什麼。在一次會談中，我引導出了以下資訊：貝芙莉擔心的是，有時蓋瑞擁抱她時，他想的是「做愛」。與其享受這種親密關係，她反而是在想「接下來呢？」由於她當時不希望更進一步的「做愛」，所以她會抽身離開並心想：「他這樣做不是因為愛，他要的只是性。」

然而，她的理解是錯誤的。對蓋瑞來說，俏皮的擁抱意味著愛，而不是做愛的邀請。當貝芙莉退縮時，他心想：「她不關心我了」，因此也會退縮並且生悶氣，不和她說話。結果，他們都失去了許多對親密關係的渴望。我建議他們下一次這種情況發生時，記下自己的自動化思考，然後試著做出理性的反應。而在下一次諮商時，兩人都帶來了一張紙，上面記錄著他們的反應：

貝芙莉的想法紀錄：

情況	自動化思考	感覺	理性反應
蓋瑞在對我調情。	他想發生性關係。他真是太不體貼了，難道他看不出來我很忙嗎？	生氣	他只是想表現他愛我，我不知道他是否想進一步發展。如果我不願意，我可以告訴他。

蓋瑞的想法紀錄：

情況	自動化思考	感覺	理性反應
當我給貝芙莉一個小小的擁抱時，她從我身邊逃走。	我只是在給她一個擁抱。我就是感受不到她的愛。她是怎麼了？也許她並不是真的愛我。	受傷	她在其他時候表現得很愛我，她只是現在不想發生關係，這並不意味著什麼。

　　在貝芙莉和蓋瑞寫下他們的自動化思考和理性反應後，他們互相討論了彼此的反應：他們意識到，雙方都誤解了對方的行為。他們同意，蓋瑞應該繼續自由地表達愛意。如果他想更進一步，他可以觀察貝芙莉是否有表現出她也感興趣的信號。

　　蓋瑞和貝芙莉說明了伴侶間經常出現分歧的方式之一。伴侶一方可能對情感交流的反應，是希望有更多的性愛交流，然而另一方可能覺得表達情感本身就已經令人滿意。如果丈夫在最初的主動表示後偶爾會要求發生性行為，那麼妻子可能會將每一個愛的表示都當作一種誘惑，心想著：「他所感興趣的就只有性。」

　　以下是人們在性行為時一些典型的自動化思考，以及他們對這些想法做出的理性反應：

自動化思考	理性反應
我的胸部太小了。	他並不覺得有什麼問題，為什麼我要為此困擾呢？
我沒有很享受。	我常常很享受，我不能指望每次都能享受其中。
我希望她能感受到高潮。	她多次告訴我，她從親密關係中獲得快樂。如果我期望她高潮，反而會給她帶來壓力。
他在這方面太緊張了，我希望他能放輕鬆。	稍後我可以和他談談，讓他多放鬆而不是那麼嚴肅。
她要花很長時間才能興奮起來。她是怎麼了？	每個人的節奏不一樣。我可以控制自己的節奏直到她準備好。

　　某些性慾降低的人在做愛的最初階段沒有任何性幻想，即便他們在自慰時是有性幻想的。有些人認為性幻想是性刺激的重要來源。如果你對性缺乏熱情，在前戲階段嘗試從腦海中創造出一些幻想，可能會有幫助。有些人認為對伴侶以外的人有浪漫的幻想是種罪過或不忠；然而，這種幻想一般是正常的，不需要有內疚的感覺。

　　另外，有些伴侶會閱讀性愛內容作為刺激的來源，有些則是發現觀看限制級電影能使他們興奮。如果以上這些建議都沒有效果，建議你們該考慮尋求專業幫助。

外遇

　　一九八三年出版的《美國夫婦》（*American Couples*）一書中，社會學家菲利浦‧布隆斯坦（Philip Blumstein）和佩栢‧施瓦茲（Pepper Schwartz）估計，至少有 21% 的女性和 37% 的男性在婚後十年內曾有過婚外情。[45] 然而，作者指出，即使是有過婚外情的伴侶，也仍然認為一夫一妻制是最理想的。

　　儘管婚外情似乎相當普遍，但是如果被發現了，對另一方以及關係

本身將會產生毀滅性的影響。當然，這種外遇不只會破壞已經搖搖欲墜的伴侶關係，也可能是關係不佳的徵兆。婚姻顧問和離婚律師表示，他們絕大多數的客戶都承認在他們的關係破裂之前有過外遇，或是在類似的狀況下有過外遇。

為什麼外遇會給受委屈的伴侶帶來嚴重的創傷，尤其是當不忠的伴侶將外遇事件描述得微不足道的時候？**答案就在於外遇的象徵意義。在與忠誠度有關的問題上，沒有什麼比外遇更能清楚展現全有全無的想法：伴侶不是忠誠，就是不忠。**兩者之間沒有其他選項。一次外遇就足以給對方貼上不忠的標籤，就像一個偷過一次東西的人會被貼上小偷的標籤、一個說了一次謊的人可能永遠被視為騙子。

正如婚姻的契約代表著愛情，我們從被傷害的伴侶所使用的描述性詞語中，可以感受到外遇的象徵意義：背叛、變節、欺騙。即使這些詞無法完全捕捉到某些受委屈的伴侶所經歷的傷痛；因為這種傷痛，某種程度上就好像他們的人生都被撕裂了，而且再也無法修復。除了這種破壞感，他們還會對自己的吸引力、適切性或價值產生懷疑。一名受傷的伴侶流著淚說：「我顯然在某些方面失敗了……我想沒有人想要我。」此外，這些人的自尊心往往受到深深的傷害，或是感覺他們的珍貴財產被偷走了。

在不寬恕或接受不忠行為的情況下，受委屈的伴侶可以嘗試正視這種創傷。極端化、全有全無的想法會使「被背叛的」伴侶相信，這種情況對於關係的威脅遠大於實際情況。例如在丈夫有連續一夜情的情況下，這一點尤其真實。

當然，重要的是要認清這種威脅不是想像出來的：單一的私通事件可以發展成更持久的關係，並對伴侶關係構成嚴重威脅。然而，被背叛的伴侶可能會對任何這樣的傷害做出反應，好像它就是一個如此重大的威脅。

許多伴侶在發現不忠行為後前來諮商。當這種行為是因為關係出現

問題而產生的徵兆時，諮商師往往能幫助伴侶雙方解決他們的問題，從而減少這種行為再次發生的可能性。

　　舉例來說，丹是非常忙碌的銷售員，他幾乎所有醒著的時間都花在工作上。通常，他會在早上六點離開家門，直到晚上八點或九點才回到家。他的妻子芭芭拉的工作時間較短，而她對他的時間表越來越不滿意，因為這剝奪了他們需要的相處時間。他們的性關係急劇減弱，使芭芭拉感到空虛和無聊，並渴望得到滿足。

　　芭芭拉有參加一些組織。隨著時間的推移，她與一位最近與妻子分居的組織成員成為朋友。隨著他們關係的發展，她的新朋友對她進行性挑逗。這時，芭芭拉對親近和親密的強烈欲望湧現了出來，而這些欲望在丹那裡沒有得到滿足。此外，芭芭拉是個順從的人，經常會過度取悅他人。以上這些因素壓倒了她的謹慎：她和朋友發生了一次性關係，之後她感到非常內疚。

　　之後，丹開始懷疑芭芭拉與這個男人不僅僅是純友誼的關係。在他質問了芭芭拉之後，芭芭拉感到非常內疚，淚流滿面地把事情的經過告訴了他。丹被「摧毀」了，他告訴芭芭拉自己沒辦法在一段不信任妻子的婚姻中繼續生活。然而，在他的傷痛和憤怒平息後，他們決定尋求伴侶諮商。

　　當他們來找我諮商時，很明顯是為了要修復他們之間受損的關係，他們需要對彼此的優先事項和計畫進行實質性的改變。丹同意減少他在辦公室的工作；與此同時，芭芭拉被鼓勵去尋找其他能為她帶來滿足感的來源。她開始在當地一所大學上課，這是她長期以來一直想做的事情。

　　丹的反應是許多受委屈伴侶的典型反應，他們的觀點發生了變化，所以犯錯的伴侶看起來一切都是壞的（見第八章）。透過這個框架，犯錯者的每一個行為都會被重新衡量。突然間，以前被欣賞的特質現在會被看作是負面的、膚淺的或具欺騙性的。

首要的糾正步驟之一是嘗試「重新框架」受傷伴侶對犯錯伴侶的看法。其過錯行為真的是不可饒恕的罪嗎？在丹看來，最初的確是這樣。但當他嘗試以不同的方式看待這個問題時，他不得不承認，這個過錯並不像它最初表現出來的那樣可怕。他知道他幾個已婚的朋友都有在「到處亂搞」，而他認為這是可以接受的，前提只要他們沒有被抓到。事實上，他自己也曾有好幾次想要外遇，儘管情況並不允許。他還承認，有一次他曾經半開玩笑地和芭芭拉談到他有外遇，這是為了在未來出現機會時獲得她的「事先同意」。但是他從來沒有想過，那次談話可能會為她打開了外遇的大門。

　　事實上，伴侶之間的這種對話並不少見。布隆斯坦和施瓦茲在他們的案例報告中指出，丈夫和妻子往往對於這些對話有完全不同的解釋：丈夫推斷自己已經得到了妻子的同意，然而妻子則認為自己已經表明反對丈夫有外遇。[46]

　　丹明白如果他有了外遇，他不會覺得自己真的不忠或背叛。因此，他不能在邏輯上將這些標籤貼在芭芭拉身上。這樣的承認幫助他將這一事件「去糟糕化」（de-awfulize）：芭芭拉的行為並非「極度糟糕」。儘管他堅持認為芭芭拉嚴重傷害了他，因為她「背叛了他的信任」，但他也承認，鑑於他們關係中存在著真正的缺陷，她的行為是可以被理解的。當他認識了芭芭拉行為的原因時，丹在某種程度上鬆了一口氣，因為這並不意味著他不被喜愛。

　　此外，將事件「去災難化」（de-catastrophize）也很重要。丹曾說：「我將永遠無法再次相信她。」他認為，一旦她越過了忠誠的界限，她就可能再次這樣做，而且不斷發生。但是他能夠說服自己：如果她真的打算致力於改善這段關係，她就沒有理由繼續在婚姻之外尋找滿足感。

　　當丹開始重新框架自己對芭芭拉的負面形象時，他從認為她不可靠、不負責任、完全自我放縱，轉變成認為她犯了一個錯誤且真正感到

後悔。他決定，他仍然可以和她一起生活，儘管他永遠不會忘記她的過錯。然而，在此之前，他必須探究芭芭拉不忠的深層意義，並克服他的報復心理。當他反思其象徵意義時，他意識到芭芭拉的外遇使他感到很無助，彷彿她完全不受他的控制，以及如果她決定要做什麼，他對芭芭拉的行動無法產生任何影響。

丹的無助反應似乎是可以理解的。已婚人士不僅需要感覺到伴侶不會越過某些界限，還需要感覺到自己有一些控制權：他們可以影響對方不要做出一些會傷害關係的事情。在第十一章中描述的基本信任為伴侶提供一種安全感，即彼此的關係是最重要的，不會因為一時興起或自我放縱而使關係遭到破壞。

丹也承認芭芭拉的外遇迫使他詢問自己，他是否像自己所想的那樣有魅力？如果她會這樣對他，也許他根本就不討人喜歡；也許他沒有吸引力，永遠無法有親密關係，最終會被拋棄和孤單一人。他意識到他的痛苦和復仇的欲望，很大程度上是源於這些自己無價值的感覺。當他能透過更現實的眼光看待自己來平息自我懷疑時，他想懲罰芭芭拉這種會帶來痛苦的想法就減少了。

我力勸丹試著理解芭芭拉的觀點，看看婚姻中的孤獨是如何讓她變得脆弱。當他能認同自己與芭芭拉的關係時，他會感到更加寬容，而這種寬恕對於和解是必要的。

雖然，丹仍然對芭芭拉有些不信任，但是雙方最終達成協議，芭芭拉同意會努力消除他的疑慮，於是當她有一個會議或約會時，她會讓丹準確地知道自己要去哪裡，以及和誰在一起。如果她會遲到，會先打電話給他。與此同時，丹必須學會忍受無法每分每秒都知道芭芭拉在哪裡的不確定性。此外，芭芭拉和丹還檢視了他們可以如何取悅對方，並表現出他們關心對方的方式（第十二章）。例如他們開始幫對方買禮物、經常在外面吃早餐，並計畫整修他們的房子，他們還打算在連續假期時去度假。但最重要的是，他們同意定期進行疑難排解會議，讓他們能夠

面對面溝通並解決衝突。

各種生活壓力

　　婚姻中有許多壓力點，而其中任何一種組合都可能破壞關係。在早期，過去沒有住在一起的伴侶需要做出無數的決定，從最小的細節（如浴室架子的空間分配）到重要的事（如要住在哪裡）。此外，調整他們的工作時間表、飲食和預算的問題也會一一出現。由於在喜好、習慣和風格上無法避免地存在一些差異，而持續做決定、讓步和妥協都可能會產生摩擦。住在離其中一方父母較近的伴侶，還會面臨姻親和孩子教養問題，增加了這段調整期的困難。

　　下一個壓力點，通常發生在第一個孩子出生時，這個事件會以多種方式打亂關係。第一個孩子的出生和照顧對於母親來說是一個明顯的負擔，對於父親的影響則較少，但父親仍可能會因為關係被打亂而出現憂鬱的情緒。

　　新手媽媽經常會經歷「給予—獲得」的失衡狀況。對許多婦女來說，懷孕、分娩和照顧嬰兒，需要放棄一些重要的滿足感和安全感來源，而且不會得到相應的回報。孕婦可能不得不減少對工作、社交活動、運動和其他娛樂活動的參與。當她把注意力和精力轉移到新生兒身上時，與丈夫相處的時間，特別是親熱的時間，可能會減少。

　　雖然有了孩子會有明顯的補償作用，但新手媽媽往往會在「立即的滿足感」和「對自己生活的控制」上出現淨損失，同時壓力和責任也會增加。儘管母親和父親的傳統角色在逐漸轉變，但大部分的家務和照顧孩子的工作還是由母親承擔。[47]

　　對於許多婦女來說，她們必須承受的東西（生理和心理的負擔），和她們得到的回報（讚賞與支持）之間的差異，可能會以情緒障礙的形式表達出來，如憂鬱症。丈夫也不能倖免於關係的變化，他們可能會感

覺到愛、興趣和同理心的喪失，而且通常性關係也會跟著減少。根據研究顯示，很大一部分的伴侶在這一過渡時期經歷了輕微的憂鬱症。但也有許多丈夫感覺與妻子更親密了。他們透過參加準父母課程、迎接嬰兒的出生，以及分享照顧嬰兒活動，如換尿布、餵食和洗澡來參與其中。在第一個孩子出生後，丈夫通常會對妻子表現出更多的關心（儘管不一定在以後的每個孩子出生後皆如此）。

至於其他困難時期，則多半會發生在養育孩子的過程中，如孩子的青少年時期和長大後孩子離開家的時候。伴侶一方或雙方對於事業參與度的增加或變化、伴侶的父母生病或死亡，以及從職場退休，也都可能成為婚姻的壓力點。

壓力出現的時機也可能對婚姻產生深遠的影響。以攻讀碩士或博士學位的妻子為例，研究人員發現，讀研究所的婦女在開始學業後，往往會出現婚姻破裂的情況。那些在當研究生之前或期間生孩子的婦女，比研究所畢業後才有孩子的婦女更有可能離婚。然而，擁有支持她的丈夫往往能減輕讀研究所妻子的壓力，但是對於那些已經有了孩子的妻子來說，壓力卻沒有減少。研究人員得出結論：婚姻破裂的部分原因是妻子試著平衡事業和母親角色而產生的壓力。至於其他因素，則無疑包括丈夫在適應妻子角色變化上遭遇到的困難。[48]

總而言之，婚姻中的每個階段都有其特定壓力；而壓力本身，往往會破壞了伴侶雙方處理這些問題的能力。

壓力和錯誤想法

我們都知道，當處於緊張狀態時，人們會更加煩躁，更容易失去對脾氣的控制。但是我們可能不知道，此時也更容易受到「錯誤想法」的影響，這也是導致我們煩躁和過度憤怒的部分原因。當處於壓力之下時，伴侶一方會因為這種錯誤想法而對另一方所抱持負面觀點，像是隧

道視野、過度類化、「災難化」等。

經常受到媒體攻擊的市政府部門公關部負責人蘿拉，說明了這個過程。她告訴我：「當我的工作進展順利時，弗雷德的任何事情都不會讓我感到煩惱。他不會做錯任何事情。然而，當我的工作進展不順利，而且我承受著很大的壓力時，他就沒有一件事能夠做對。我只能看到他的缺點和他所做的壞事。他做的每件事都是錯的。」

像這種時候，有壓力的伴侶似乎顯得很不講理。蘿拉講述了某次她工作壓力很大時，與弗雷德的一次交談。弗雷德曾答應會修理一把椅子，但是一再忘記購買合適的工具：

弗雷德：喔不！我又忘記了。

蘿拉：你忘記了是什麼意思？你已經忘記了一次，這一次我還特地打電話提醒你。

弗雷德：對不起。我很忙，我忘記了。我對這些事情很健忘。

蘿拉：你不應該忘記它！

弗雷德：你打電話來後剛好一個急診病人送到，所以我就把這事給忘記了。

蘿拉：你關心病人多過關心我！

弗雷德：（生氣）不是那樣的！你反應過度了。

當一個人如此心煩意亂時，往往會忽視善意的解釋（健忘、急診病人），並堅持負面的解釋，例如「你不關心我」（有趣的是，那些自己不健忘的人對伴侶提供的「健忘」解釋特別半信半疑）。

壓力的另一個影響是讓你對自己的想法和行為的控制減低。緊張的人會更難調整自己的極端解釋、修正自己的認知扭曲，以及調節自己表達感受的方式。在這樣的時候，他們更有可能陷入使用辱罵性語言，甚至對伴侶進行人身攻擊，或者是完全退縮。更有甚者，當壓力導致飲酒

時，兩者的結合可能是更爆炸性的：產生憤怒的暴力表現。

處於壓力下的人也會表現出孩子般的想法和行為模式，也就是所謂的退化。蘿拉觀察到，「當我的工作進展順利時，我很享受與弗雷德的關係。我不覺得有壓力，我可以自己做事情。但是當我壓力很大時，我就會緊緊抓住他，我完全依賴他，不斷地需要他。」

壓力的解藥

當你覺得壓力過大時，應該怎麼做？第一個建議是，首先要盡量避免壓力。透過應用本書中描述的一些認知治療的原則，也許能幫助你預防壓力。舉例來說，許多人不自覺地陷入壓力狀態，是因為他們把特定的失望或挫折「糟糕化」和「災難化」。「我的員工沒有及時完成工作，這太可怕了」、「我孩子平凡的成績單表明他一生都不會成功」就是兩個例子。這種誇張的解釋被記錄為你身體的緊張度增加，最終將耗盡你的資源：你不再有心理能量去調節情緒或糾正極端想法。你可以透過理性的反應去對抗自動化思考，藉此消除壓力。

「應該規則」是另一種消耗資源的心理機制：持續的「做這個」、「不要做那個」會造成疲累。直接面對你的「應該規則」，並將其降低到現實的水準上，將為你減輕大量不必要的壓力。

當你已經處於壓力之下時，可以採取一些步驟來減少它對你的影響。首先，你應該認識到壓力的跡象：緊張、心煩意亂、易怒、睡眠困難。透過意識到你容易反應過度或誤解別人的言行，你可以姑且先相信對方，避免無謂的衝突，以及避免與伴侶談論有爭議性的話題來避免麻煩，直到你得到更多休息和放鬆。

有幾種方法能幫助你冷靜下來和恢復你的心智資源，其中一個方法是抽出時間完全遠離你的問題。有些人發現，即使是長時間的散步也能使自己平靜下來。某些形式的放鬆或冥想，如赫伯·班森醫生在《哈佛

權威教你放鬆自療》（*The Relaxation Response*）一書中所推薦的方法，就對很多人有幫助。[49]

那麼當你的伴侶有壓力時，你能做什麼呢？首先，需要識別前面提到的一些明顯跡象：脾氣暴躁、不安，以及傾向於曲解你所說的話。在這個時期，避免陷入不必要的衝突或對抗。此外，嘗試轉移伴侶的注意力，提供某些他或她喜愛的娛樂或休閒活動。

而當你們兩個人都處在壓力之下時，最好延遲處理重要的問題或做出重大的決定。這也是練習「姑且先相信」伴侶的好時機。例如如果必須處理特別令人討厭的行為，請對該行為做出善意的解釋（「他是真的筋疲力盡」），而非負面的解釋（「她總是跟我作對」）。

雙薪家庭

現在的已婚婦女，至少超過一半以上身處在工作崗位上。[50]因此，越來越多人注意到雙薪家庭的問題。從某種意義上說，「雙薪」一詞是錯誤的說法，因為在這樣的家庭中至少存在三種工作：兩種工作是有償的，第三種則是無償的家事（當然，在一些家庭中，包括家務管理和孩童照顧的家事，在某種程度上是透過聘僱女傭、管家、保姆來完成的）。

美國社會心理學家蕊娜・雷佩蒂（Rena Repetti）和凱若・皮特克夫斯基（Carol Piotrkowski）對雙薪家庭進行了研究。他們發現，當妻子對自己的工作感到滿意時，她們在婚姻中會更加滿足，並且對孩子的感覺也比留在家裡帶孩子的婦女更好。儘管如此，工作的妻子表示（就像工作的丈夫一樣），她們往往把工作中的緊張、失望和挫折帶回家。[51]某位妻子曾說：「當我晚上打開家門的時候，我和早上離開家的那個人是不一樣的。」

此外，布隆斯坦和施瓦茲對有工作的妻子進行進一步的研究發現，

在大多數情況下，妻子除了自己的全職工作外，還繼續承擔大部分的家務。即使是丈夫失業在家的情況下，丈夫所做的家務也比工作的妻子少得多。另外，即便丈夫同意平分家務責任，他們在做飯、洗衣服和買菜等典型家務上花費的時間，仍然落後於妻子。布隆斯坦和施瓦茲總結說：「分擔責任的想法已被證明是一個神話。」[52]

心理的問題

雖然雙份薪水有助於伴侶雙方的物質享受，並提供花費更大的靈活性，但是兩份工作也會同時加劇他們的心理和人際關係問題。例如蘿拉找到工作後，對於自己做家務的方式感到很滿意，可是卻對弗雷德漠不關心他自己應該承擔的家務，感到不安。而弗雷德則對蘿拉告訴自己該做什麼私底下懷有怨恨，並在做這些事時感到提心吊膽。

蘿拉告訴我：「我唯一能掌控的區域是廚房，做事情有正確的方法和錯誤的方法。他從不把碗盤正確地放在架子上。他把高腳杯、玻璃杯和其他杯子混在一起。他也不會正確地把碗盤堆放進洗碗機中。而且他在把碗盤放進洗碗機之前，也沒有先把它們沖洗乾淨。」

到目前為止，這似乎是一個簡單的標準衝突，可以透過弗雷德更加關注他自己的任務，或由蘿拉放寬她的標準來解決。但是在這個實際問題的背後其實是一個心理困境。這對蘿拉的意義是：「我想他認為做這項工作有失身分。他是做了，但是他並不真正關心該怎麼做。對我而言，做這件事是適當的，但是對他來說，卻不適當。基本上，他不怎麼看得起我。」

我們在這裡可看到，「地位」和「尊重」的問題被捲入其中。現在，讓我們來聽聽弗雷德的抱怨：「她對於家務事很狂熱。她總是密切關注我，看我是否做得恰當。我承認我根本對於做家務就不感興趣，畢竟我在工作上已經有一個老闆了。然而，我願意參與其中。不過，最主

要的問題是，蘿拉對平等這件事很在意，每件事都必須平等。當我下班回家時，她正在做某項工作，像是給孩子換尿布，她會中途停下動作，說該輪到我了——甚至我都還沒來得及把外套掛好！」

接著，讓我們來聽聽他們的對話：

蘿拉：弗雷德，你沒有平等對待我。你總是有藉口來避免做家事，因此我要做的工作量最多。我不是你的下屬。
弗雷德：我願意為你做家事。
蘿拉：你不是為了「我」做，你應該為了「我們」做。
弗雷德：我願意跟你平分工作。但既然你對我的做事方式不滿意，我看我就僱一個女傭來做我的那一半好了。
蘿拉：你已經有一個女傭了，就是我！你總是在利用我。我做我的工作沒關係，但是你卻要僱用人來分擔你的工作。那不是平等。
弗雷德：平等不代表總是你來告訴我該做什麼。

我們在這裡，看到的不只是簡單的分工之爭，而是人格特質的衝突。作為她個人成長的一部分，以及希望更加獨立於弗雷德，蘿拉找到了一份全職工作。儘管如此，人格特質的衝突並沒有因為她在工作中的獨立而得到解決，而是將它搬到家庭職責的舞台上；在那裡，他們的脾氣和敏感都凸顯了出來。

蘿拉在兩個方面很敏感：她希望確保弗雷德重視她的貢獻，而且她希望受到尊重，以「一個平等的人」被對待。另一方面，弗雷德對她的任何類似支配或控制的行為都很敏感。他用反抗回應蘿拉檢查他履行職責的方式。因此，他沒認真做自己的那份工作，破壞了雙方協商好的安排。

對此，我的諮商策略分成兩部分。我告訴蘿拉，儘管她在原則上講

求平等，但當她監督弗雷德的表現或告訴他「現在輪到你」時，她並沒有平等對待弗雷德。蘿拉開始明白，儘管有分工，但是自己仍然在指揮，以確保事情得到妥善處理。然後，她看到自己做家務的方法是如何被「應該規則」所控制，以及她是如何將這些「應該規則」強加於弗雷德身上。

接著我向她指出，弗雷德願意並有能力完成他的工作，但她監督他工作會削弱他的士氣，從而影響了他的動機。另一方面，弗雷德必須克服他對蘿拉回饋的敏感。如此一來，他才能看到蘿拉並不是要支配他，而是想要確保工作有好好被完成。

隨著時間的經過，弗雷德發現，他可以在不犧牲任何自主權的情況下與蘿拉協商安排。同樣的，當蘿拉能從弗雷德的角度看待這種情況（亦即他認為她太專橫）之後，她就能夠鬆綁她的監視。她意識到弗雷德是敏感於被控制才會反抗，而不是看不起她。

總之，當伴侶雙方都有在工作時，他們可以使用前面幾章描述的分析工具來解決衝突：(1)確定具體的衝突點；(2)釐清這些衝突對你和伴侶的意義；(3)嘗試修正自己的觀點；(4)共同想出解決辦法。

關係漸行漸遠

隨著伴侶一方或雙方經歷多年的變化與成熟，這個問題很可能會出現，尤其在雙薪家庭中。因此，當一方或雙方變得更加獨立或發展出自己新的興趣、品味或價值觀時，原本親密的關係可能會逐漸疏遠。這種差異，有時候會導致兩人對彼此失去興趣。

瑪麗是雙薪家庭中的一名三十五歲女性，她向我諮詢了離婚的問題。她講述了以下故事：「起初我很崇拜我的丈夫。麥克是我夢寐以求的一切。他高大強壯，對自己非常有自信。每當我看著他時，我都會全身癱軟。在我們結婚快十年時，我在一家出版社找到了工作，我每天都

會遇到新的、令人興奮的人，所以我很期待上班。但是當我回到家時，我們卻沒有什麼可聊的。我開始第一次「真正」看見麥克——他很沉悶和無聊。我所能看到的只有他坐在電視機前，手裡拿著啤酒，或者攤在沙發上。我仍然愛他，可是在某種程度上，我不再尊敬他了。」

瑪麗改變了她對麥克的評斷標準，而隨著這種改變，她對麥克的欽佩減少了。瑪麗來自一個傳統的、父權制的波多黎各家庭。當麥克和瑪麗結婚時，他們重建了父權制，麥克是獨裁者，而瑪麗是服從者。但是在她開始工作後，他們的角色趨於平等。瑪麗不再把麥克當作權威的象徵來看待，因而開始敏銳地意識到他的缺陷。

我提供給瑪麗的建議包括兩部分：首先，評估麥克好的和不好的特質；其次，確定瑪麗想要從生活中得到什麼以及如何以最好的方式實現它。

瑪麗列出了麥克富有魅力和令人討厭的特質：

令人討厭的特質	富有魅力的特質
他是個邋遢鬼。	他愛我。
除了運動，他沒有其他興趣。	他支持我找工作。
他從不幫忙做家務。	他很溫柔。
他有時很粗魯。	他是個好父親。
	他努力於他的工作。
	他很擅長修理東西。
	他很可靠。
	他從不生氣。

在重新評估麥克的過程中，瑪麗意識到他的優點超過了他的缺點。當她以系統性的方式將麥克與她工作中所欣賞的男性進行比較時，她發現他們缺乏麥克的「優秀」特質。在她某次的比較中，她告訴我：「喬令人興奮且非常聰明，但是他非常神經質、非常情緒化，而且對他的妻

子一點都不尊重。我能肯定他到處留情，和他一起生活將是一次冒險，它永遠不可能持久。」

當瑪麗重新審視她的新價值觀並重新評估麥克時，她開始更加重視他的「美德」，她對他的尊敬便提升了。她也開始意識到，自己沒有必要透過一個人去滿足自己的所有需求。她可以維持一種深情的婚姻關係，並同時享受與其他人一起腦力激盪。

我只和瑪麗會談過兩次，如果問題沒有得到某種程度的解決，我就會見到麥克，然後一起為他們提供諮商。有可能麥克從瑪麗那裡退縮是因為他感受到不被需要和不被賞識，而瑪麗的部分不滿是這種疏遠的結果。但在第二次會談中，瑪麗說她已經決定更投入她與麥克的關係。她意識到他是一顆「未經琢磨的鑽石」，且她決心改善自己對他的態度。

在另一個案例中，哈羅德面對妻子卡蘿的改變，則出現不同的問題。他抱怨：「她只會談論她在工作中遇到的那些美好的人。我見過他們，他們是一群討厭鬼。除了她的工作，她無法談論其他任何事情，而且她還經常邀請那些人過來，他們的行為就像是屬於某個邪教或團體。」

在這個案例中，卡蘿並不想結束婚姻。事實上，她認為自己的行為沒有什麼不妥。但是哈羅德感到被冷落，並將她的同事視為「外星人」。而根據這個個案，諮商工作包括三個步驟，以幫助他們調整個人和社交生活：(1)卡蘿需要限制她談論工作的時間；(2)哈羅德要有平等的時間來談論他的工作；(3)他們要輪流決定邀請誰的朋友來家中作客。

雙薪家庭壓力的緩解

無可避免地，伴侶一方所遭受的壓力會蔓延到雙方的關係中。對於有工作的父母來說，減少壓力的有效方法是丈夫（父親）減輕妻子（母親）的工作負擔，並幫助她解決工作和做母親之間的衝突。例如丈夫可

以表達他不期望妻子在做兼職或全職工作的同時，還必須把妻子和母親的工作做得「盡善盡美」；而她也無需對自己有這樣的期望。此外，透過更積極的家庭參與，丈夫可以減輕妻子對於自己「忽視」孩子和家務的壓力。同時，丈夫（父親）必須解決自己工作和家庭生活責任之間的衝突。

許多壓力解決方案已經成功地減少了雙薪婚姻的壓力。[53] 其中一個方案的部分目的，是恢復適當的「施」與「受」的平衡。關鍵步驟如下：

1. **強調正向**。專注於從工作中得到的益處：更多個人的成就感、生活水準的提高、為孩子提供更多文化和教育機會的能力，以及丈夫和妻子之間更多的平等。已有研究證實，有工作的母親比起沒有工作的母親，對自己的生活更感到滿意。

2. **設定優先次序**。由於家庭和工作要求之間的衝突無法避免，因此需要一些原則來引導解決衝突。例如有些人遵循的格言是「家庭需求擺第一」。

3. **準備好與自己妥協**。要在家庭和工作中都達到理想狀態，是不可能的。因此一系列的妥協是必要的，例如花在孩子上或工作上的時間會比你希望的少，或者可能要犧牲工作上的晉升機會。記住，你不可能在所有事情上都做到最好，但可以力求在各種活動中達到最佳平衡。

4. **將家庭和工作角色分開**。請盡可能實現這一點。例如瑪喬麗在工作的時候會感到內疚，認為自己應該花更多的時間與孩子在一起。但當她和孩子在一起時，又為沒有完成從辦公室帶回家的工作而感到愧疚。她必須訓練自己將在辦公室的時間與在家的時間分開：工作時不要想著孩子、和孩子在一起時不要擔心工作。

5. **標準要符合現實**。有些人認為，有了孩子後，或者當夫妻雙方都

有工作時，他們的家裡應該和以前一樣整潔。或許有必要降低標準，並接受某種程度的雜亂。

6. **有條理的安排家務**。家務負擔過重的窘境，有時能透過重新分配誰做什麼來解決，例如讓丈夫和孩子承擔更多傳統上屬於妻子的責任。另外，在劃分家庭責任時要盡可能具體。許多家庭透過在工作表上寫下每個人的任務而獲益。請盡量澄清模糊的地方，例如哪位家長負責哄小孩睡覺等。

7. **培養與伴侶分享的態度**。這是將前幾章中提到的那種幫助關係付諸實踐的地方。定期與伴侶坐下來討論你們在各自的職責中，可以做些什麼來幫助對方，無論是在家庭還是工作上。家庭問題和工作問題一樣值得尊重和關注。許多伴侶報告說，當對方傾聽他們的抱怨，提供諮詢意見，並給予建議和鼓勵時，他們會感到大大地放鬆。

8. **試著在責任和娛樂之間保持平衡**。請記住，如果你們都在工作以提高生活水準，那麼你們更應該用一些額外的收入來提高生活中的樂趣。假如把所有的心理資源都花在工作和家庭責任上，你們將沒有多少精力去做那些能使生活更加平衡和愉快的事情。

再婚

有鑑於一半以上的婚姻是以離婚告終，其中 83% 的離婚男性和 75% 的離婚女性會再婚，因此再婚伴侶的問題亦值得特別關注。[54]

無論伴侶雙方是多麼適合，再婚家庭仍有一系列獨特的困難，其中許多家庭的一個共同問題涉及家庭成員的忠誠度。誰屬於家庭「內」和誰屬於家庭「外」，可能並不明確，而且不同家庭成員的想法可能也有所不同。舉例來說，孩子若喜歡和繼父母在一起，他們可能認為自己對不在身邊的親生父母不忠。另一方面，繼父母也可能會因為花更多時間

與繼子女建立起比親生子女更密切的關係而感到內疚；而這樣的安排，也可能導致親生小孩的不滿。

來自不同父母的孩子生活在一個屋簷下時，他們往往不把自己視為是一個家庭，而是兩個家庭，這使得忠誠問題更加複雜。他們可能會說類似「你不是我的兄弟」或「不要這樣跟我母親說話」這樣的話。[55] 他們傾向根據對先前家庭忠誠來保持界限。[56]

與忠誠問題密切相關的是競爭問題，它可以有多種形式，例如親生子女和繼子女之間為了爭奪父母的注意力而發生爭鬥，或親生父親和母親可能會為了得到孩子的喜愛而相互競爭。人們經常聽到關於偏袒的指控，像是繼母偏愛她的親生子女。

再婚伴侶在教養孩子的政策上也可能有所不同。他們必須與繼子女相處，但沒有機會在這些孩子還小的時候制定和商定好一套規則和慣例。他們突然被期望要一起成為父母，卻沒有時間進行準備。儘管再婚伴侶可能希望彼此成為一個團隊共同合作，但是他們往往受到親生父母對親生子女承擔管教責任的阻礙。他或她可能會說：「她是我的孩子，我會處理。」當繼父母試圖執行一項規則時，繼子女可能會因為該規則與親生父母制定的規則不同，而質疑繼父母強制實行規則的權利，從而引發爭吵。

再婚伴侶還必須就以下問題達成意見一致：允許孩子有多少自主權、門禁和就寢時間限制，以及允許孩子對父母表達憤怒的程度。

再婚伴侶在教養子女上的分歧，其所產生的衝突可能導致聯盟的轉變：妻子在某個時候站在丈夫那邊，反對她的親生子女，而在另一個時候，親生子女和繼子女聯合起來對付父母一方，或者丈夫站在親生子女那邊，反對妻子。

有一對再婚伴侶發生了衝突，因為與丈夫前妻同住的青少年孩子，在放學後突然來訪。繼母認為他們應該先打電話再過來，但是父親則認為孩子應該可以隨時來找他們。丈夫和妻子都因對方的立場感到委屈，

並指責對方不關心自己。

再婚伴侶出現的許多問題是可以順利解決的，但是需要高度的決策和微調。如前面提到的經常性決策會議，將會非常有幫助。此外，他們應該努力避免讓他們的衝突，干擾到雙方作為共同父母的工作。

有些專家指出，再婚的離婚率幾乎和第一次婚姻一樣高。[57] 然而，我相信，如果伴侶雙方對可能會發生的心理問題有所準備，他們就能解決這些問題。其中一些問題圍繞著再婚家庭對家庭生活的基本信念，以及他們對家庭成員問題原因的解釋。[58] 這些期望和信念包含以下幾點：

1. 我們的新家庭應該比舊家庭更幸福。
2. 我的繼子女應該將我視為他們的新爸爸或新媽媽。
3. 如果我的孩子依戀他們的繼父母，他們就是不忠誠。
4. 如果我的孩子關心他們的（缺席的）親生父母，表示他們不關心我。
5. 我們的新伴侶關係應該沒有衝突。
6. 我們應該努力成為完美的父母和繼父母。

再婚家庭中，問題發生時的指責會更為複雜。通常這種指責是針對前配偶：「如果你的前妻不打擾你兒子，他就不會有事」，或「你的前夫對你女兒過於遷就」。再婚伴侶需要停止指責，並將每個困難當作一個問題來解決。當兩人有意見上的分歧時，就必須進行協商。比起原來的家庭，再婚伴侶必須明確進行責任分工、制定系統性的時間表，以及確定優先事項。

再婚生活需要許多妥協，但是如果伴侶雙方均致力於此，這些妥協是可以實現的。他們必須對彼此的壓力和需求保持敏銳，並培養出非凡的耐心和寬容。只要有這種善意，再婚伴侶可以獲得比第一次婚姻更好的穩定感和幸福感。

註釋
NOTES

前言

1. 已有多篇研究顯示認知治療用於伴侶關係問題上的有效性。這類方案強調問題解決的技巧；改善溝通；以及澄清不現實的期望、錯誤的歸因和誤解。一些方案可以成功預防伴侶關係的困境，可參考：

   D. Duffy and T. Dowd, "The Effect of Cognitive-Behavioral Assertion Training on Aggressive Individuals and Their Partners," *Southern Psychologist 3* (1987): 45-50.

   H. J. Markman et al., "Prevention of Marital Distress: A Longitudinal Investigation," *Journal of Consulting and Clinical Psychology 56* (1988): 210-217.

2. Newsweek (July 15, 1987): 15.

第 1 章

3. P. Noller, "Misunderstandings in Marital Communication: Study of Nonverbal Communication," *Journal of Personality and Social Psychology 39* (1980): 1135-1148. P. Noller, "Gender and Marital Adjustment Level Differences in Decoding Messages from Spouses and Strangers," *Journal of Personality and Social Psychology 41* (1981): 272-278. P. Noller, *Nonverbal Communication and Marital Interaction* (New York: Pergamon Press, 1984). J. M. Gottinan, *Marital Interaction: Experimental Investigations* (New York: Academic Press, 1979).

4. C. Schaap, "A Comparison of the Interaction of Distressed and Nondistressed Married Couples in a Laboratory Situation," in K. Halweg and N. S. Jacobson, eds., *Marital Interaction: Analysis and Modification* (New York: Guilford), pp. 133-158.

第 2 章

5. S. Peele, *Love and Addiction* (New York: New American Library, 1976).

第 3 章

6. C. Gilligan, *In a Different Voice: Psychological Theory and Women's Development* (Cambridge, MA: Harvard University Press, 1982).

7. R. Berley and N. Jacobson, "Causal Attributions in Intimate Relationships," in P. Kendall, ed., *Advances in Cognitive-Behavioral Research and Therapy*, vol. 3. (New York: Academic Press,

1984). N. Epstein, "Depression and Marital Dysfunction: Cognitive and Behavioral Vantages," *International Journal of Mental Health* 13 (1984): 86-104. N. Epstein, J. L. Pretzer, and B. Fleming, "The Role of Cognitive Appraisal in Self-Reports of Marital Communication," *Behavior Therapy* 18 (1987): 5169.

第 4 章

8. K. Horney, *Neurosis and Human Growth* (New York: W. W. Norton, 1950).
9. A. Ellis, *Reason and Emotion in Psychotherapy* (New York: Lyle Stuart, 1962).
10. J. Fawcett and R. York, "Spouses' Strength of Identification and Reports of Symptoms during Pregnancy and the Postpartum Period," *Florida Nursing Review 2* (1987): 1-10.
11. Epstein, Pretzer, and Fleming, "The Role of Cognitive Appraisal."
12. 此檢核表部分改編於艾波斯坦、普雷策和弗萊明的「關係信念量表」（Relationship Belief Inventory）。

第 5 章

13. Noller, "Gender and Marital Adjustment Level Differences."
14. 在某些固定的情況下，若持續增加投入，不僅無法增加產出，反而可能會使收益減少。
15. D. Maltz and R. Borker, "A Cultural Approach to Male-Female Miscommunications," in J. J. Gumperz, ed., *Language and Social Identity* (Cambridge, England: Cambridge University Press, 1982) pp. 196-216.
16. postparental period，指孩子因課業或工作等因素離家，僅剩父母獨自生活的時期。
17. D. Tannen, *That's Not What I Meant* (New York: Ballantine Books, 1986).
18. Maltz and Borker, "A Cultural Approach to Male-Female Miscommunications."
19. Tannen, *That's Not What I Meant.*
20. C. Rubenstein and M. Jaworski, "When Husbands Rate Second," *Family Circle* (May 1887).

第 6 章

21. T. R. Tyler and V. Devinitz, "Self-Serving Bias in the Attribution of Respon-sibility: Cognitive vs. Motivational Explanations," *Journal of Experimental Social Psychology* 17 (1981): 408-416.

第 8 章

22. J. Piaget, *The Moral Judgment of the Child* (Glencoe, IL: Free Press, 1965).
23. F. Fincham et al., "Attribution Processes in Distressed and Nondistressed Marriages," *Journal of Abnormal Psychology* 94 (1985): 183-190. H. Jacobson et al., "Attributional Processes in Distressed and Nondistressed Married Couples," *Cognitive Therapy and Research* 9 (1985): 35-50. Noller, "Gender and Marital Adjustment Level Differences."
24. D. Burns, *Feeling Good* (New York: New American Library, 1980).

第 9 章

25. G. Bach and P. Wyden, *The Intimate Enemy* (New York: Avon Books, 1968).

26. A. Ellis, *How to Live with and without Anger* (New York: Reader's Digest Press, 1977). C. Tavris, *Anger: The Misunderstood Emotion* (New York: Simon & Schuster, 1982).

第 10 章

27. Fincham, "Attribution Processes," pp. 183-190. A. Hollyworth-Monroe and H. Jacobson, "Causal Attributions of Married Couples," *Journal of Personality and Social Psychology* 48 (1985): 1398-1412. Jacobson et al., "Attributional Processes."

28. W. Ickes, "Sex-Role Differences and Compatibility in Relationships," in W. Ickes, ed., *Compatible and Incompatible Relationships* (New York: Springer-Verlag, 1985) pp. 187-208.

第 11 章

29. E. Erikson, *Childhood and Society* (New York: W. W. Norton, 1964).

第 12 章

30. Rubenstein and Jaworski, "When Husbands Rate Second."

31. 位於英國直布羅陀境內的巨型石灰岩，在此形容巨大可靠的意思。

32. M. K. Goldstein, "Research Report: Annual Meeting of the Association for the Advancement of Behavior Therapy." (New York, October 1972).

33. R. Stuart, *Helping Couples Change* (New York: Guilford Press, 1980).

第 13 章

34. 一些認知治療師已經使用了「反面分析」（flip-side analysis）。珍妮絲・阿布拉姆斯（Janis Abrahms）、蘇珊・約瑟夫（Susan Joseph）和諾曼・艾波斯坦（Norman Epstein）都有效地使用了這種方法。阿布拉姆斯在 1987 年 11 月辦於波士頓的行為治療促進協會年會（Annual Meeting of the Association for the Advancement of Behavior Therapy）上的一個研討會中提供了此分析的最完整描述。

35. 正確答案：1.過度類化；2.極端化（全有全無）；3.個人化；4.讀心術；5.隧道視野；6.災難化；7.過度類化；8.讀心術；9.糟糕化；10.負面標籤。

第 14 章

36. Tannen, *That's Not What I Meant.*

37. For example: L. Rubin, *Intimate Strangers: Men and Women Together* (New York: Harper & Row, 1984).

38. Personal communication from Judge Phyllis W. Beck, Superior Court, Commonwealth of Pennsylvania.

39. W. Betcher, *Intimate Play: Creating Romance in Everyday Life* (New York: Viking, 1987).

第 16 章

40. R. Stuart, *Helping Couples Change* (New York: W. W. Norton, 1985).

第 17 章

41. Gottman, Marital Interaction. Rosenstorf et al., "Interaction Analysis of Marital Conflict," in K. Halweg and S. Jacobson, eds., *Marital Interaction: Analysis and Modification* (New York: Guilford Press) pp 159-181.
42. Duffy and Dowd, "The Effect of Cognitive-Behavioral Assertion Training."

第 18 章

43. E. Frank, C. Anderson, and D. Rubenstein, "Frequency of Sexual Dysfunction in 'Normal' Couples," *New England Journal of Medicine* 299(3) (1978):111-115.
44. L. G. Barbach, *For Yourself: The Fulfillment of Female Sexuality* (Garden City, NY: Anchor Books, 1976). H. S. Kaplan, *The New Sex Therapy: Active Treatment of Sexual Dysfunction* (New York: Brunner/Mazel, 1974). M. Scarf, *Intimate Partners: Patterns in Love and Marriage* (New York: Random House, 1987). B. Zilbergeld, *Male Sexuality* (New York: Bantam Books, 1978).
45. P. Blumstein and P. Schwartz, *American Couples* (New York: William Morrow, 1983) p. 583.
46. Blumstein and Schwartz, *American Couples*.
47. Blumstein and Schwartz, *American Couples*.
48. S. K. Houseknecht, S. Vaughn, and A. S. Macke, "Marital Disruption among Professional Women: The Timing of Career and Family Events," *Social Problems* 31(3) (1984): 273-284.
49. H. Benson, *The Relaxation Response* (New York: William Morrow, 1975).
50. Blumstein and Schwartz, *American Couples*, p. 118.
51. C. S. Piotrkowski and R. L. Repetti, "Dual-Earner Families," *Marriage and Family Review* 7(213) (1984): 99-124.
52. Blumstein and Schwartz, *American Couples*, p. 118.
53. D. A. Skinner, "The Stressors and Coping Patterns of Dual-Career Families," in H. I. McCubbin, A. E. Cauble, and J. M. Patterson, eds., *Family Stress, Coping, and Social Support* (Springfield, IL: Charles Thomas, 1982) pp. 136-150.
54. A. J. Cherlin, *Marriage, Divorce, Remarriage* (Cambridge, MA: Harvard Uni-versity Press, 1981) p. 29.
55. L. A. Leslie and N. Epstein, "Cognitive-Behavioral Treatment of Remarried Families," in N. Epstein, S. E. Schlesinger, and W. Dryden, eds., *Cognitive-Behavioral Therapy with Families* (New York: Brunner/Mazel, 1988).
56. E. B. Vigher and J. S. Visher, *A Guide to Working with Stepchildren* (New York: Brunner/Mazel, 1979).
57. R. Stuart and B. Jacobson, *Second Marriage: Make It Happy! Make It Last!* (New York: W. W. Norton, 1985).
58. C. J. Sager et al., *Treating the Remarried Family* (New York: Brunner/Mazel, 1983).

參考書目
REFERENCES

· Bach, G., and Wyden, P. *The Intimate Enemy.* New York: Avon Books, 1968. Barbach, L. G. *For Yourself: The Fulfillment of Female Sexuality.* Garden City, NY: Anchor Books, 1976.

· Benson, H. *The Relaxation Response.* New York: William Morrow, 1975.

· Berley, R., and Jacobson, N. "Causal Attributions in Intimate Relationships." In *Advances in Cognitive-Behavioral Research and Therapy,* vol. 3, edited by P. Kendall. New York: Academic Press, 1984.

· Betcher, W. *Intimate Play: Creating Romance in Everyday Life.* New York: Viking, 1987.

· Blumstein, P., and Schwartz, P. *American Couples.* New York: William Morrow, 1983.

· Burns, D. *Feeling Good.* New York: New American Library, 1980.

· Cherlin, A. J. *Marriage, Divorce, Remarriage.* Cambridge: Harvard University Press, 1981.

· Duffy, D., and Dowd, T. "The Effect of Cognitive-Behavioral Assertion Training on Aggressive Individuals and Their Partners." *Southern Psychologist* 3: 45-50.

· Ellis, A. *How to Live with and without Anger.* New York: Reader's Digest Press, 1977.

· Epstein, N. "Depression and Marital Dysfunction: Cognitive and Behavioral Vantages." *International Journal of Mental Health* 13: 86-104.

· Epstein, N.; Pretzer, J. L.; and Fleming, B. "The Role of Cognitive Appraisal in Self-Reports of Marital Communication." *Behavior Therapy* 18: 51-69.

· Erikson, E. *Childhood and Society.* New York: W. W. Norton, 1964.

· Fawcett, J., and York, R. "Spouses' Strength of Identification and Reports of Symptoms during Pregnancy and the Postpartum Period." *Florida Nursing Review* 2: 1-10.

· Fincham, F.; Beach, S.; and Nelson, G. "Attribution Processes in Distressed and Nondistressed Marriages." *Journal of Abnormal Psychology* 94: 183-190.

· Frank, E.; Anderson, C.; and Rubenstein, D. "Frequency of Sexual Dysfunction in 'Normal' Couples." *New England Journal of Medicine* 299(3): 111-115.

· Gilligan, C. *In a Different Voice: Psychological Theory and Women's Development.* Cambridge: Harvard University Press, 1982.

· Gottman, J. M. *Marital interaction: Experimental Investigations.* New York: Academic Press, 1979.

· Hollyworth-Monroe, A., and Jacobson, H. "Causal Attributions of Married Couples." *Journal of Personality and Social Psychology* 48: 1398-1412.

· Homey, K. *Neurosis and Human Growth.* New York: W. W. Norton, 1950.

· Houseknecht, S. K.; Vaughn, S.; and Macke, A. S. "Marital Disruption among Professional Women: The Timing of Career and Family Events." *Social Problems* 31(3): 273-284.

· Ickes, W. "Sex-Role Differences and Compatibility in Relationships." In *Compatible and Incompatible Relationships,* edited by W. Ickes. New York: Springer-Verlag, 1985.

· Jacobson, H., et al. "Attributional Processes in Distressed and Nondistressed Married Couples." *Cognitive Therapy and Research* 9: 35-50.

· Kaplan, H. S. *The New Sex Therapy: Active Treatment of Sexual Dysfunction.* New York: Brunner/Mazel, 1974.

· Leslie, L. A., and Epstein, N. "Cognitive-Behavioral Treatment of Remarried Families." In *Cognitive-Behavioral Therapy with Families,* edited by N. Epstein, S. E. Schlesinger, and W. Dryden. New York: Brunner/Mazel, 1988.

· Maltz, D., and Borker, R. "A Cultural Approach to Male-Female Miscommunications." In *Language and Social Identity,* edited by J. J. Gumperz. England: Cambridge University Press, 1982.

· Markman, H. J., et al. "Prevention of Marital Distress: A Longitudinal Investigation." *Journal of Consulting and Clinical Psychology* 56: 210-217.

· Noller, P. "Misunderstandings in Marital Communication: Study of Nonverbal Communication." *Journal of Personality and Social Psychology* 39: 1135-1148.

· Noller, P. "Gender and Marital Adjustment Level Differences in Decoding Messages from Spouses and Strangers." *Journal of Personality and Social Psychology* 41: 272-278.

· Noller, P. *Nonverbal Communication and Marital Interaction.* New York: Pergamon Press, 1984.

· Peele, S. *Love and Addiction.* New York: New American Library, 1976.

· Piaget, J. *The Moral Judgment of the Child* (M. Gabain, trans.). Glencoe, IL: Free Press, 1965.

· Piotrkowski, C. S., and Repetti, R. L. "Dual-Earner Families." *Marriage and Family Review* 7(2/3): 99-124.

· Rosenstorf, O., et al. "Interaction Analysis of Marital Conflict." In *Marital Interaction: Analysis and Modification,* edited by K. Halweg and N. S. Jacobson. New York: Guilford Press, 1984.

· Rubenstein, C., and Jaworski, M. "When Husbands Rate Second." *Family Circle,* May 1987.

· Rubin, L. *Intimate Strangers: Men and Women Together.* New York: Harper & Row, 1984.

· Sager, C. J., et al. *Treating the Remarried Family.* New York: Brunner/Mazel, 1983.

· Scarf, M. *Intimate Partners: Patterns in Love and Marriage.* New York: Random House, 1987.

· Schaap, C. "A Comparison of the Interaction of Distressed and Nondistressed Married Couples in a Laboratory Situation." In *Marital Interaction: Analysis and Modification,* edited by K. Halweg and N. S. Jacobson. New York: Guilford Press, 1984.

· Skinner, D. A. "The Stressors and Coping Patterns of Dual-Career Families." In *Family Stress, Coping, and Social Support,* edited by H. I. McCubbin, A. E. Cauble, and J. M. Patterson. Springfield, IL: Charles Thomas, 1982.

· Stuart, R. *Helping Couples Change.* New York: Guilford Press, 1980.

· Stuart, R., and Jacobson, B. *Second Marriage: Make It Happy! Make It Last!* New York: W. W. Norton, 1985.

· Tannen, D. *That's Not What I Meant.* New York: Ballantine Books, 1986.

· Tavris, C. *Anger: The Misunderstood Emotion.* New York: Simon & Schuster, 1982.

· Tyler, T. R., and Devinitz, V. "Self-Serving Bias in the Attribution of Responsibility: Cognitive vs. Motivational Explanations." *Journal of Experimental Social Psychology* 17: 408-416.

· Visher, E. B., and Visher, J. S. *A Guide to Working with Stepchildren.* New York: Brunner/ Mazel, 1979.

· Zilbergeld, B. *Male Sexuality.* New York: Bantam Books, 1978.

國家圖書館出版品預行編目 (CIP) 資料

只有愛永遠不夠：透過認知治療幫助伴侶克服誤解、化解衝突和解決關係難題 /
亞倫·貝克 (Aaron T. Beck) 著；陳莉淋譯 . -- 初版 . -- 臺北市：遠流出版事業股份有
限公司, 2023.04
　面；　公分
譯　自：Love is never enough : how couples can overcome misunderstandings, resolve
conflicts, and solve relationship problems through cognitive therapy
ISBN 978-957-32-9999-8（平裝）

1.CST: 認知治療法　2.CST: 婚姻衝突　3.CST: 兩性溝通

178.8   112001403

只有愛永遠不夠：
透過認知治療幫助伴侶克服誤解、化解衝突和解決關係難題

作　　　者　亞倫·貝克

翻　　　譯　陳莉淋

主　　　編　周明怡

封 面 設 計　之一設計

內 頁 排 版　菩薩蠻電腦科技有限公司

發 行 人　王榮文

出 版 發 行　遠流出版事業股份有限公司
　　　　　　104005 台北市中山北路一段 11 號 13 樓
　　　　　　郵撥 0189456-1
　　　　　　電話（02）2571-0297
　　　　　　傳真（02）2571-0197

著作權顧問　蕭雄淋律師

定　　　價　新臺幣 500 元
初 版 一 刷　2023 年 4 月 1 日

Love is Never Enough
Copyright © 1988 by Aaron T. Beck, M.D.
This edition arranged with Arthur Pine Associates
through Andrew Nurnberg Associates International Limited

遠流博識網 www.ylib.com　E-mail: ylib@ylib.com

遠流粉絲團 www.facebook.com/ylibfans